KB037176

인간의 얼굴을 한 시장 경제, 공정 무역

50 Reasons to Buy Fair Trade by Miles Litvinoff and John Madeley
Original copyright ⓒ 2007 Miles Litvinoff and John Madeley
This original edition was published in English by Pluto Press
Korean translation Copyright ⓒ 2007 Motivebook
This Korean edition was published by arrangement with Pluto Press, England
through Best Literary & Rights Agency, Korea.
All Rights reserved.

이 책의 한국어판 저작권은 베스트 에이전시를 통한 원저작자와의 독점 계약으로
도서출판 모티브북이 소유합니다.
신저작권법에 의해 한국 내에서 보호를 받는 저작물이므로 무단 전재와 무단 복제를 금합니다.

50 Reasons to Buy Fair Trade

공정
인간의 얼굴을 한 시장 경제,
무역

마일즈 리트비노프 · 존 메딜레이 지음 · 김병순 옮김

모티브
BOOK

차례

머리말

우리는 아침에 일어나면 탁자에 앉아 남아메리카 사람들이 수확한 커피를 마시거나 중국 사람들이 재배한 차를 마시거나 또는 서아프리카 사람들이 재배한 코코아를 마신다. 우리는 일터로 나가기 전에 벌써 세계의 절반이 넘는 사람들에게 신세를 지고 있다.
—마틴 루터 킹

우리는 전 세계 사람들에게 신세를 지고 있다. 이들 가운데 상당수가 매우 가난한 사람들이다. 이들은 지금 우리가 일상생활에서 쓰고 있는 제품들을 생산하는 사람들이기도 하다. 그런데 이들이 일한 대가로 받는 돈은 얼마일까? 대개는 아주 보잘것없다. 우리들은 그것이 정당하다고 생각하지 않는다. 우리는 가게에서 5달러를 주고 샌들을 사면서 마음이 불편하다. 샌들을 만든 사람은 그 대가로 도대체 얼마나 벌까?

우리는 가난한 사람들이 이렇게 착취당하는 것을 바라지 않는다. 그렇다면 어떻게 해야 할까? 우리 가운데 점점 많은 사람이 어떻게 해야 생산자들에게 공정한 대가를 지불하고 제품을 살 수 있는지 알고 싶어 한다. 1990년대 중반부터 우리는 이런 방식으로 생산한 식료품과 수공품, 여러 가지 제품, 즉 공정하게 거래한 제품들을 사기 시작했다.

공정 무역은 우리 시대의 성공담이다. 새 천년이 시작되고 처음 5년 동안 우리가 살 수 있는 공정 무역 제품의 수는 15배가 넘게 늘어났다. 처음에는 수공품만 살 수 있었다. 그러나 그 이후로 커피와 초콜릿, 여러 종류의 먹을거리로 품목이 늘어났으며 지금은 훨씬 더 많은 물품을 살 수 있다. 공정 무역 옷, 홑이불과 베갯잇, 신발, 가구, 꽃, 양탄자, 축구공, 포도주, 과일 주스 같은 것을 모두 살 수 있으며, 품질은 모두 훌륭하다.

공정 무역은 무엇인가

공정 무역은 일반 무역과 다르다. 우리가 공정 무역 제품을 사면 전 세계의 가난한 사람들이 그 혜택을 입는다. 공정 무역을 통해 가난한 나라의 생산자들은 정당한 대가를 받는다. 이들이 생산한 제품에는 공정하고 안정된 가격이 매겨지고 노동자들은 정당한 임금을 받는다. 그리고 초과 이익이 발생하면 대개의 경우 자신들의 사업이나 공동체에 다시 투자한다. 공정 무역 제품을 사는 일은 더 나은, 그리고 더 관대한 세상을 이루기 위한 아주 현실적인 실천 방식이다. 공정 무역은 가난을 극복하도록 도와줄 수 있다.

대다수 공정 무역 제품에는 공정 무역 상표가 붙는다. 국제 공정 무역 상표 기구Fairtrade Labelling Organisations(FLO) International라고 부르는 공정 무역 기구는 국제적으로 인정된 공정 무역 기준을 맞춘 상품에 이 상표를 붙일 수 있도록 허가한다. FLO는 유럽, 일본, 북아메리카, 멕시코, 오스트레일리아, 뉴질랜드 등 21개 나라에 있는 국가별 공정 무역 단체의 산하 기구이다. 영국의 FLO는 공정 무역 재단 Fairtrade Foundation이다.

공정 무역 제품들은 또한 트레이드크라프트Traidcraft와 피플트리 People Tree처럼 국제 공정 무역 협회International Fair Trade Association(IFAT)에 속한 단체에서도 거래한다. 이 협회는 전 대륙에서 공정 무역의 원칙을 따르는 60여 개국에 270개의 공정 무역 단체를 연결하고 있다.

러그마크Rugmark 양탄자와 공동체 관광 여행처럼 그 뜻이 공정 무역과 가까운 다른 기구들도 있다.

공정 무역이 필요한 이유는 분명하다. 오늘날 주류를 이루고 있는 국제 무역 체계는 세계의 가난을 해결하지 못하고 있다. 2001년 세계 무역 협상을 위한 도하 개발 회의 때부터 세계 무역 기구World Trade Organization(WTO)의 회원국들은 가난한 나라에 혜택을 주기 위해 세계 무역을 어떻게 바꿀 것인지 논의했다. 그러나 유럽 연합이나 미국 같은 부자 나라들은 이러한 변화를 반대했다. 가난한 나라의 국민들은 지금도 마냥 기다리고 있을 뿐이다. 따라서 공정 무역이 더 중요해졌다.

가난한 사람들에 대해 중구난방 떠드는 것으로는 그들이 먹고살 수 없다. 그들에게는 눈에 보이는 실제 이익이 계속해서 발생해야 한다. 공정 무역 체계는 이 같은 이익을 제공할 수 있다. 공정 무역이 훌륭한 까닭은 가난한 사람들을 위해 움직이기 때문이다. 공정 무역은 주류 무역 체계를 대체할 수 있는 실용적 방안이다.

공정 무역은 매우 빠르게 성장했지만 그 영향력은 아직 세계 무역에서 작은 부분만 차지하고 있다. 예를 들면 공정 무역 커피의 생산자들은 대부분 아직까지도 자신들이 생산한 커피 가운데 많은 부분을 자유 무역 시장에 맡겨야 한다.

그러나 공정 무역의 잠재 시장은 거대하다. 공정 무역은 세계 무역 체계에 영향을 끼쳐 불공정한 거래를 바꿀 수 있고, 가난한 사람들과 공동체들이 가난에서 벗어날 수 있도록 도움을 줄 수 있다. 하지만 이 같은 일이 가능하려면 공정 무역이 계속해서 성장해야 한다. 우리가 공정 무역 제품을 더 많이 살수록 더 많은 사람이 더 공정한 체계에서 제품을 팔 수 있다.

이 책은 공정 무역으로 변화된 사례 50가지를 제시한다. 이 50가지 사례에서 우리는 공정 무역이 개발도상국에 사는 어린이와 여성, 남성에게 어떻게 혜택을 주는지, 그리고 선진국에 사는 사람들은 공정 무역이 더 큰 효과를 발휘하도록 하기 위해 무엇을 할 수 있는지 직접 볼 수 있다.

사람들의 이야기에 귀를 기울여라

이 책에서 우리는 공정 무역을 하는 사람들의 이야기를 직접 들을 수 있다. 이들은 공정 무역이 자신들과 가족, 자신이 속해 있는 공동체에 어떤 변화를 주었는지 이야기한다. 이들은 대부분 가난하지만 일부는 매우 가난하고, 공정 무역이 더 나은 삶을 가져다주었다는 사실에는 모두 동감한다.

니카라과에서 커피 농사를 짓는 블랑카 로사 몰리나는 공정 무역 체계로 인해 "내 식구가 밥을 먹을 수 있느냐 없느냐의 차이가 생깁니다."라고 말한다.

세실리아 맘베블레는 탄자니아에서 차를 재배하는데 공정 무역을 통해 "우리는 많은 것을 할 수 있었어요. 우리는 초등학교와 중학교를 세울 수 있었어요. ……우리에게 학교는 매우 중요해요. 이제 교실 안에 탁자와 의자를 갖다 놓았고 마루도 깔았어요. 그리고 바람과 흙먼지를 막을 수 있는 창문도 달았어요."라고 말한다.

도미니카에서 바나나를 재배하는 아모스 윌셔에게 공정 무역은 "우리는 농가들을 크게 바꾸었고 전체 경제에도 큰 영향을 끼쳤습니다. ……공정 무역은 한 줄기 밝은 빛과 같아요."라고 말한다.

인도의 애그로셀Agrocel 공정 무역 면화 사업 책임자인 샤일레시 파텔은 "공정 무역은 농부들의 생명을 구합니다. 농부들의 자살을 막기 때문이죠."라고 말한다.

세계 축구공의 4분의 3 정도가 파키스탄의 시알코트 시 주변에서 만들어진다는 사실을 아는가? 우리는 축구공을 꿰매는 가족들이 공정 무역으로 얼마나 큰 변화를 맞았는지 들을 수 있다.

우리는 공정 무역 인증 제품의 가격 안에 포함된 '사회적 초과 이익'을 거둔 영세 농민들과 저소득 생산자들이 어떻게 자신들이 만드는 생산물의 품질을 좋게 하고 토지의 생산성을 더욱 높였는지, 그리고 자기가 사는 지역의 환경을 개선하고 자신들이 속한 공동체에 교육과 의료 혜택을 제공하며 여성의 인권을 신장하고 여러 가지 다른 이익을 나누었는지 들을 수 있다.

그것이 아프리카에서 가장 가난한 나라인 부르키나파소에서 생산한 망고이든 파키스탄에서 생산한 러그마크 상표의 양탄자이든 또는 칠레에서 재배한 공정 무역 포도주이든, 이 책은 공정 무역 제품을 사는 것과 전 세계의 가난한 사람들을 돕는 것이 큰 연관성이 있다는 것을 보여 준다.

더 많이 논의해야 할 문제들

이 책은 또한 더 광범한 논점들을 제시한다. 아무리 공정 무역의 성장으로 많은 사람이 큰 도움을 받는다고 해도 공정 무역만으로 전 세계의 가난을 해결할 수 없다. 우리는 정의로운 무역의 필요성과 인권 존중의 중요성, 그리고 새 천년 개발 목표Millenium Development Goals(2000년 유엔 세계 정상 회담에서 발표한 결의안 – 옮긴이)의 달성에 대해서도 말한다. 그리고 공정 무역이 어떻게 소비자들의 각성을 촉진했는지도 살펴본다. 공정 무역이 어떻게 다국적 기업들의 행태를 개선하도록 이끌었는지도 볼 수 있다.

공정 무역에서 다국적 기업의 구실은 논란이 많다. 네슬레 같은 회사에서 만든 제품이 공정 무역 인증을 받아야 하는지에 대해서는 의견이 분분하다. 우리는 논쟁의 양쪽 주장을 다 살펴본다.

어떤 다국적 기업들은 윤리 무역에 대해 얘기한다. 그러나 공정 무역은 이보다 더 진보적이다. 윤리 무역은 다국적 기업의 제품을 생산하는 개발도상국의 노동자나 농민들에게 정당한 노동 환경을 보장하기 위해 기업이 노력하는 것을 뜻한다. 반면에 공정 무역은 윤리 무역을 뛰어넘어 공정 거래 계약과 공정 가격을 보장하고 작업장을 민주적으로 운영하는 것을 지지하며 생산자 협동조합을 지원한다. 그리고 사람들이 자신의 삶을 조절할 수 있도록 돕는다.

오늘날 원거리 수송 식품과 기후 변화에 대한 중요한 논란이 있다. 그리고 세계화와 지역화의 대립, 항공 운수 때문에 발생하는 환경오염 처리 비용, 거대 슈퍼마켓이 지역 경제에 끼치는 부정적 영향에 대해서도 논란이 많다. 우리는 지속 가능한 세상을 만들기 위해 될 수 있으면 자기가 사는 지역의 농산물을 사고 화석 연료에 덜 의존하는 상품 유통망을 갖추어야 한다. 자기 나라에서도 사과를 재배할 수 있는데 다른 나라에서 재배한 사과를 비행기로 수송해야 할 까닭이 어디 있는가? 하지만 공정 무역은 이런 문제는 다루지 않는다. 이것은 우리가 말하고자 하는 내용이 아니다.

공정 무역이 지속 가능한 발전에 기여하는 경우는 가난한 나라에서 생산이 어렵거나 현재 생산이 안 되는 농산물을 공정 무역으로 생산하는 것이다. 대부분의 공정 무역 농산물은 서유럽 국가들이 오랫동안 착취해 온 열대 지역에서 나온다. 그리고 그곳에 사는 사람들은 대부분 우리와 연대하기를 바란다. 따라서 우리가 이들이 생산한 차와 커피, 코코아 또는 바나나를 사고 있다면 우리는 언제라도 그것을 공정 무역으로 유도할 수 있다.

공정 무역의 앞날

이윤만을 목표로 하는 기업들이 지배하는 지금의 주류 국제 무역 체계가 가난한 사람들을 도와주는 체계로 바뀔는지에 대한 의문이 점점 커져 간다. 반면에 공정 무역에 대한 판단은 명백하다. 방글라 데시의 비정부 기구인 '성장의 수레바퀴Development Wheel'의 이사 샤 압두스 살람은 이와 같이 말한다.

> 공정 무역만이 전 세계의 주변부에 있는 노동자들에게 지속 가능하면서 더 좋은 생계를 보장할 수 있어요. 공정 무역 운동은 가난한 나라의 고통받는 생산자들의 생활을 향상시키고 전 세계의 기업들이 윤리 경영을 하도록 도와줄 수 있습니다.

영국에 있는 공정 무역 재단의 책임자 해리엇 램은 공정 무역 상표를 사용한 처음 10년 동안 "한때는 소비자가 그 제품을 선택하는 일이 하찮고 개별적이며 비정치적이라고 비웃음을 받았지만 이제는 긍정적인 힘을 발휘한다는 것을 증명했습니다."라고 말한다.

바로 우리처럼 공정 무역 제품을 사는 사람들이 공정 무역을 성공으로 이끌었다. 그리고 앞으로 더욱 성공하게 만들 것이다. 공정 무역 제품은 모든 사람을 위한 것이다. 대부분 가격이 저렴하고 슈퍼마켓에서 손쉽게 구할 수 있다. 공정 무역 상표에 대한 인지도는 점점 높아지고 있다. 이제는 영국인의 16세에서 64세까지 대부분의 연령 대에 걸쳐 두 사람에 한 명꼴로 이 상표를 안다. 특히 16세에서

34세까지 젊은 사람들 사이에서 인지도가 가장 빠르게 높아진다는 사실은 매우 바람직한 일이다.

공정 무역 제품을 사는 행위는 부의 재분배를 통해 소득의 균형을 바로잡는 구실을 한다. 여러분은 세상을 바꾸는 일에 참여하는 것이다. 우리는 가난한 사람들에게 더 큰 희망을 줄 수 있는 앞날을 꿈꾸며 이 책을 마친다.

우리는 공정 무역의 앞날이 밝다고 생각한다. 만일 여러분이 공정 무역을 처음 접했다면 전혀 새로운 세계가 여러분을 기다리고 있을 것이다. 그리고 이미 공정 무역을 잘 아는 사람이라면 이 책을 읽고 가난한 사람들을 돕기 위해 공정 무역 제품을 사야 하는 많은 이유를 발견하기를 바란다.

1 가난한 사람들을 위한 무역

주류 무역 체계는 가난한 사람들의 기대를 저버린다. 그러나 공
정 무역은 착취가 아니라 동반자 관계를 추구한다.

무역은 인류의 역사만큼이나 오래되었다. 가장 기본적으로 거래
행위는 사람들이 저마다 서로 다른 기술과 능력을 지녔고 자기가 갖
지 못한 기술이나 자원을 보유한 사람과 교환하는 것이 가치 있는
일이라는 것을 발견하면서 시작되었다. 다른 나라와 무역을 시작한
까닭도 이와 다르지 않았다.

국제 무역으로 다양한 영역의 상품을 쓸 수 있게 되었고 공동체들
의 생활수준도 높아졌다. 그러나 탐욕과 심한 차별, 그리고 무역 기
술과 자원과 환경이 상대적으로 부족한 사람들에 대한 억압으로 흠
집이 생긴 지 오래되었다. 고삐 풀린 '자유' 시장에서 무역 기술은
다른 사람을 지배할 수 있는 위치를 확보한 일부에게 부를 몰아주는
수단이 되었다. 오늘날 주류 무역 체계는 가난한 사람들의 기대를
저버리고 있다. 소수만 돈을 벌고 다수는 손해를 본다.

무역이 발전하면서 사람들의 생활수준이 높아지기도 했지만 또
한편으로 사람들은 굶주리고 굶어 죽기도 했다. 예를 들면 1845~49
년 아일랜드에서 발생한 기근으로 100만 명에 가까운 사람들이 죽

었는데도 대지주들은 가난한 농민들이 수확한 식량을 계속해서 영국에 수출했다. 오늘날도 자기 나라에서는 엄청나게 많은 사람이 굶주림에 시달리는데도 여전히 식량을 다른 나라에 수출하고 그 결과 굶어 죽는 사람들이 잇따라 생겨난다.

국제 무역이 확대되면서 경제학자들은 비교 우위론을 개발했다. 이 이론은 만일 모든 나라가 자기 나라에 가장 적합한 상품과 용역을 생산하고 그것을 거래한다면 산출물은 최대로 많아질 것이고 결국 모든 나라가 이익을 볼 것이라고 주장한다. 여러 가지 이유로 한 나라는 다른 나라보다 저렴한 비용으로 똑같은 상품을 생산할 수 있을 것이다. 예를 들면 어떤 나라는 기후 조건이 더 좋을 수 있고 어떤 나라는 특별한 기술을 지닌 노동력을 보유하고 있을 수 있다.

그러나 이 이론은 큰 허점이 있다. 모든 나라가 분명히 국제 무역으로 이익을 얻지는 못했다. 공산품을 생산하는 나라들—대개 서유럽 국가들—은 1차 산업인 농산물을 생산하는 개발도상국보다 더 잘살았다. 산업 국가와 농업 국가 사이의 격차는 시간이 지날수록 좁혀지기보다는 더 넓어져 갔다. 약 300년 전에는 나라들 사이에 소득 격차가 거의 없었다. 그러나 21세기가 시작되면서 그 격차는 100대 1로 늘어났다.

경제학자들의 이론은 틀렸다. 서유럽 국가의 국민들은 소득이 늘어나면서 더 많은 공산품을 사는 반면에 개발도상국 국민들은 자신들이 생산한 물품을 팔아서 그 돈으로 필요한 공산품을 사기가 점점 어려워진다.

오늘날의 '자유' 무역

20세기 말 20년 동안 국제 무역은 심각하게 악화되었다. 무역 자유화—무역 장벽을 허물고 자유 무역을 도입하는 것—는 수백만 명의 가난한 사람들에게 불리하게 작용하기 시작했고 이들의 가난을 심화하였다. 1940년대 말 이후로 공산품에 무역 자유화가 진행되었다. 그런 가운데 국제 무역은 1980년대 초에 시작된 세계은행World Bank과 국제 통화 기금International Monetary Fund(IMF)의 구조 조정 계획에 따라 큰 변화를 맞았다. 개발도상국은 원조와 투자, 그리고 최근에 와서 추가된, 부채를 경감받기 원한다면 세계은행과 IMF의 계획에 동의해야 했다. 무역 자유화는 이제 대세가 되었다.

더욱이 1995년에 설립된 세계 무역 기구WTO는 무역 자유화를 더욱 강력하게 밀어붙였다. 제네바에 본부를 둔 WTO는 세계 무역을 지배하는 규칙을 만든다. 2006년 7월 현재 149개국이 회원국으로 참여하는 WTO는 1993년에 끝난 우루과이 라운드 때 나온 협정들을 집행하는 책임을 맡고 있다. 이 가운데 네 가지 주요 협정이 있는데 농업 협정Agreement on Agriculture, 서비스 무역 일반 협정General Agreement on Trade in Services, 무역 관련 지적 재산권 협정Agreements on Trade-Related Intellectual Property Rights(TRIPs), 무역 관련 투자 조치 협정Trade-Related Investment Measures(TRIMs)이 그것이다.

WTO는 그 자체가 회원국들이 무역 자유화에 대해 협상하는 공개 토론장이다. 실제로 WTO는 회원국들이 엄청난 권한을 양도한 거대한 무역 자유화 조직이다. WTO는 그 지위를 이용해서 무역 자유화의 대의를 널리 알리고 이 과정을 통해 대부분의 이익을 얻어 가는 다국적 기업들을 위해 일한다. 1998년 WTO의 초대 사무총장이었던 레나토 루지에로는 이렇게 말했다.

우리는 완전히 새로운 국제주의가 시작하는 지점에 서 있다. 우리는 지금까지와는 전혀 다른 세계를 향해 철저하고도 급격한 변화의 시대를 관통하며 살고 있다.

우리는 세계 경제를 구분하는 국경이 점점 사라짐에 따라 이를 관리하는 기구들을 잘 정비하고 더 나은 전 지구적 지배 체계를 이루고자 하는 우리의 정치적 의지를 다시 확인할 기회를 가진 것이다. 새로운 세계화 시대를 향한 우리의 위대한 약속은 이 밖에 다른 어떤 것도 요구하지 않는다.

WTO의 전망은 바로 자유 무역 체계를 바탕으로 국경 없는 세계 경제 체계와 전 지구적 지배 체제를 구축하겠다는 것이다. 1980년대 초 이래로 무역 자유화의 빠른 진전과 함께 개발도상국에서 일어난 변화가 이제 나타나고 있다. 케임브리지 대학의 경제학자인 장하준 교수는 1960년에서 1980년 사이에 개발도상국의 경제는 약 3퍼센트 성장했지만 1980년에서 2000년 사이에는 그 절반인 1.5퍼센트밖에 성장하지 못했다고 지적한다. 그는 이렇게 말한다.

최근 20년 동안 아프리카 경제는 계속 움츠러들었다(20년 전에는 해마다 1.6퍼센트의 성장을 해 왔는데 그 이후로는 약 0.8퍼센트로 떨어졌다). 그리고 라틴 아메리카는 기본적으로 정체 상태이다(20년 전에 2.8퍼센트의 성장률이던 것이 그 이후로는 0.3퍼센트밖에 안 된다).

한국, 타이완, 인도네시아, 중국 같은 일부 아시아 국가들만 가난에서 벗어날 수 있었는데 이들은 무역 규제를 광범하게 활용하였다. 이들은 정통의 무역 자유화 방식을 따르지 않았다.

가장 가난한 나라의 국민과 공동체들이 무역 자유화 아래서 삶의 기반을 잃어버렸다는 명백한 증거를 이들 개발도상국의 사례에서 확인할 수 있다. 개발도상국의 소농을 예로 들어 보자. 최근 20년 동안 개발도상국의 식량 수입이 급증하였다. 수백만 명의 소농은 수입 농산물과 경쟁할 수 없었고 결국 파산하고 말았다. '가난을 역사 속으로Make Poverty History' 운동으로 "무역 자유화와 사유화, 무역 규제 철폐를 끊임없이 추구한 탓에 사람들이 가난에 파묻혀서 헤어나지 못하게 되었다는 증거들이 우리 앞에 속속 모습을 드러냈다. 가난한 사람들과 우리의 환경에 대한 충격은 엄청난 재난을 가져올 것이다."라고 비판했다.

무역 장벽이 없는 세계라면 언뜻 좋은 뜻으로 들릴 수 있다. 그러나 오늘날 세계 경제는 힘의 불균형이 극심한 것이 사실이다. 21세기에 무역을 하는 주체는 국가가 아니라 기업들이다. 무역 장벽이 없는 자유 무역 체계에서 가난한 사람들은 기업들이 관리하는 경제 흐름 속에 갇혀 옴짝달싹하지 못한다. 아주 작은 물고기를 상어가 노는 물에 함께 넣으면 오직 한 가지 결과만 나올 것이다.─그것은 작은 물고기에게 좋을 리 없다. 가난한 사람들이 아무 소리도 못 하고 스스로 조절하거나 힘 또는 영향력을 발휘할 수 없는 체계에서 그들이 살아남아 스스로 이익을 챙길 수 있다고 누가 기대할 수 있겠는가.

우리는 기업을 "암세포처럼 온 세상을 휘저으며 자사의 영향력을 확장하고 사람들의 생계를 파괴하며 사람들을 추방하고 민주적인 제도들을 무기력하게 하고 돈을 끊임없이 추구하며 사는 시장 독재의 수단"이라고 말해 왔다. 더욱이 기업이 대부분 힘없는 가난한 사람들에게 가장 심한 타격을 입힌다는 사실은 기업이 지닌 가장 추악한 모습이다. 대부분의 개발도상국에서는 노동자들이 서유럽에서 쓰이는 옷과 장난감 같은 제품을 만드는 데 하루에 1달러도 안 되는 돈을 받고 일한다. 대개 이런 제품들은 명품 상표를 달고 비싼 값에 팔린다. 그러나 제품을 만든 사람들의 임금은 밑바닥이며 노동 환경은 대부분 지독하게 열악하다. 자유 무역 아래서 가난한 사람들은 가난에서 자유롭지 못하다. 주류 무역 체계에서 가난한 사람은 가진 것을 잃을 뿐이다.

가난한 사람들이 가난에서 헤어날 수 있도록 도와주는 공정 무역은 이제 전 세계에 걸쳐 지지를 얻고 있으며 수백만의 가난한 사람들에게 소중한 희망을 전해 준다. 공정 무역 체계에서 가난한 사람도 인간다운 삶의 기회를 얻는다.

이 책의 나머지에서는 가난한 사람들이 얼마나 많은 이익을 얻는지 잘 보여 줄 것이다.

2

영세 농민들이 공정 가격을 받다

공정 무역은 영세 농민의 소득을 높이고 지역 사회를 살린다. 공
정 무역에서 적용하는 생산지 농산물 가격은 수십만 영세 농가에
더 나은 삶을 제공하는 열쇠다.

 농업은 대부분의 개발도상국에서 가장 큰 경제 부문이다. 그리고
이들 나라에서는 몇백만 명이 소농으로 생계를 유지하고 있다. 몇십
년 동안 커피와 설탕, 차 같은 농산물이 세계 시장에서 널리 거래되
면서 개발도상국의 소농들은 이들 농산물을 대량으로 생산하다가
급기야 공급 과잉을 초래했다.—반면에 실제 자기 나라에서 필요한
여러 가지 지역 농산물은 생산이 줄어들어 공급량이 모자랐다. 이
같은 세계 시장의 공급 과잉은 농산물 가격을 떨어뜨렸고, 개발도상
국에서 농산물을 재배하는 영세 농민들의 소득은 감소했다. 또한 날
씨의 변동과 농작물 병충해 같은 여러 가지 요소 때문에 생산지 농
산물 가격이 오르내리는 것을 예측하기가 어렵다.
 개발도상국 50개 나라에 사는 2,500만 농민들은 자신들의 생계를
기대는 가장 중요한 또는 유일한 농산물로 커피를 재배하는데 이들
의 절반 정도가 소규모 가족농이다. 소규모 커피 생산 농민들은 대
부분 지리적으로 멀리 떨어져 있고 자신들이 생산한 농산물을 시장
으로 운송할 수단이 부족하다. 그래서 무역업자와 금융 대부업자에

게 농산물을 팔아야 한다(사례 21 참조). 커피 수출의 경우를 살펴보면 먼저 중개 상인들은 커피 열매를 가공하기 위해 대개 커피 분쇄 공장에 판다. 이 과정에서 발생하는 비용은 원생산자인 농민에게 돌아가야 할 몫을 줄인다. 더욱이 추수철에는 외부의 노동력을 고용해야 하므로 커피 생산자의 생산 비용은 금방 두 배로 뛴다.

우리가 슈퍼마켓에서 커피를 살 때 지불하는 소매가격의 아주 일부 금액만 생산자에게 돌아간다. 따라서 세계의 커피 농가 가운데 3분의 2가 절대 빈곤 속에 살고 있다는 옥스팜Oxfarm의 설명은 놀라운 사실이 아니다. 1989년 국제 커피 협정International Coffee Agreement이 깨지면서 많은 농가에서 커피 가격은 생산 원가에도 못 미치는 수준으로 하락했다. 농민들은 빚에 쪼들려 생계도 유지하기 어려웠지만 슈퍼마켓과 커피 전문점, 크라프트Kraft나 네슬레Nestlé 같은 거대한 다국적 커피 제조 회사들은 큰 수익을 올렸다. 니카라과의 커피 생산 농민인 마리오 페레츠는 "우리는 실제로 커피 수확을 포기해야 했어요."라고 말한다.

낮고 불안정한 커피 가격은 지금까지 커피를 생산하는 소규모 농민들과 공동체의 삶에 엄청난 영향력을 행사했다. 사회 불안과 절도, 자살, 치솟는 가계 빚, 학업을 포기하는 어린이들, 병원비를 댈 수 없는 가구들이 점점 늘어났다.—그리고 콜롬비아와 아이티 농민들은 절망에 빠져 불법 마약 재배로 돌아섰다. 2003년 중반 니카라과에서는 커피 노동자 수천 명이 수도까지 '배고픈 자들의 행진'을 감행했다. 이 행진 도중에 14명이 죽었다고 한다.

바나나의 생산 가격도 끝없이 떨어졌다. 해마다 5,000만 파운드 규모에 이르는 세계 바나나 무역은 돌Dole, 델몬트Del Monte, 치키타 Chiquita, 휘페스Fyffe's, 노보아Noboa, 이렇게 다섯 개의 다국적 기업이 지배하고 있다. 이들 기업은 라틴 아메리카와 서아프리카의 거대한 플랜테이션에서 최저 임금을 지불하고 바나나를 공급받아 생산 원가를 끌어내렸다. 이곳의 노동 조건은 매우 열악하며 이곳에서 생산되는 바나나 열매는 위험한 농약으로 흠뻑 젖어 있다. 카리브 해 지역의 구릉지에 있는 중소 독립 바나나 재배 농가들은 이들 다국적 기업과 가격 경쟁을 할 수 없었기 때문에 결국 시장 점유율을 잃고 말았다. 도미니카 공화국에서 바나나를 재배하는 아모스 윌트셔는 "경제는 마이너스 성장을 했지요. ……모든 것이 꼬이기 시작했어요. 범죄, 청소년 폭력과 비행이 늘어나고 ……남편들은 가정을 유지할 수 없었어요."라고 말한다.

자유 무역은 이 같은 가격 하락의 소용돌이에 직면해서 개발도상국의 영세 농민들에게 아무런 해결책을 제공하지 못하고 있다. 오히려 가격을 더 하락하게 할 뿐이다. 그러나 공정 무역은 그 해답을 가지고 있다. 바로 최소 공정 가격이다.

공정 무역은 더 나은 소득을 보장

공정 무역 인증 제도는 생산자 집단에게 최소 가격을 보장한다. 최소 가격은 생산 지역의 경제 조건을 기반으로 하며 생산 원가를 보전한다. 더불어 한 가족이 어지간한 생활을 할 수 있고 공정 무역 기준에 따라 농장을 개선하며 농민들의 협동조합 운영 비용 등이 포함되어 있다.

공정 무역 제품을 사는 사람들은 세계 시장 가격이 싸더라도 이같은 최소 가격을 지불한다.—최소 가격에는 모든 공정 무역 인증 농산물에 대해 '사회적 초과 이익'이 포함되어 있다(사례 4 참조). 그러나 세계 시장 가격이 최소 가격보다 올라가면 현재의 세계 시장 가격대로 지불한다. 최근 몇 년 동안 아라비카Arabica(커피 품종의 하나–옮긴이) 커피는 세계 시장에서 평균 가격이 1파운드에 70센트였지만 공정 무역 인증을 받은 커피는 평균 1달러 21센트의 최소 가격을 생산자에게 지불했다.

바나나의 공정 무역 시장도 비슷하게 움직인다.—바나나는 전 세계에서 소매가격이 커피 다음으로 싸다. 바나나에 적용되는 최소 가격은 소규모 바나나 재배 농가들이 대규모 플랜테이션 농장보다 농약을 덜 사용하여 농민들의 노동력이 더 많이 들어가기 때문에 생산 원가도 더 올라가며 거기에 조직 운영 비용과 운송 비용도 더 많이 든다는 점을 고려해서 산정한다. 2005년 에콰도르 바나나의 공정 무역 최소 수출 가격은 1파운드에 13센트로 비공정 무역 시장 가격보다 거의 두 배 비쌌다.

2004~05년에 전 세계의 공정 무역 인증 농산물 생산자들이 얻은 부가 이익은 약 1억 달러로 추산되었다. 그동안 진행된 모든 연구에서 공정 무역 시장에 농산물을 판 농민들이 그렇지 않은 농민들보다 더 많은 소득을 올렸다는 사실을 확인했다. 공정 무역 농민 협동조합들은 그들이 공정 무역을 하기 전보다 25~60퍼센트 정도 소득이 더 늘었다고 추정했다.

농민들은 이에 대해 어떻게 생각할까? 니카라과의 공정 무역 커피 재배 농민 베르틸다 가메스 페레스는 이렇게 말한다.

큰 이득을 얻었지요. ……우리가 재배한 농작물로 전보다 더 많은 돈을 벌어요. 전에는 먹고살기에 충분한 돈을 벌지 못했어요. 이제 우리는 더 높은 가격을 받는데 더구나 그 돈이 우리에게 바로 들어와요. 나는 더 많은 음식을 살 수 있지요.

내 딸이 대학에 다니도록 지원해 줄 수 있어요. ……그리고 내 아들도 돌볼 수 있어요.

2002년 영국을 방문했던 코스타리카 농민 기예르모 바르가스는 이렇게 회고했다.

우리 할아버지와 아버지는 두 분 다 커피 농사꾼이었지요. 아무것도 달라진 게 없었어요. 1950년에서 1988년 사이에 아무것도 더 좋아지지 않았어요. 우리가 품질 좋은 커피를 생산하고 있다는 것을 알았지만 우리 식구끼리 계속해서 일해 봐야, 그리고 개별로 거래하는 한 우리가 할 수 있는 일이 아무것도 없었어요. 그래서 1988년 협동조합을 만들기로 했지요. 협동조합은 우리에게 더 좋은 가격을 협상할 수 있는 힘을 주었고 마침내 공정 무역으로 커피를 팔 수 있었어요. 우리는 함께 행동함으로써 성과가 좋다는 것을 확인하고 그다음에는 다른 농산물들도 공정 무역을 시도했어요.

도미니카 공화국의 바나나 생산자인 아모스 윌트셔는 공정 무역은 "관련이 있는 가족들과 농민들에게 큰 변화를 안겨 주었고 결국은 전체 경제에도 영향을 끼쳤어요. ……공정 무역은 도미니카 공화국의 농민들에게 한 줄기 빛이고 ……구원자예요."라고 말한다.

공정 무역을 하는 농민들과 농가들은 작은 농토와 집을 살 수 있고 자녀 교육비와 건강 보험료(개발도상국에서는 이런 것들이 완전히 무료가 아니다)를 낼 수 있다. 따라서 더 넓게 보면 이들이 사는 공동체도 지역 소득이 높아지고 소비가 늘어나면서 발생하는 '상승' 효과의 혜택을 본다. 새로운 직업이 생겨나고 지방 정부는 더 많은 세금을 거두어 지역의 공공사업에 쓸 수 있다(사례 48 참조).

공정 무역이 이렇게 커피 생산자들의 소득을 증가시키는 데 성공을 거두고 점점 규모가 커지는 것에 영향을 받은 휘페스와 돌 등 바나나 기업들은 '사회적 책임을 지는 과일'을 공정 무역이나 또는 지금과는 다른 형태로 공급받고 거래할 방법들을 찾고 있다.

3

신뢰할 수 있는 공정 무역 제품

현재 공정 무역 인증 제품은 2,000종이 넘으며 실제로 공정 무
역으로 거래되는 제품은 이보다 훨씬 많다.

여러분은 공정 무역 제품을 살 때 그것이 진짜인지, 제품이 과연
믿을 수 있는 것인지 확인하고 싶을 것이다. 여러분이 확인할 수 있
는 중요한 방법이 두 가지 있다.

공정 무역 상표가 붙은 제품

공정 무역 상표Fairtrade Mark는 제품을 신중하게 확인해서 인증했다
는 사실을 보증한다. 이 표시는 그동안 손해를 감수하며 거래했던
생산자들이 이제는 더 좋은 대가를 받고 있다는 것을 보증해 주는
고유한 표시이다.

커피는 1989년 네덜란드에서 공정 무역으로 인증받은 첫 번째 제
품이었다. 네덜란드의 상표 이름은 막스 하벨라르Max Havelaar이다.
이 이름은 네덜란드 식민지 상인들이 자바의 커피 농장 노동자들을
착취하는 내용을 다룬, 19세기에 가장 많이 팔린 소설의 제목에서
따온 것이다(사례 11 참조). 그다음부터 여러 나라에서 공정 무역 상
표를 붙이기 시작했는데 일부는 막스 하벨라르를 그대로 쓰기도 했

29

고 트랜스페어TransFair, 공정 무역 재단Fairtrade Foundation, 라트비세마르크트Rättvisemärkt 같은 새로운 상표를 만들기도 했다. 이들은 자기 나라의 시장에 알맞은 제품에 공정 무역 소비자 상표를 붙였다.

1997년 17개 나라가 모여 전 세계 공정 무역 조직인 국제 공정 무역 상표 기구FLO를 창립했다. 또한 이들은 공정 무역 상표를 하나로 통일할 필요성을 느꼈다. 그래서 2002년 '국제 공정 무역 인증 상표 International Fairtrade Certification Mark'가 탄생하였다. FLO는 국제 공정 무역 표준을 제정하여 표준에 따라 제품과 생산 과정을 인증하고 무역 거래를 감독하며 해당 제품에 공정 무역 상표를 붙이도록 허가하는 책임을 지고 있다. 공정 무역 상표는 인증 표시이며 또한 등록 상표이다. FLO는 현재 전 세계에 21개 회원국을 두고 있다.

FLO 표준과 공정 과정에 맞는 제품은 공정 무역 상표를 붙일 수 있다. FLO 표준은 생산자 집단과 무역업자, 가공업자, 도매상과 소매상마다 따로 있다. 생산자 대상의 표준은 두 종류가 있는데, 하나는 영세 농민들을 대상으로 한 것이고, 다른 하나는 대농장과 공장의 노동자들을 대상으로 한 것이다. 첫 번째 표준은 협동조합에 소속되어 있거나 민주적이고 참여적으로 운영하는 다른 형태의 조직에 소속된 소규모 자작농 또는 소작농에게 적용된다. 두 번째 표준은 고용주가 적정한 임금을 지급하고 노동조합에 가입할 권리를 보장하며 알맞은 주거 환경을 제공하는 작업장에서 일하는 조직 노동자들에게 적용된다. 예를 들면 플랜테이션 대농장 노동자들이 바로 이 표준의 적용을 받는다(사례 7 참조). 그리고 FLO 표준은 무역업자들에게 다음과 같은 내용을 준수하도록 규정한다.

• 생산자가 지속 가능한 생산과 생계를 유지할 수 있는 가격을 지불

해야 한다.

- 생산자가 생산 기술의 개발에 투자할 수 있도록 추가 이익을 지불해야 한다.
- 생산자가 요청하면 거래 대금의 일부를 미리 지불해야 한다.
- 생산자가 지속 가능한 생산을 보장받을 수 있도록 장기 수급 계획을 인정하는 계약을 체결해야 한다.

공정 무역은 본디 개발을 목표로 거래하는 것이므로 FLO 표준은 생산자가 공정 무역 표준에 맞게 생산 기준을 맞춰야 하는 최소 요구 사항과 생산자 집단이 끊임없이 자신들의 작업 환경과 제품의 질을 향상시킬 수 있도록 지원하는 '개발을 위한 요구 사항'을 구분한다. 또한 개발을 위한 요구 사항은 생산자 집단, 소농 또는 노동자들의 개발을 위한 조치와 투자가 지속될 수 있게 주변 여건을 개선해 나가도록 규정하고 있다.

FLO는 독립적 위치에서 투명하고 경쟁력 있는 인증으로 사회와 경제 발전에 기여함으로써 공정 무역 상표에 대한 신뢰성을 부여한다. 다음은 FLO 인증의 네 가지 중요한 특징이다.

- 생산자 집단이 공정 무역 제품의 기준을 지켰다는 것을 보증한다.
- 공정 무역에서 발생한 이익은 사회와 경제 발전을 위해 쓰인다는 것을 보증한다.
- FLO에 등록된 무역업자들이 생산자들에게 공정한 거래 가격을 지불했는지 감독한다.
- 공정 무역 상표를 공정 무역 인증 생산자들이 만든 제품에만 붙였다는 것을 보증한다.

FLO는 생산자 집단이 공정 무역 기준을 지키는지 확인하기 위해 독립적인 검사 기관망을 이용해서 모든 생산 조직을 정기적으로 방문하고 무역업자들과 소매상들이 공정 무역 조건을 준수하는지 감시한다. 특별히 개발된 무역 감독 체계는 공정 무역 상표를 붙이고 소비자에게 팔리는 모든 제품이 정말로 공정한 거래 가격을 받은 등록된 생산자 집단이 생산한 것인지 확인한다. 끝으로 제품마다 최소한의 품질과 가격, 반드시 지켜야 하는 제조 과정 등 특정한 공정 무역 기준들이 있다.

FLO는 전 세계 공정 무역 회원 단체에서 공정 무역 상표를 붙이고 파는 제품이 공정 무역 기준을 지켰으며 약자의 처지에 있는 생산자들과 노동자들의 발전에 도움을 준다는 것을 보증한다.

그러므로 공정 무역 상표는 다음의 다섯 가지 요소를 보증한다.

- 공정 무역 농산물을 생산하는 농민들에게 공정하고 안정된 가격을 보장한다.
- 농민과 고용 노동자들의 생활을 향상시킬 수 있도록 잉여 소득을 보장한다.
- 환경을 더욱 소중하게 생각한다.
- 세계 시장에서 영세 농민들의 위상을 강화한다.
- 소비자와 생산자가 밀접하게 연결될 수 있게 해 준다.

오늘날 시장에는 2,000개가 넘는 공정 무역 인증 제품이 있다. 이들 가운데는 커피, 차, 초콜릿, 코코아, 바나나, 사과, 배, 포도, 건포도, 레몬, 오렌지, 귤satsumas(일본산 - 옮긴이), 클레멘타인clementines(작은 오렌지), 여지lychees(중국산 과일), 아보카도, 파인애플, 망고, 과즙, 퀴노아quinoa(안데스 산맥에서 자라는 곡물), 후추, 깍지콩, 코코넛, 건조 과일, 루이보스티rooibos tea(남아프리카 공화국에서 나는 차), 녹차, 아이스크림, 케이크와 과자, 벌꿀, 뮤즐리muesli(곡물, 견과들과 우유를 섞어 먹는 아침 식사), 시리얼 바, 잼, 처트니 양념chutney and sauces(카레 따위에 치는 인도 조미료), 허브 향신료, 견과와 견과 기름, 포도주, 맥주, 럼주, 꽃, 구기용 공, 쌀, 요구르트, 유아식, 슈거보디스크럽sugar body scrub(세정용 화장품), 원면과 면직물이 있다.

이것들은 현재 유통되고 있는 공정 무역 제품 가운데 일부이다. 아직 인증받지 않은 것까지 치면 훨씬 많은 제품이 있다.

국제 공정 무역 협회 회원들이 파는 제품

여러분은 또한 국제 공정 무역 협회International Fair Trade Association(IFAT)와 같은 공신력 있는 기관의 회원들이 생산한 공정 무역 제품을 살 수 있다. IFAT는 60개 나라에 270개가 넘는 조직을 거느리고 있다(사례 11 참조). 이들 가운데 대부분이 1960년대와 1970년대에 벌써 활동을 시작했으나 함께 만나기 시작한 때는 1985년이었다. 회원이 되기 위해서는 IFAT가 정한 자격 기준에 맞아야 하며 정해진 평가 과정을 마쳐야 회원 등록을 할 수 있다.

IFAT는 2004년 1월에 '공정 무역 단체 표시Fair Trade Organization Mark' 제를 시행했다. 이것은 제품 상표가 아니라 단체 표시를 뜻하고 조직 전체가 공정 무역 제품을 생산, 수입, 유통 또는 판매하며 그 행위의 중심에 가난을 줄여 나가겠다는 생각을 가지고 있다. 공정 무역 단체 표시는 선진국과 후진국에서 똑같이 사용한다. FTO 표시제를 시행한 공정 무역 단체들은 서로 인정하고 단결한다. 그래서 더 큰 힘을 모아서 정의가 살아 있는 무역 거래를 널리 확산하는 일을 할 수 있다.

FTO 표시제는 이 표시를 사용하는 단체들이 IFAT의 회원 단체라는 것을 보증한다. 그러나 이 표시를 사용하려면 다음과 같은 단체라는 사실을 증명해야 한다.

- 정직하게 무역 거래를 한다.
- 공정 가격을 지불한다.
- 세계 주변부의 소외받는 사람들과 함께 일한다.
- 여러 가지 기술을 나누고 개발한다.
- 모두를 위해 더 좋은 품질과 능력을 배양한다.
- 어린이의 인권을 보호한다.
- 환경을 소중히 여긴다.

IFAT에 등록하려면 세 부분의 검증 과정을 거쳐야 한다. 자기 평가와 회원 상호 평가, 외부의 평가를 받는다. 회원 단체가 선진국이든 개발도상국이든 기준은 하나다. 이 기준은 회원 단체들이 만들며 현실에 맞게 개정해 나간다. 이것은 공정 무역 단체가 자신들의 목표인 가난을 줄이는 데 노력하는지 확인하는 기준일 뿐만 아니라 그것을 달성하기 위한 도구이다.

IFAT에 등록된 단체들은 수익의 대부분을 공정 무역 제품을 판매하여 창출해야 한다. 이 밖에도 영국 공정 무역 상점 연합회British Association of Fair Trade Shops(BAFTS) 같은 공정 무역 체인과 공정 무역 전용 은행인 셰어드 인터레스트Shared Interest 같은 후원 단체들(사례 47 참조)도 IFAT에 가입할 자격이 있다.

IFAT는 회원의 대부분이 개발도상국 단체이며 민주적으로 운영되는 조직이다. 2년마다 한 번씩 선진국과 개발도상국을 번갈아 가며 국제 대회를 개최한다. 영국에는 18개 단체가 있는데 비숍스톤 트레이딩Bishopston Trading, 카페디렉트Café Direct, 데이 초콜릿 컴퍼니Day Chocolate Company, 피플트리People Tree, 셰어드 어스Shared Earth, 티어크라프트Tearcraft, 트레이드크라프트Traidcraft, 트로피컬 홀푸즈Tropical Wholefoods, 트윈 트레이딩Twin Trading 등이다. 공정 무역 단체들이 판매하는 제품은 옷, 보석, 선물용품, 가정용품, 바구니, 무릎 덮개, 가구, 식탁보, 침구류, 포장 상품, 유리 제품, 도자기, 자수품, 방향유, 차, 커피, 망고, 그리고 여러 가지 식품이다.

영국 IFAT 회원사 가운데 피플트리가 가장 널리 알려졌다. 피플트리는 우편이나 온라인으로 주문을 받아 '공정 무역 옷'을 판다. 피플트리에서 파는 옷은 단순한 천에서 최종 의복까지 각 단계마다 공정 무역 생산자가 만든다. 피플트리는 유기농으로 재배한 면화 같은 천연 섬유를 소규모 협동조합에서 베틀로 천을 짜서 장인들이 손으로 재단하고 바느질한 옷을 구매한다. 그래서 소비자들에게 '좋은 품질의 건강하고 안전하며 매력 있는 제품'을 공급하는데 '제품을 만든 이력과 생산자, 대체 생활양식에 대한 정보도 함께' 제공한다.

또 다른 주요 IFAT 회원사로 트레이드크라프트가 있다. 트레이드크라프트는 자사를 "무역으로 가난을 퇴치하고자 세운 영국의 선도 조직"이라고 설명한다. 트레이드크라프트는 1979년에 세워졌는데 '영국에서 가장 광범위한 공정 무역 제품을 제공하는 선구적인 무역 회사(트레이드크라프트 주식회사)'이다. 취급하는 제품은 식료품, 포도주, 의류, 수공예품 등이다. 또한 '가난한 사람들을 위해 거래하는' 것을 목적으로 자선 행사(트레이드크라프트 교환Traidcraft Exchange)를 개최한다. 트레이드크라프트는 약 30개 개발도상국에 있는 100개가 넘는 생산자 집단에서 수입한 300종가량의 제품을 보유하고 있다. 이 제품들은 우편 주문이나 온라인(점점 늘어나고 있다)으로 팔리고 있으며, 전국에 있는 약 5,000명의 '공정 무역 상인'이 자원 봉사로 자신들이 다니는 교회와 학교, 대학의 매점 또는 지역 행사에서 팔고 있다.

IFAT 회원 단체들은 자신들이 공정 무역 제품을 팔면 이것을 생산한 생산자들이 공정한 대가를 받는다는 확신 때문에 이 일을 한다. 그래서 소비자들도 이들 단체를 신뢰할 수 있다. 가난 퇴치가 이들의 목적이다.

4

생산자에게 돌아온 초과 이익

공정 무역 인증 농산물 가격에 포함되어 있는 '사회적 초과 이익'
은 별거 아니지만 농촌의 가난한 사람들에게는 매우 요긴하고 유
용하다. 그리고 어린이와 노인들도 혜택을 골고루 받을 수 있다.

  개발도상국에 사는 수백만 명의 영세 농민과 대농장 노동자들은
가난의 굴레에서 벗어나지 못하고 있다. 이들은 하루하루 살아가기
도 벅차므로 내일을 생각할 겨를이 없다. 많은 사람이 빚에 쪼들리
고 절망 속에 빠져 있다.

  이 같은 현실을 당장 해결할 방법도 없는 것 같다. 그러나 공정 무
역은 당장은 아니지만 그 중간 단계의 구제책을 가지고 있다. 사회
적 초과 이익이 그것이다. 이것은 기본적으로 보장되는 제품 가격이
나 대농장 노동자의 공정 임금 위에 추가로 지불되는 잉여금을 말하
는데, 우리가 사는 공정 무역 농산물 가격에 포함되어 있으며 그 몫
은 생산자 공동체에 돌아간다. 공동체 사업에 쓰이는 사회적 초과
이익은 시간이 흐를수록 농촌 생산자들의 앞날에 도움을 준다.

  실제로 그것은 얼마나 될까? 커피를 예로 들면, 현재 커피 수입업
자가 1파운드의 커피를 구매할 때 지불하는 공정 무역 가격은 1달러
26센트인데 그 가운데 5센트가 사회적 초과 이익이다. 소비자는 보
통 소매가격의 2퍼센트를 사회적 초과 이익으로 지불한다.—그러니

까 227그램 한 봉지의 카페디렉트 커피가 2파운드 30페니이므로 5페니 정도가 사회적 초과 이익인 셈이다. 공정 무역 바나나의 경우는 사회적 초과 이익이 커피보다 많다. 농산물의 사회적 초과 이익은 대부분 수입업자가 지불하는 가격의 10퍼센트 정도가 평균이다.

생산자들은 이 초과 이익을 신중하게 계획을 세워 장기적인 관점에서 사용한다. 예를 들면 1,000명의 소규모 차 재배 농민들이 공동으로 소유하고 있는 우간다의 마발레 농민 차 공장The Mabale Growers Tea Factory은 사회적 초과 이익으로 해마다 약 3만 달러를 벌어들인다. 이것은 티디렉트Teadirect와 다른 공정 무역 제품을 판매한 금액의 5퍼센트에 해당한다. 마발레의 관리 이사인 실버 카소로 아투키는 "공정 무역은 우리 공동체의 사회적 향상에 크게 기여하고 있으며 우리 후손들에게 더 나은 미래를 제공할 거예요."라고 말한다.

농민들의 협동조합 또는 선출된 대농장 노동자의 대표자들과 농장 관리자들의 '노사 협의체'는 사회적 초과 이익을 공정 무역의 원칙을 가지고 더 모아 둘지 아니면 투자할지 결정한다. 초과 이익은 곧바로 은행의 특별 계좌에 입금해 두고 사용 방식은 공동의 의사에 따라 결정한다.

생산자 협동조합과 대농장 노동자들은 학교와 병원, 지역 공동체 센터를 세우고 시설을 설치하는 것에서 교육비와 의료비를 지원하는 것까지, 그리고 상수도 시설과 화장실, 전기 시설을 구축하는 것에서 유기농으로 전환하는 비용을 지원하는 데까지 지역 사회의 개발 계획에 사회적 초과 이익을 투자한다. 그리고 소득원 다변화를 위한 소규모 창업 대출과 노동자 연금 기금 마련, 조림 사업과 여성 권리 확대 프로그램에도 이 자금을 사용한다.

사회적 초과 이익의 활용

여기서 공정 무역 바나나를 재배하는 농민들이 사회적 초과 이익을 어떻게 쓰고 있는지 살펴보자.

세인트빈센트St. Vincent에서 공정 무역 바나나 농사를 짓고 있는 레네프 헥터는 "우리는 사회적 초과 이익을 무엇보다 먼저 학교에 쓰기로 결정했어요. 그곳에는 우리 미래의 생산자와 간호사와 선생님들이 있으니까요."라고 말한다. 윈드워드Windward 제도의 농민들은 시골 학교를 지원하고 장학금을 지급하는 것 말고도 주민 건강을 위한 병원을 설립하고 공동체 시설을 고치고 도로를 확충하고 농장 개선을 위해 소액 대출을 하는 데 투자했다.

가나의 바나나 농민들은 제초제 사용을 줄이고 직접 풀을 뽑는 데 들어가는 더 많은 노동 비용을 지불하는 데 사회적 초과 이익을 사용했다. 그리고 연말 상여금도 지급했다. 이들은 앞으로 발생할 사회적 초과 이익은 유기농 생산, 지역 사회와 자연환경 개선에 사용할 계획이다. 코스타리카 농민들은 농업 경제학자와 환경 전문가들에게 도움말을 듣고 주택 개선 사업에 초과 이익을 썼다. 페루의 피우라Piura에 있는 발레 델 치라Valle del Chira 협동조합 소속의 공정 무역 바나나 재배 농민 호세 알라마는 "전에는 비가 오면 농장에서 바나나를 운송할 수 없었어요. 이제는 도로를 잘 닦았기 때문에 가능하지요."라고 말한다. 182명의 소농으로 구성된 협동조합은 사회적 초과 이익으로 자신들의 소규모 농토 주변의 도로를 정비하고 사무실에 컴퓨터와 책상, 회계 장부, 전화를 들여놓았다.

차와 커피 생산자들도 초과 이익을 잘 활용하고 있다. 탄자니아 헤르쿨루Herkulu에서 티디렉트에 공급할 찻잎을 따는 노동자들은 옥수수 제분소를 짓고 있다. 이것은 이 지역 여성들이 가까운 제분소에 가기 위해 15킬로미터를 걸어야 하는 수고를 덜어 줄 것이다. 또 앞으로는 초과 이익으로 아이들의 학비를 내고, 방직기를 사서 지역의 젊은이들이 직업 기술을 배우고 훈련할 수 있도록 하며 기술 대학을 세울 생각이다. 스리랑카에서 찻잎 따는 일을 하는 시바파키암은 자기가 사는 주거 단지에 초과 이익을 어떻게 사용할지 결정하는, 노동자와 관리자의 노사 협의체에서 동료 노동자들을 대표한다. 그는 "1년 전 우리 집에는 전기가 들어오지 않았어요." 하고 회고한다.

> 노사 협의체의 회원들이 모여서 전기 시설을 하는 데 드는 비용을 어떻게 조달할지 토의했어요. 마침 공정 무역 초과 이익으로 조성된 기금이 있어서 대출을 받기로 했지요. 전기가 들어오니 우리 아이들은 이제 밤에도 마음놓고 공부해요. 아침에 아이들의 옷을 다릴 수 있고 전열기로 요리를 할 수도 있지요. 공정 무역으로 식구들을 부양할 수 있게 되어 행복해요.

인도 남부 지방의 서고츠West Ghats 산맥에 있는 닐기리스Nilgiris 차 재배 단지에는 3,000명이 넘는 노동자들이 일하고 있다. 여기 있는 노동자들은 초과 이익으로 연금 기금을 조성하기 시작했다. 단지의 노동자들과 관리자들이 함께 운영하는 이 사업은 육체노동자들이 퇴직하면 안정되게 먹고살 수 없는 인도에서는 아주 드문 사례다. 41년 동안 찻잎을 따 왔던 마니캄 같은 노동자들은 58세가 되면 퇴직하고 이후 15년 동안 매달 1,200루피(15파운드)까지 연금을 받을 수 있다. 대개 농장 노동자들은 퇴직하면 지금까지 살고 있던 농장을 떠나야 하고 사회 보장을 전혀 받을 수 없기 때문에 이 같은 연금 제도는 매우 중요한 구실을 한다.

우간다의 마발레에서는 초과 이익을 농민들의 기술 교육과 기계 농업에 투자해 왔다. 농민들은 더 많은 양의 질 좋은 차를 생산하여 더 높은 가격으로 판매하고 있다. 공정 무역의 수요가 더 커질 때까지는 비공정 무역 시장에다 차를 팔아야 한다.

코스타리카의 쿠카페Coocafé 협동조합 연합에 속해 있는 3,500명이 넘는 소규모 커피 재배 농민들은 유럽과 미국에 공정 무역 커피를 공급하고 있다. 이들이 1990년대 중반에 사회적 초과 이익으로 설립한 이 재단은 토양 복원과 조림, 환경 교육 사업을 지원한다. 이들은 또한 지금까지 지역의 초등학교를 운영하고 있으며 중학교와 대학교에 다니는 수백 명의 농민 자녀들에게 장학금을 지급했고 자기 땅이 없는 농가에 작은 농토를 제공했다.

5

지속 가능하고 민주적인 무역

국제 무역은 대개 거대 기업들이 마음대로 통제하는 비민주적 거래다. 공정 무역은 기업의 힘을 분산시키고 더 많은 사람이 자신의 삶을 직접 조절할 수 있게 한다.

오늘날 무역은 국가가 아니라 기업이 한다. 그것도 대기업들이 한다. 국제 무역의 약 3분의 2는 다국적 기업들transnational corporations (TNCs) 사이에서 이루어진다. 유엔에서는 다국적 기업을 "두 개 이상의 나라에서 활동하며 다른 나라에 영향을 끼치는 기업"이라고 정의하는데, 다국적 기업은 대부분 주주들이 지분을 소유한 주식회사이다. 다국적 기업은 크고 강력한 힘을 가지고 있으며 주주를 제외한 누구에게도 책임을 지지 않는다. 이들은 선거로 뽑히지도 않고 민주적이지도 않다. 오히려 현재의 주류 무역 체계를 더욱 비민주적으로 만든다.

다국적 기업은 거대하다. 1999년 세계의 100대 경제 조직 가운데 51개가 기업이고 49개가 정부이다. 이것을 더 자세히 살펴보면 제너럴 모터스의 경제 규모는 덴마크보다 크며 뉴질랜드의 세 배가 넘는다. 세계 최고 200대 기업의 매출액 합계는 세계에서 가장 큰 10개 나라를 뺀 나머지 나라의 경제 규모를 합친 것보다 크다.

이 숫자들은 점점 빠르게 상승하고 있다. 1990년대 초 전 세계에

3만 7,000개의 다국적 기업이 17만 개의 외국 자회사를 가지고 있었다. 국제 연합 무역 개발 회의UNCTAD는 2004년까지 "다국적 기업은 7만 개로 늘어났고 외국 자회사는 적어도 69만 개가 되었다."고 말한다. 따라서 외국 자회사는 10여 년 동안 네 배가 늘어난 셈이다.

다국적 기업은 실제로 모든 나라의 경제 영역에 널리 퍼져 활동하고 있으며 그 영향력 또한 강력하다. 대개 회사법과 정부의 보호를 받으며 성장한 기업들은 규모가 커지면서 법 제정에 영향을 끼칠 수 있는 힘을 갖게 되었다. 이들은 일자리 확대와 외화 수입이라는 당근을 들고 중앙 정부에 거래 조건을 강요할 수 있다. 그리고 정부 정책에 영향력을 행사하여 민영화를 추진하고 이에 따른 이익을 챙긴다. 또한 다국적 기업은 대개 비밀리에 진행되는 국제 무역 협상에 영향을 끼치기 위해 그들이 지닌 강력한 힘을 구사했다. 비록 이 기업들이 개발도상국에서 활동하더라도 이들이 영향을 끼치는 중요한 결정은 그곳에서 수천 킬로미터 떨어진 뉴욕, 런던, 파리 등 자기 나라 수도에 있는 본사 사무실에서 내린 것일 수도 있다.

다국적 기업은 국제법의 제약을 받지 않는다. 1975년부터 1992년까지 17년 동안 유엔은 다국적 기업이 지켜야 할 행동 수칙을 제정하려고 애썼다. 유엔은 결국 그 시도를 포기해야 했다. 다국적 기업의 힘은 그것을 제재할 정도로 강했다.

다국적 기업은 시장을 지배하고 있다. 수백만 명의 소규모 커피 재배 농민들은 세계 시장에서 겨우 네 곳의 다국적 기업에 전 세계에서 생산한 커피의 40퍼센트를 판다. 코코아, 바나나, 콩 같은 다른 농산물들도 이와 비슷한 시장 구조를 가지고 있다.

대부분의 선진국에서는 소매 시장도 매우 집중화되어 있다. 영국에서는 가장 큰 네 개의 슈퍼마켓 체인이 전체 식료품 판매의 70퍼센트 이상을 차지한다. 따라서 이렇게 큰 구매 회사들이 세계화를 통해 세계 어디서든 자사에 유리한 대로 거래를 하므로 거대한 이익을 남길 수 있다. 반면에 생산자들, 특히 영세 농민들은 새로운 고객을 만날 수 있는 기회와 능력이 한정되어 있다.

다국적 기업은 좀 더 민주적으로 바꾸려는 시도에 저항했다. 예를 들면 2006년 기업의 이사들이 기업 활동으로 발생한 사회적, 환경적 영향에 책임을 지도록 회사법을 바꾸려고 하자 이에 반대했다. 2006 (영국) 회사법Companies Act은 상장 회사의 경우 기업 활동에 따른 사회와 환경에 대한 영향과 종업원 이익에 대해 보고할 의무가 있다. 그러나 이 법에서 예외 적용을 받는 기업들이 많다(사례 43 참조).

사람들이 지속 가능한 개발에 대해 의견을 말하지만 다국적 기업은 지속 가능한 개발을 실험하지 않는다. 이들은 오랫동안 사업을 지속할 필요가 없으며 짧은 기간 안에 이익을 최대로 뽑아내는 것이 목적이다. 다국적 기업은 주주들에게 많은 이익을 가져다주어야 한다. 그렇지 않으면 실적이 나쁘다는 평가를 받아 자리에서 쫓겨날 수 있다. 주주들은 올해 자기들이 받을 몫을 원하고, 다국적 기업은 그것을 주어야 한다. 더 광범위한 공공 책임에 대해서 이들은 전혀 민주적이지 않다. 그러나 꼭 그래야 하는 것은 아니다.

민주적 대안

공정 무역 체계는 실행 가능하고 효과가 입증된 경제 대안이다. 공정 무역은 민주적이고 분권적이며 투명하다. 국제 공정 무역 상표 기구는 공정 무역 자격 조건을 충족한 제품에 공정 무역 상표를 붙여 준다. 식료품의 경우 공정 무역 제품이 되려면 농민들이 협동조합 등 소농 집단을 만들어 민주적으로 조직되어야 하며 다음에 나오는 조건들을 수용해야 한다.

- 대다수 단체 회원들이 소규모 영세 생산자들이어야 한다.
- 단체는 회원들의 사회적, 경제적 발전을 위한 도구이며 특히 공정 무역으로 발생한 이익은 모두 회원들에게 돌아가야 한다.
- 따라서 단체는 민주적 구조와 투명한 운영으로 조직 관리에 대해 회원과 이사회의 효과적인 통제를 받고 이익을 어떻게 분배할지 결정을 내린다. 회원들의 권리와 활동 참여에 아무런 차별도 없어야 한다.
- 조직의 구성은 회원들이 적절하게 통제할 수 있다.
- 최고 의사 결정 기구로 모든 회원이 투표권을 가진 총회가 있고 선출직인 이사회가 있다. 사무국은 이사회를 거쳐 총회에 보고한다.
- 단체는 적어도 1년에 한 번 총회를 연다.
- 총회는 연차 보고서와 회계 결산을 보고받고 승인한다.
- 단체는 사업 계획을 투명하게 수립해야 한다. 그리고 총회에서 승인받는다.
- 조직의 운영과 내부 관리에 대한 회원의 참여를 촉진하기 위해 훈련과 교육을 실시한다.
- 단체는 조직의 운영을 조사할 수 있는 권한을 가진 관리 위원회 같은 회원들의 내부 관리 감시 체계를 만들고 개선한다.
- 단체의 정책은 회원들이 모이는 회의에서 토론하여 결정하는 방향으로 간다.
- 관리자들은 회원들이 회의에 참여하도록 적극 권장한다.
- 단체의 사업과 정책에 대해 이사회에서 일반 회원까지 정보의 흐름이 원활해야 한다.

이 단체들은 해마다 사업 계획서와 현금 흐름 예측, 장기 전략 계획을 짜도록 권장하고 있다. 대농장에서 재배하는 차 같은 제품의 경우는 다른 공정 무역 제품의 조건과 다른 점이 있다. 대농장에서 재배하는 차가 공정 무역 제품으로 채택되기 위해서는 농장의 노동자들이 농장 관리자들과 함께 의사 결정 과정에 참여할 수 있도록 노사 협의체를 만들어서 농장의 사회적 개발 사업에 영향력을 행사할 수 있어야 한다(사례 7 참조).

국제 공정 무역 협회, 트레이드크라프트, 피플트리, 옥스팜 트레이딩Oxfarm Trading 같은 공정 무역 단체들은 민주적 운영 구조에 대한 요건을 갖추고 있다. 이 모든 것이 다국적 기업들의 운영 구조와 절차를 크게 바꾼 것이다.

공정 무역은 민주적인 무역이다.

6

인간의 얼굴을 한 개발

'개발'에 대한 논란이 많다. 공정 무역은 좋은 생각들을 현실에서 실현한다. 다음에서 소개하는 칠레의 소규모 양봉 생산자 협동조합이 가장 완벽한 사례이다.

칠레 남부 지방에 있는 작은 지방 도시 산타바르바라Santa Bárbara. 호엘 우리베와 루이스 빌라로엘이 조용한 광장 한구석에 있는 단층 목조 사무실에 앉아서 양봉 협동조합 코아스바COASBA에 대해 자랑스럽게 얘기하고 있다. 호엘은 기술자로 교육을 받았는데 1994년 코아스바를 설립한 이후 지금까지 조합을 육성해 왔다. 자기 집을 사무실로 쓰며 보수도 받지 않고 침식도 잊은 채 코아스바를 발전시키려고 애썼다. 루이스는 화물차를 운전하여 생계를 꾸려 갔는데 최근에 호엘에게 조합장 자리를 인계받았다.

초기에 코아스바의 회원들은 소규모로 양봉을 하던 농가들이었는데 모두 시간제로 근무했다. 호엘과 루이스는 "우리는 거의 자기 땅이 없었기 때문에 벌통을 설치하려면 한 파르셀라(작은 구획의 땅)씩 빌려야 했어요. 우리 가운데 양봉으로 웬만큼 사는 사람은 하나도 없었어요."라고 회상한다.

오늘날 코아스바의 회원 35명은 여자 조합원 2명을 포함해서 대부분이 전일제로 근무한다. 꿀과 벌침 해독제는 이들의 주요 소득원이다. 여러 해 동안 기술과 제조 과정을 개발하는 데 많은 공을 들인 결과 호엘과 루이스는 자신들이 생산한 꿀의 맛과 청결, 영양이 풍부한 품질로 볼 때 전국에서 최고라고 자부한다. 이들은 자신들이 칠레의 비오비오BíoBío 지역 전체 양봉 산업의 표준을 세우고 있다고 믿는다.

거대한 다국적 기업들이 이른바 '개발'이라는 미명하에 개발도상국에 진입해서 천연자원을 약탈하고 지역 경제를 갉아먹고 자연환경과 민중의 삶을 파괴했다. 그래서 마침내 많은 사람이 그곳을 떠나야 했다.

그러나 이제 다른 길이 있다. 우리는 이것을 '민중 중심의 개발' 또는 '인간의 얼굴을 한 개발'이라고 부른다. 전 세계에서 이 같은 사례들을 발견할 수 있으며 이것들은 점점 공정 무역과 연계해 간다.

빚더미에서 벗어나 개발의 길로

코아스바는 먼 길을 걸어왔다. 처음에 조합원들은 대부분 국내의 대부업자들에게 빚을 지고 있었다. 이들은 값이 싸고 상태가 좋지 않은 화물 컨테이너를 이용해서 꿀을 수송했다. 위생 검사와 해충 및 질병 관리, 그리고 품종을 개량할 시간도 거의 없었다. 더욱이 이들은 다음번 출하 시기가 언제인지도 알지 못했다. 그러다 유럽 연합이 지원하는 칠레의 한 기독교 계통 구호 단체에서 코아스바를 공정 무역에 소개했다.

코아스바의 꿀은 지난 5년 동안 공정 무역 인증을 받았다. 호엘과 루이스는 공정 무역의 가장 명백한 혜택은 소득이 훨씬 높아진 것이라고 말한다. "조합원들은 이전에 다른 유통망을 이용해서 꿀을 팔 때보다 소득이 20퍼센트나 증가했어요."

코아스바의 조합원들—이들 가운데는 수천 개의 벌통에서 한 해에 130톤을 생산하는 사람도 있다—은 자신들이 생산한 꿀을 현대식 부식 방지 철제 원통에 나누어 넣어 해안에 있는 대형 공정 무역 수출 협동조합 아피쿠프Apicoop에 판다. 그러면 아피쿠프에서 독일, 스위스, 프랑스, 이탈리아, 에스파냐, 벨기에, 영국에 있는 공정 무역 수입업자에게 수출한다. 영국에서는 이 꿀이 트레이드크라프트가 만드는 인기 좋은 지오바스Geobars(영국의 초콜릿 과자 - 옮긴이)의 원료로 쓰인다.

호엘과 루이스는 공정 무역이 아니었다면 코아스바가 발전하지 못했을 거라고 믿는다. "공정 무역으로 조합원뿐만 아니라 전국의 양봉업자들이 수익을 올릴 수 있었어요." 이제 코아스바의 조합원들은 모두 대부업자와 중개업자들의 착취에서 벗어나 일정한 수입을 보장받는다. 조합은 이들에게 1년에 한 번씩 목돈을 지급한다. 이에 따라 조합원들은 자기 나름의 사업 계획을 세울 수 있다. 코아스바는 생산 과정을 개선하고 조합 운영을 위해 수익의 1퍼센트를 조합에 보관한다. 그로 인해 여러 가지 새로운 일거리가 만들어져 마리아 호세 코르도바 같은 젊은 여성이 광장에서 작은 사무실을 운영할 수 있게 되었다.

조합원들은 생활수준이 높아졌다. 대부분 작은 땅이라도 살 수 있게 되었고 낡은 집을 고쳤다. 꿀을 수송할 자동차를 소유한 사람도 있다. 여유 있는 조합원의 자녀들 가운데 일부는 대학에 들어갈 것이다. 가난이 널리 퍼져 있는 지역에서도 가계 사정은 전보다 훨씬 좋아졌다. 무엇보다 중요한 것은 젊은 세대들이 양봉 사업과 협동조합 기업의 운영에서 자신들의 미래를 볼 수 있게 된 것이다. 농촌의 젊은이들이 취업을 하러 더 큰 도시로 탈출하지 않아도 되는 것이다.

코아스바는 빨리 빚을 갚는 조합으로 널리 알려졌고 농림부 산하 농업 목축 개발 연구소 같은 기관의 신임을 얻었다. 조합원들 사이에 신뢰가 쌓이고 상호 협조가 이루어진다. 코아스바는 조합원들이 양봉 설비와 의약품 구매에 자금이 필요하면 돈을 빌려 주며 대출 기간도 전보다 길게 해 준다. 또한 조합원이 입원하면 그동안 식구들을 지원한다.

직업 개발과 안내, 직업 훈련은 코아스바가 제공하는 또 다른 혜택이다. 코아스바에서 생산 표준을 유지하고 개선하는 일은 무엇보다 중요하다. 코아스바는 칠레 전국 양봉업자 모임의 회원인데 기술 수준과 위생 기준이 높은 것으로 이름났다. 호엘과 루이스는 자신들의 꿀이 전국에서 널리 인정받고 있다는 것을 안다. 코아스바는 최근에 조합원이 아닌 지역 양봉업자들에게 자문을 해 주고 그 지역 주민들을 대상으로 기초 양봉법을 가르치는 프로그램도 운영하기 시작했다.

아직은 코아스바의 꿀이 유기농 인증을 받지 못했지만 호엘과 루이스는 자신들이 생산한 꿀이 사실상 유기농 제품이라고 주장한다. 이들은 양봉을 당연히 생태계를 살리는 활동이라고 생각한다. 그리고 이들은 아름다운 비오비오 강 계곡의 야생화들을 보호하는 활동도 하고 있다.

산타바르바라산 벌꿀

코아스바에는 자신감이 넘쳐흐른다. 이들은 소규모지만 최신의 꿀 가공 공장과 연구소를 도시에서 가까운 외곽에 세우고 있는데 이들의 앞날에 중요한 구실을 할 것이다. 이들이 지금 새로 짓는 단층 건물은 전국의 어떤 시설에도 뒤지지 않는 설비를 구축할 것이라고 한다. 이 사업은 1999년에 시작되었는데 지역의 한 비영리 재단에서 최초의 지원을 받았다.

건물은 현재 거의 완성 단계이며 조합은 이제 자신들의 제품에 훨씬 많은 가치를 추가할 수 있을 것이다. 이들은 대량으로 꿀을 수출하는 것뿐만 아니라 단지에 담아 '산타바르바라산 꿀'이라는 상표를 붙여서 자랑스럽게 국내 소매 시장에 판매할 계획이다. 그리고 건물 정문에는 건물을 드나드는 사람들에게 꿀을 팔기 위한 상점도 하나 낼 예정이다.

신축 중인 연구소는 꿀벌 집단에서 발생하는 질병을 조합원들이 지금보다 훨씬 빨리 진단하고 치료할 수 있게 도울 것이다. 지금은 꿀벌에게 무슨 일이 일어나면 그 원인을 알기 위해 멀리 떨어진 곳까지 샘플을 보내야 한다. 연구소는 조합원들뿐만 아니라 지역의 모든 양봉업자에게 문호를 개방할 것이다. 종자 개량과 기술 교육은 두 군데 칠레 대학과 산학 협동으로 추진할 계획이다.

호엘과 루이스는 코아스바가 독립적인 꿀 수출 회사가 되기를 꿈꾼다. 이들은 '산타바르바라산 꿀' 상표가 붙은 꿀단지가 칠레의 모든 시장과 유럽 및 중동에서도 팔릴 날이 올 것이라고 기대하고 있다.

7

플랜테이션 노동자에게 최저 생활 임금을 보장한다

플랜테이션 노동자들은 세상에서 가장 가난한 사람들이다. 이들
은 공정 무역으로 적정한 임금과 인간다운 대접을 받을 수 있다.

플랜테이션 노동자들은 오랜 시간 동안 뜨거운 태양 아래 거대한
농장에서 농작물을 경작한다. 이들이 일하는 작업 환경은 안전하지
않으며, 이들은 대개 일한 대가로 약간의 수당만을 받는다. 하지만
하루 일과를 끝내고 받는 보잘것없는 임금으로는 인간으로서 최소
한의 위엄도 지키기 어렵다. 또한 이들은 자신들의 권리를 지키기
위해 노동조합에 가입할 자유도 없고 플랜테이션 농장에서 사는 자
신들의 삶에 영향을 끼칠 어떤 결정에도 참여할 기회가 주어지지 않
는다. 그러나 공정 무역 체계에서는 플랜테이션 농장(이들은 때때로
사유지라고 불린다)에서 일하는 노동자들에게 정당한 임금을 지급해
야 한다. 그리고 여러 가지 혜택이 있다.

차

영국에서 가장 많이 마시는 음료는 차다. 영국인들은 하루에 평균
석 잔 반 정도의 차를 마신다. 세계에서 아일랜드와 폴란드 사람들
만이 영국인들보다 차를 많이 마신다.

대부분의 차는 인도, 스리랑카, 중국, 케냐에 있는 플랜테이션 농장에서 재배된다. 차 재배는 심고 기르고 거두는 일을 모두 손으로 직접 해야 하는 노동 집약적 농사다. 찻잎은 열대 지역에서 1년 내내 수확하는데 주로 여성들이 등에 바구니나 가방을 메고 차나무 가지 끝에 달린 잎을 따서 나른다. 그리고 찻잎을 집하지로 운반해 무게를 재고 가까운 가공 공장으로 옮긴다. 찻잎은 차의 신선도와 향을 보존하기 위해 그날로 가공해야 한다. 가공 공장에서 찌고 누르고 발효하고 말려서 분류한다.

몹시 뜨거운 태양 아래서 무거운 바구니와 큰 자루를 질질 끌면서 일하는 차 농장의 노동자들은 대개 성과급으로 임금을 받는다. 자신들이 딴 찻잎의 양에 따라 돈을 받는 것이다. 이들은 법이 정한 1인 최소 임금을 받으며 대개 자기 나라에서 가장 적은 임금을 받는다. 식구 모두가 한 사람 또는 두 사람의 수입으로 생활해야 하는데 대부분의 경우 한 사람이 받는 임금은 하루 1달러 이하이다. 이 금액은 세계은행이 절대 빈곤의 한계선이라고 규정한 하루 수입에 해당한다.

차 플랜테이션 노동자들은 대부분 저축하는 것은 꿈도 못 꾼다. 일자리를 잃으면 이들은 바로 생존의 위협을 받는다. 예를 들면 2004년 3월 인도에서 수지가 맞지 않는 플랜테이션들이 문을 닫자 100만 명의 노동자가 일자리를 잃었다. 그 여파로 이 가운데 약 800명의 노동자가 굶어 죽고 일부는 야생 풀뿌리를 캐고 쥐를 잡아먹으며 연명했다. 뭄바이Mumbai에 있는 시민 단체인 인도 민중 인권 환경 재판소Indian People's Tribunal on Human Rights and the Environment의 조사 보고에 따르면 기아와 영양실조, 전신 쇠약, 질병이 복합적으로 작용해서 죽은 것이었다.

대부분의 아시아 지역 플랜테이션에서는 남자, 여자, 어린아이 가릴 것 없이 모든 식구가 함께 일한다. 인도와 스리랑카, 베트남에서는 전체 플랜테이션 농장 노동력의 절반 이상이 여성이다. 그리고 파키스탄과 필리핀에서는 35퍼센트 정도를 차지한다. 여성들은 대개 찻잎을 따는 일을 하고 남성들은 땅을 일구고 농약을 치며 가지를 치고 감독하는 일을 한다. 또한 여성 노동자들은 대부분의 경우 몇 시간씩 걸리는 물 긷는 일 등 가사 일도 함께 책임을 지고 있다.

공식적으로 인정하지 않지만 더 가난한 지역에서는 가정의 경제 사정이 어려운 데다 학교 시설이 부족하여 어린이들이 차 농장에서 일하는 것이 보통이다. 스리랑카처럼 어린이가 플랜테이션 농장에서 일하는 것은 불법이지만 이들의 처지는 생각보다 훨씬 좋지 않을 수 있다. 때때로 어린이들은 도시에서 남의 집 하인으로 일하기도 하는데 이것은 훨씬 위험할 수 있다. 말라위 노동조합 평의회의 한 조사 보고서는 차 플랜테이션 농장에서 어린이 노동력이 쓰이는 것은 매우 심각한 문제라고 지적했다.

인도의 플랜테이션 노동법(1951년)은 차 산업에 대한 법률을 규정하고 있지만 한 가지 중요한 사항을 빠뜨렸다. 현장 노동자들의 직업 건강 위험과 안전 조치에 대한 내용을 다루지 않았다. 아삼Assam 과 웨스트벵골West Bengal에서는 비숙련의 일당 노동자들인 어린이와 청소년들이 농약 뿌리는 일을 하는데 이들은 농약 용기에 붙어 있는 경고문도 읽을 줄 모르는 문맹이다. 그리고 대개 맨손으로 화학 약품들을 섞는데 개중에는 사용이 금지된 것들도 있다. 그러나 농장에서는 이들에게 입마개와 보호 안경, 장갑, 고무장화, 보호 앞치마 같은 최소한의 보호 장비도 주지 않는다. 이들은 대부분 그 위험성을 알지 못하며 의무적으로 받아야 하는 건강 검사도 받지 못하고 있다. 이들이 이 같은 상태에 계속 노출된다면 건강상 치명적일 수밖에 없다.

인도의 차 산업은 살충제와 제초제, 살균제에 의존해서 찻잎에 발생하는 질병을 막고 수확량을 유지한다. 이 지역의 노동자들에게 심장 혈관과 신경계, 신장과 간에 중독 증상이 있으며 눈이 멀고 기억력이 나쁘고 조로 현상이 발생했다는 증거가 여기저기서 나타나고 있다. 스리랑카의 조사에서는 살충제 사용으로 발생한 사망이 일반적이라는 것을 보여 주었다. 국제 노동 기구International Labour Organization (ILO)는 화학 물질의 노출과 관련해서 사고 발생률이 높다는 사실을 확인했다.

공정 무역 농장 차

누구나 더 좋은 조건으로 차를 팔고 싶어 하는 것은 분명하다. 현재 일부 차 농장은 공정 무역 체계 안으로 들어올 자격을 얻었다. 차가 공정 무역 인증을 얻기 위해서는 농장 고용주가 노동자들에게 정당한 임금을 지급해야 하고 노동조합에 가입할 권리를 보장하며 적절한 시기에 알맞은 주택을 제공해야 한다. 또한 최소한의 건강과 안전, 환경 기준을 따라야 한다. 15세 이하의 어린이는 고용하지 않아야 하며, 강제 노동도 안 된다. 그리고 차 1킬로그램에 0.5~1유로의 사회적 초과 이익을 노동자들의 복지를 위한 사회, 경제, 환경 사업에 투자하도록 내놓아야 한다(사례 4 참조).

노동자와 고용주가 함께 노사 협의체를 조직해서 노동자들이 자신들에게 영향을 미치는 의사 결정에 의견을 낼 수 있도록 하고 농장의 사회적 개발 사업에도 영향력을 행사할 수 있어야 한다. 이것은 공정 무역 농장 노동자들이 농장 소유주 및 관리자들과 함께 직접 협상할 수 있고 의사 결정 과정에 참여할 수 있다는 것을 뜻한다. 노사 협의체는 공정 무역 초과 이익을 농장 공동체에 혜택을 주는 사업에 어떻게 투자할지 결정한다. 그리고 여성과 소수 집단의 회원들도 그 비율에 따라 회의에 참석할 수 있게 한다.

생산자들의 상업적 능력을 향상시키기 위해 사업 개발도 활용해야 한다. 그리고 인간과 자연환경을 더욱 안전하게 하는 지속 가능한 농사 방법을 구사해야 한다.

대부분의 차 농장은 공정 무역 초과 이익으로 수천 또는 수만 파운드를 받지만 인도와 스리랑카의 일부 농장은 수십만 파운드를 벌었다. 이 돈은 노동자들의 권익 향상과 이들의 생계를 개선하는 데 크게 공헌하고 있다. 초과 이익이 어떻게 분배되는지 분석해 보면 여러 가지 사업에 사용되는 것을 알 수 있다. 일부 노사 협의체는 이 돈으로 학교나 의료 시설을 짓기로 결정했다. 또 다른 협의체들은 학교에 컴퓨터나 교육 시설을 제공하고 장학금을 주었다. 전기 시설을 설치하고 소를 사고 연금과 대출 기금을 만들고 예방 접종을 하거나 숲에 나무를 심었다. 마을 도로를 정비하고 놀이터를 만들고 화장실을 고치고 태양열 시설을 했다. 연금 수급자와 고아, 장애인들에게는 재정 지원을 해 주었다.

공정 무역 인증 차는 이렇게 플랜테이션 노동자들의 삶을 크게 바꾸어 놓고 있다.

8 여성과 여자 아이들의 권리가 증진되다

개발도상국의 여성들은 대부분의 식료품과 수공품을 생산하고 옷을 만든다. 그러나 이들은 아직까지도 이류 시민으로 취급받는다. 공정 무역은 양성 평등을 지원하는 가장 좋은 투쟁 방법이다.

전 세계에서 하루에 1달러 미만으로 살아가는 1,200만 명 가운데 70퍼센트가 여성과 여자 아이들이다. 여성은 각지에서 남성보다 더 많은 시간을 일하지만 돈은 더 적게 받으며 더 열악한 직업을 가지고 있다. 여성은 똑같은 일을 해도 남성이 받는 임금의 평균 3분의 2에 해당하는 돈을 받는다. 그리고 이들 가운데 특히 농촌 지역에 사는 여성은 가정에서 아무 보상도 없이 식구들을 위해 음식을 만들고 쉴 곳을 제공하며 건강과 교육과 입을 것을 책임진다.

개발도상국에 사는 대부분의 여성은 '비공식' 부문에서 일한다. 많은 여성이 생계형 농사 또는 소규모 수공업 생산으로 가족을 부양한다. 손바닥만 한 땅이나 자금, 신용 또는 기술이 없는 경우에는 먹고살기 위해 더 많은 수고를 해야 한다. 대개 전통 사회에서는 여성의 일을 남성의 일보다 하찮게 여겼다.

개발도상국의 여성들은 생계를 꾸리기 위해 일을 하러 점점 집 밖으로 나가야 했다. 농사일에서 여성은 저임금의 계절노동자로 고용되었고 오랜 시간 노동을 하면서 위험한 화학 물질에 노출되었다.

공장에서 여성은 남성보다 작업 조건에 대한 요구가 덜 까다로웠다. 세계적으로 유명한 큰 기업들의 주문 일정을 맞추기 위해 추가 임금도 지급하지 않고 초과 근무를 강요할 수 있었다.

세계에서 가장 심하게 착취당하는 여성은 방글라데시와 온두라스, 모로코에서 일하는 수백만 명의 방직 노동자들이다. 옥스팜은 이 여성들이 "건강권과 모성권, 노동권을 보장받지 못한 채 더욱 힘든 노동을 더 빨리, 더 오래 하면서 생명을 소진하고 있다."고 말한다.

가난한 여성은 더 광범위하게 권리를 빼앗긴다. 남편이 죽었거나 이혼했거나 따로 떨어져 사는 여성은 자기가 살던 집과 가정 또는 생존 수단을 잃을 수도 있다. 수백만 명의 여성과 여자 아이들은 성매매의 덫에 걸려들기도 한다.

그러나 희생된 여성보다 그 수효가 많은 일반 여성들은 대개 가난 퇴치를 위해 최적의 방안을 제공한다. 남자들에 비해 이들의 수입은 식구와 공동체를 위해 더 많이 쓰이고 영양과 건강, 교육에 더 많은 돈을 쓴다. 여성의 권리 증진은 가난한 사람들의 생활을 향상시킬 수 있는 매우 중요한 요소이며, 그것을 돕는 효과적인 방법은 공정 무역이다.

공정 무역은 어떻게 여성을 돕는가

공정 무역의 중심 목표 가운데 하나는 여성이 일한 대가를 공정하게 평가해서 지급하고 조직 안에서 그들의 권리를 인정하여 여성의 개발 기회를 증진하는 것이다. 국제 공정 무역 기준에 따르면 여성은 남성과 똑같이 교육받고 기술을 개발하고 일자리의 차별을 받지 않고 승진할 수 있어야 한다. 여성에게 고유한 건강과 안전, 그리고 문화적 요구 사항을 보장받을 수 있어야 한다. 이것은 교육받지 못했거나 미망인 또는 이혼녀, 홀로 아이를 키우는 여성에게 더 좋은 기회를 보장해야 한다는 것을 뜻한다.

또한 공정 무역 규칙에 따르면 여성 노동자들이 공정 무역의 사회적 초과 이익을 활용하는 방안을 결정하는 노사 협의체나 위원회에서 자신들을 적극 대변할 수 있도록 해야 한다(사례 4 참조). 이것은 대개 여성에게 처음으로 공공의 자리에서 말할 기회를 준다. 협동조합이나 위원회에서 갖게 되는 자부심과 참여 의식은 여성들의 자기 존중과 사회적 지위를 높여 준다. 이들은 여기서 지도자 능력과 더 큰 자유와 안전에 대한 판단력을 얻는다. 인도의 구자라트Gujarat에서 공정 무역 면화를 재배하는 펀자브 여성Punjiben들은 "우리들의 의견은 위원회에서 똑같이 중요해요. 의사 결정 과정에 우리들의 목소리를 강력하게 반영하지요."라고 말한다.

영국에서 가장 크고 오래된 공정 무역 회사인 트레이드크라프트는 방글라데시에서 광범위한 여성 중심 사업을 지원하고 있다. 미술 공예품을 만드는 아롱Aarong은 일하는 사람의 85퍼센트가 농촌 여성들이다. 또한 이스턴 스크린 프린터스Eastern Screen Printers는 수제 종이와 마포, 면직물의 인쇄 디자인 작업을 30명의 여성이 하고 있다. 자하나라 코티지 인더스트리스Jahanara Cottage Industries는 농촌 여성들에게 도장, 직조, 뜨개질, 목조, 바구니 짜는 기술을 가르친다. 그리고 코르 더 주트 워크스CORR – The Jute Works는 1973년 이래로 전쟁미망인이나 전쟁 피해를 입은 농촌 여성들을 고용하고 있다.

또한 트레이드크라프트의 식품과 음료 제품 공급망은 아프리카 여성들에게 확실한 도움을 준다. 지오액티브 과자의 원료로 들어가는 말라위산 설탕은 카신술라 사탕수수 재배 농민 조합Kasinthula Cane Grower's Association이 공급하는데 이들이 벌어들인 수입은 카파술레

Kapasule 마을의 수맥 시추 작업에 쓰인다. 이 일은 마을 여성들이 날마다 물을 긷기 위해 1.5킬로미터를 왕래하는 수고를 덜어 줄 것이다. 또 우간다의 이가라 농민 조합Igara Growers 위원회 의장인 줄리에트 엔트위레나보는 티디렉트와 트레이드크라프트에 차를 공급하는데 자신들의 수입 가운데 사회적 초과 이익을 어떻게 썼는지 다음과 같이 말한다. "우리가 공정 무역 농민이 된 이후로 이제 여자들이 애를 낳다가 죽는 일은 없어졌어요. 전에는 애를 낳으려면 산 아래에 있는 병원까지 내려가야 했거든요. 우리는 공정 무역 덕택에 이곳에 두 채의 산부인과 병동을 지었어요."

2005년 BBC 방송은 여성용 공정 무역 커피 협동조합에 대한 보도를 했는데 이 조합은 1994년 대학살로 미망인이 된 여성들이 많은 르완다에 있다. 방송에서 한 조합원은 이제 가족의 건강 보험료를 낼 수 있게 되어서 자식들이 아프면 의사에게 데려갈 수 있으며 또한 여자 아이들도 학교에 보낼 수 있다고 설명했다.

니카라과의 농업 경제학자이자 공동체 운동가인 자닉세 플로리안도 이와 비슷한 이야기를 한다. 자닉세는 공정 무역 커피 협동조합인 소펙스카SOPPEXCCA와 함께 일하는데 2006 공정 무역 포트나이트 Fairtrade Fortnight 행사에 참석하기 위해 영국을 방문했다. 이 협동조합의 조합원은 모두 650명인데 이 가운데 190명이 여성이다. 공정 무역 덕분에 이 여성 조합원들 가운데 다수가 처음으로 외국 연수에 참석할 수 있었다.

자닉세는 이 여성들이 전국 대회에서 3년 연속 우승을 차지한 매우 뛰어난 품질의 커피 재배 농민이라고 말한다. 일부 여성 조합원은 미국 구매자에게 자신들이 생산한 여성용 커피가 현재 '라스헤르마나스Las Hermanas(자매들)'라는 상표로 시장에 팔리고 있다는 말을 듣고 매우 감동했다. 몇몇 남편은 샘을 냈지만 이 여성들은 그들을 어떻게 다뤄야 하는지 알고 있다.

가나에서 잘 알려진 거대 협동조합인 쿠아파 코쿠Kuapa Kokoo는 데 이 초콜릿 컴퍼니(사례 44 참조)와 트레이드크라프트에 코코아를 공급하는데, 현재 여성들이 돈을 벌 수 있는 여러 가지 사업을 운영하고 있다. 채소와 비누, 야자유를 생산하고 판매하는 일들이 그것이다.

여성에 대한 착취가 여러 세대에 걸쳐 전해진 것처럼 여성의 권익 증진도 그렇게 발전한다. 공정 무역으로 강해진 여성들은 자기가 키우는 딸들의 권익이 앞으로 더 신장할 거라는 기대를 갖고 있다. 쿠아파 코쿠 조합원의 십대 딸인 리자야투 라자크는 공정 무역이 어떻게 여자 아이들의 전망을 바꾸는지를 보여 주는 실례다. 리자야투가 중학교에 갈 수 있는 것은 순전히 공정 무역 덕분이다. 리자야투는 작문 대회에서 우승한 상으로 공정 무역 포트나이트 행사에 참석하기 위해 영국을 방문했다. 리자야투는 이렇게 말한다.

저는 학교에서 여자 아이들만을 위한 협동조합을 시작했어요. 남자 아이들이 자전거를 타고 마을을 돌고 축구를 하는 동안 우리 여자 아이들은 온갖 집안일을 해야 하는 것은 공정하지 않다고 생각해요. 우리는 남자 아이들과 여자 아이들이 집안일을 똑같이 해야 한다고 생각해요.

9

커피 재배 농민들에게 희망을!

공정 무역 인증 커피 시장의 확대는 커피 재배 농민들에게 희망
을 준다. 적어도 먹고사는 것은 보장해 주기 때문이다.

니카라과에서 커피를 재배하는 여성 농민 블랑카 로사 몰리나는
공정 무역 체계로 판매하는 것이 기존의 방식과 무슨 차이가 있느냐
는 질문을 받자 아주 간결하고 인상 깊은 대답을 했다. "우리 식구
가 밥을 먹을 수 있느냐 없느냐의 차이지요."

블랑카는 니카라과 북부 지방에 있는 마타갈파Matagalpa 지역에서 3
헥타르의 땅을 갖고 농사를 짓는다. 니카라과는 세계의 주요 커피
재배국이며 커피는 가장 중요한 수출 농산물이다. 블랑카는 약
1,200명의 커피 생산자들이 모인 세코카펜Cecocafen 협동조합의 조합
장으로서 다른 조합원들과 마찬가지로 자신이 생산한 커피의 3분의
1을 공정 무역으로 판매한다.

47세인 블랑카는 니카라과의 다른 세대들처럼 인생의 길을 어렵
게 시작했다. 블랑카의 부모는 마타갈파에 있는 커피 플랜테이션 노
동자였다. 블랑카는 6세 때 부모가 일하는 농장에서 일을 시작했고,
11세 때 집을 떠나 수도인 마나과Managua에서 가정부로 일했다.

그러나 1979년 니카라과에서 혁명이 일어나자 모든 것이 급격하

게 바뀌었다. 농업 개혁법이 발표되고 토지는 땅이 없는 농민들에게 재분배되었다. 블랑카의 가족과 이웃들에게 새로운 희망의 시대가 열린 것이다. 그때부터 이들은 마타갈파에 자기 땅을 소유하고 커피를 재배하기 시작했다. 얼마 동안 모든 것이 잘 돌아갔다.

그러나 세계 시장에서 커피 가격이 폭락하면서 이들의 삶은 불확실해지기 시작했다. 1990년대 전반에 걸쳐 커피 가격은 등락을 거듭했지만 가격이 너무 낮아서 농민들은 생계를 꾸려 나가기 어려웠다. 2000년대 초 커피 가격의 붕괴는 영세 농민들의 안전을 뿌리째 흔들었고 니카라과 전체 수출 소득은 점점 줄어들었다.

2002년 마침내 위기는 대파국의 정점에 도달했다. 커피 가격은 지난 30년 동안 가장 낮은 가격으로 폭락했다. 그 결과 대규모 기업농들은 커피를 수확할 수 없게 되어 정규 노동자들과 계절노동자들을 해고했다. 노동자들을 극단으로 몰고 간 주원인은 바로 가격 폭락이었다. 일자리를 잃은 수천 명의 커피 노동자와 그들의 가족은 길거리로 나앉아 노숙하는 생활로 몰락하고 말았다. 이들은 지역 사회의 시민들과 기업들이 제공하는 구호 식품으로 겨우 살아갈 수 있었다.

블랑카는 "대규모 커피 플랜테이션에서 일하던 사람들 대부분이 일자리를 잃었어요."라고 말했다. 마침내 그이에게 행운이 찾아왔다. 세코카펜 협동조합이 자신들이 생산한 커피에 공정 무역 상표를 붙인 것은 바로 그 무렵이었다. 블랑카는 이렇게 말한다.

공정 무역 가격은 우리를 살리고 우리 땅을 지키게 해 주지요. 이것은 우리 자식들이 학교에 계속 다닐 수 있으며 우리들이 최소한의 건강을 유지하며 살 수 있다는 것을 뜻합니다. 공정 무역 가격 덕분에 내 딸을 대학에 보낼 수 있었고 내 집도 조금씩 지을 수 있었지요. 이 집은 매우 초라하지만 계속 지어 나가고 있어요. 그래서 조합에서 대출도 받았어요. 1년 안에 갚아야 합니다. 그러나 공정 무역 시장에 커피를 공급하지 않는 영세 농민들은 집 한 채 마련하기도 어려워요. 이들에게 돈을 빌려 줄 곳은 한 군데도 없거든요.

블랑카는 또한 자기 땅에서 여러 가지 농산물을 재배하게 되었다. "우리는 여기서 더 많은 식량을 얻을 수 있지요."

품질이 중요하다

블랑카는 말한다. "우리는 공정 무역이 계속 늘어나기를 바랍니다. 자기가 재배한 커피를 공정 무역으로 팔고 싶어 하는 농민들이 무척 많거든요. 우리는 최고 품질의 커피를 생산하는 것이 중요하다는 것을 알아요. 그래야 시장이 계속 성장하니까요. 세코카펜 커피는 최고의 품질만 고집해요. 그래서 우리도 종자를 고를 때부터 신경을 씁니다."

세코카펜 커피는 카페디렉트 5065와 페르콜스 니카라과 커피 Percol's Nicaragua coffee에 납품한다. 1,200명의 조합원이 있는 세코카펜 협동조합은 커피를 유통하고 판매하는데, 조합원 총회에서 공정 무역 초과 이익을 어떻게 사용할지 결정한다.

농민들이 공정 무역 인증 커피를 팔아 버는 수입은 1파운드에 1달러 26센트인데 이 가운데 5센트는 공정 무역의 사회적 초과 이익으로 사업 개발과 공동체 발전을 위해 사용한다(사례 4 참조).

블랑카는 강조한다. "공정 무역은 농민 개개인에게만 이익을 주는 것이 아니에요. 전체로 볼 때 우리 모두의 공동체에 이익을 주지요. 공정 무역은 단지 사고파는 행위가 아닙니다. 이것은 매우 중요한 사회적 구실을 합니다." 협동조합은 초과 이익을 지역 사회를 개선하는 사업에 쓰는데, 예를 들면 어린이들이 학교에 다니고 여성들이 의사 결정 과정에 참여할 수 있도록 한다. 또한 초과 이익은 수돗물 공급 사업과 도로 건설, 공동체의 의약품 구입과 같은 사회사업에 투자되었다. 조합원 자녀 70명에게 장학금도 지급했다. 일반 대출 사업에 여성들을 위한 저축 및 대출 제도를 새로 만들었다. 이 제도로 200명의 여성 조합원과 비조합원이 혜택을 받고 있다.

블랑카의 말이 이어진다.

우리는 공정 무역에 참여하는 농민들이 개인의 생활수준 향상에만 관심을 두는 것이 아니라 공동체의 이익에 기여하기를 바랍니다. 그래서 우리는 어른이고 아이고 할 것 없이 글을 가르치고 있고 기초 건강 교육도 여러 차례 실시했어요.

블랑카는 지금도 여기저기서 공동체 개선 사업이 일어나고 있다고 말한다. 초과 이익으로 교사 임금을 지급하는 공동체도 있고 어린아이들에게 영양이 풍부한 음식을 지원하는 공동체도 있다.

또 공정 무역의 사회적 초과 이익을 생산 가공 시설과 품질 관리를 위한 연구실 설립에 투자하기도 했다. 세코카펜은 이렇게 해서 자체 가공한 유기농 커피 제품을 개발하고 판매할 수 있었다. 이렇게 투자한 결과 세코카펜 조합원들에게 새로운 소득원이 창출되었고, 다른 생산자들도 시설을 빌려 쓰기 시작했다.

블랑카는 이렇게 말한다.

농민들이 공정 무역 체계로 들어오면 유기 농법에 대한 교육을 받고 자문을 하기 때문에 화학 약품을 쓰지 않는 유기농 생산으로 전환하기가 용이하지요. 커피의 사회적 초과 이익은 토양과 수자원 등 환경 보호 활동에 쓰이지요.

블랑카는 공정 무역으로 자기가 생산한 커피를 더 많이 팔고 싶지만 "그것은 시장 확대에 달려 있어요."라고 말한다. 커피를 사는 사람들에게 하고 싶은 말이 무엇인지 물어보자 블랑카는 강조한다. "우리 커피를 사세요. 품질이 가장 좋으니까요. 우리가 가난한 농민이라서 사 달라는 것은 아니에요."

현재 세계 시장의 커피 가격은 2000년대 초 어려운 시절에서 어느 정도 회복되었다. 그러나 2006년 말 현재 여전히 낮은 수준이고 가격 불안이 심하다. 따라서 대부분의 농민들에게 앞날은 불확실하다. 공정 무역 커피 시장의 확대는 점점 많은 농민들에게 희망을 전해 줄 것이다.

10

면화 재배 농민들의 생명을 구하다

소비자들이 공정 무역 잠옷을 사면 인도에서 면화를 재배하는 농민들의 자살을 막을 수 있다. 억지처럼 들린다고? 다음 내용을 읽어 보고 판단하라.

전 세계의 소규모 영세 농민들은 다른 직업을 가진 집단보다 자살하는 일이 더 많다. 영국처럼 온갖 사회 안전망이 갖춰진 부유한 나라에서도 농사는 고립되고 빚에 시달리고 육체적, 정신적 압박이 심한 일이다. 산지 가격의 불확실성과 계속되는 하락에 구제역과 같은 심각한 위기 상황이 더해지면 농민들은 곧바로 경제적 어려움에 맞닥뜨리고 고통과 실망에 빠질 수 있다.

개발도상국에서는 문제가 더욱 심각하다. 후진국의 영세 농민들에게 세계 자유 무역 체계와 정부 지원의 붕괴가 닥치면 사실상 자기 땅에서 생계를 꾸려 나갈 수 없다. 가격 하락과 원가 상승, 값비싼 농약과 비료, 관개용수에 대한 의존도 증가, 여기에다 몇 년 동안 점점 심해지는 가뭄과 수확량 감소, 환경 파괴와 농민들의 건강 악화 문제 들은 수백만 명의 영세 농민을 빚과 절망의 구렁텅이로 밀어 넣었다.

소규모 영세 면화 재배 농민들은 특히 문제가 심각했다. 면화는 유난히 병충해에 약해서 다른 작물보다 살충제를 더 많이 써야 한다. 최근 몇 년 동안 세계 면화 시장은 유럽 연합 국가들(주로 그리스, 포르투갈, 에스파냐)과 미국, 중국이 자국 농민들에게 정부 장려금을 지급한 데다 나일론이나 폴리에스테르 같은 합성 섬유와 경쟁이 심해지면서 앞 다투어 가격을 내렸다. 이 과정에서 인도의 면화 재배 농민들이 가장 큰 피해를 입었으며 이들의 자살은 이제 일상이되었다. 온라인 신문〈인디아 투게더*India Together*〉는 2005년에 이렇게보도했다.

> 농민들의 자살은 수확기에도 계속 이어졌다. 최근 2년 동안 엄청난폭우가 쏟아졌다. 관개용수를 끌어들이는 계획은 실패했고 수자원은빠르게 고갈되고 있다. 불규칙한 시장 개장과 민간 고리대금업자들은빚에 허덕이는 면화 재배 농민들의 목에 올가미를 씌웠다.

예를 들면 이제 막 30세가 된, 마하라슈트라Maharashtra의 면화 농민로케슈와르 케샤브라오 브호야르는 2005년 10월 물이 말라 버린 자기 집 우물에 투신해 자살했다. 그의 아내 라타는 현재 일용직으로면화 따는 일을 한다. 면화 1킬로그램을 따면 2인도루피(3펜스)를번다.

농민 자살은 안드라프라데시Andhra Pradesh에서 카르나타카Karnataka, 케랄라Kerala, 마하라슈트라, 펀자브Punjab, 라자스탄Rajasthan까지 인도전역에 걸쳐 발생했다고 보도되었다. 농민들만 위험에 빠진 것이 아니라 그들의 아들딸도 함께 고통 속에 있다. 2005년 11월, 면화 재배 농민의 딸로 19세 대학생인 니타 푼다리크라오가 유서를 남기고자살했다. "우리 식구는 한 달에 천 루피도 벌 수 없어요. 내겐 어린여동생이 둘 있지요. ……우리는 제대로 먹지도 못해요. 나는 이제 목숨을 끊으렵니다.”

마을과 신장을 팝니다

2001년부터 인도 전국에서는 마을을 팔려고 경매에 내놓기 시작했다. 2005년 12월 마하라슈트라에 있는 돌리Dorli 마을 주민들은 “돌리 마을 팝니다.”라는 표지판을 세워 놓았다. 마을 주민은 아이들까지 포함해서 모두 270명인데 한 명당 3만 루피(380파운드)의 빚을 지고 있다고 했다.

또 마하라슈트라에 있는 칭가푸르Chingapur 마을 주민들은 ‘신장을 파는 인간 시장’을 연다고 발표하고 인도의 대통령 압둘 칼람 박사와 총리 만모한 싱에게 초청장을 보내 마을의 실상을 확인하라고 요청했다. 마을 주민들은 빚을 갚기 위해서는 이것만이 유일한 방법이라고 말했다.

“우리는 마을을 팔아 치울 준비가 되어 있어요. 우리가 집단 자살할 수 있게 해 주세요.” 근처에 있는 또 다른 마을 시바니 레크하이라푸르Shivani Rekhailapur에 사는 주민들이 걸어 놓은 현수막에 씌어진 문구다.

농민의 자살을 막다

만일 여러분이 인도의 공정 무역 면화 생산 회사인 애그로셀 인더스트리즈Agrocel Industries의 사업 책임자 샤이레시 파텔에게 공정 무역의 주요 혜택이 무엇이냐고 묻는다면 그는 이렇게 대답할 것이다. “공정 무역은 농민들의 생명을 구하지요. 자살을 막아 주니까요. ⋯⋯혼자 일하는 외로움, 끊임없는 가격 변동, 계속되는 근심 걱정이 농민들이 자살하는 주요 이유지요.”

2005년에 공정 무역 인증을 받은 애그로셀은 구자라트 주 정부와 소규모 회사들이 공동 소유주이며 인도 3개 주의 영세 면화 재배 농민들이 이곳에서 일하고 있다. 샤이레시가 2006 공정 무역 포트나이트 행사에 참석하기 위해 런던에 왔을 때 때마침 마크스 앤드 스펜서Marks & Spencer(영국에 있는 세계적인 의류업체이며 소매 유통업체 - 옮긴이)가 공정 무역 면직물을 시장에 출시했다. 이 회사는 잇따라 공정 무역 진바지도 내놓았다.

영국에 있는 가네샤Ganesha, 고시피엄Gossypium, 허그Hug, 피플트리, 트레이드크라프트 등의 회사들과 유럽, 북미 대륙, 인도에 있는 소매업자들이 공정 무역 면화로 만든 애그로셀 제품을 판다. 제품의 종류도 바지, 셔츠, 블라우스, 재킷, 잠옷, 유아복, 모자, 가방, 깃털 이불, 방석, 홑이불과 베갯잇, 천 장난감, 식탁 용구, 티셔츠, 모자 달린 옷, 요가복, 운동복, 반바지와 속옷까지 매우 다양하다. 애그로셀의 면직물은 모두 친환경으로 재배하며 유기농 인증을 받는 농부들도 점점 늘어나고 있다. 애그로셀은 농민들에게 일반 시장 가격보다 8퍼센트 더 높은 가격을 지불한다. 게다가 공정하며, 안정된 가격과는 별도로 여러 가지 이익을 면화 재배 농민들에게 제공한다.

애그로셀이 시행하는 사업 가운데 하나는 인도멀구슬나무neem tree를 재배하도록 권장하는 것인데 이 나무의 천연 기름과 잎사귀는 생물학적 살충제와 비료를 만드는 귀중한 원료이다. 농민들은 인도멀구슬나무를 재배함으로써 값비싼 화학 약품에 대한 의존을 줄일 수 있고 농한기에도 유휴 노동력을 활용할 수 있다. 애그로셀의 또 다른 사업은 여성들에게 수공예 생산 기술을 훈련하는 것이다. 이것으로 여성들은 가구 소득을 늘릴 수 있다. 또한 애그로셀은 회원 농가뿐만 아니라 주변 지역에 있는 다른 농가들을 배려하여 가축병원도 운영한다.

애그로셀은 1998년에 유기농 공정 무역 면화 생산을 지원하기 시작했는데 지금은 2만 명의 농민이 함께하고 있다. 애그로셀의 지원과 공정 무역이 가져다준 변화의 진가를 인정하는 농민들이 점점 많아지고 있다.

인도의 면화 재배 농민들만 이 같은 이익을 얻는 것은 아니다. 카메룬과 말리, 페루, 세네갈도 공정 무역으로 영국에 원면을 수출한다.

11

공정 무역 운동은 어떻게 시작되었나

최근 몇 년 동안 가장 활발하게 발전한 공정 무역 운동과 연대하라.

오늘날 공정 무역 운동은 전 세계에서 성공을 거두고 있다. 58개 나라에서 공정 무역 인증을 받은 580개 생산자 집단에 속한, 100만 명이 넘는 영세 농민들과 노동자들이 적극적으로 활동하고 있다. 그리고 직장과 음식점, 호텔에서도 공정 무역 제품을 점점 많이 쓰고 있다. 이들 제품은 수천 곳의 '세계 상점World Shops'에서, 또는 공정 무역 상점, 슈퍼마켓, 선진국의 많은 판매점에서 팔린다. 그리고 개발도상국의 직판 소매점에서도 판매가 늘고 있다. 공정 무역 생산자들은 유럽과 북미, 오스트레일리아, 일본에 있는 수백만 명의 소비자와 연대하고 있다.

공정 무역의 시작
최초의 공정 무역 상점은 1958년 미국에서 정식으로 문을 열었는데 푸에르토리코와 개발도상국의 가난한 생산자 집단이 생산한 제품들을 팔았다. 유럽에서는 1950년대 말 영국 옥스팜이 자기 상점에서 중국 난민들이 만든 수공품을 팔면서 공정 무역이 시작되었다.

1964년 최초로 만들어진 공정 무역 기구는 옥스팜 트레이딩이었다. 이와 함께 1967년 네덜란드에서도 공정 무역 수입 기구인 페어트레이드 오가니사티에Fair Trade Organisatie가 설립되었다. 동시에 이 기구에 소속된, 네덜란드에서 세 번째로 큰 세계적인 그룹이 "당신이 이 사탕수수 설탕을 사면 가난한 나라에 사는 국민들에게 번영의 태양이 떠오른다."는 캐치프레이즈를 내걸고 사탕수수 설탕을 팔기 시작했다. 이들은 이어서 개발도상국에서 만든 수공품들도 팔았다.

1960년대와 1970년대 아시아와 아프리카, 라틴 아메리카의 비정부 기구nongovernmental organizations(NGOs)들과 사회 운동가들은 사회적 약자인 생산자들에게 조언과 원조, 지원을 해 줄 공정한 시장 기구의 출현에 공감했다. 그래서 공정 무역 기구들이 설립되었고 선진국에 새로 만들어진 기구들과 여러 가지 연대 사업을 해 나갔다. 이 같은 상호 관계는 협력과 대화, 투명성과 상호 존중을 바탕으로 엮였다. 이들의 목표는 지금과는 다른 훨씬 평등한 국제 무역 관계를 수립하는 것이었다.

공정 무역(초기에는 대안 무역으로 불렸다)은 개발도상국의 가난을 퇴치하려는 목적으로 성장했으며 처음에는 공예품 판매가 중심이었다. 이 기구의 설립은 대개 유럽에 있는 거대 개발 원조 기구나 종교 기관들이 주도했다.

1973년 네덜란드의 페어트레이드 오가니사티에가 처음으로 과테말라의 영세 농민 조합에서 생산한 커피를 공정 무역으로 수입했다. 이때부터 수십만 명의 커피 재배 농민들이 공정 무역 커피로 이익을 내기 시작했다. 커피 다음으로 차, 코코아, 설탕, 과즙, 향신료 등의 식료품이 공정 무역 제품으로 널리 퍼져 갔다.

1980년대에 이르러서는 일반 대중 소비자에게 널리 보급하기 위한 새로운 판로를 개발했다. 멕시코의 영세 커피 농민들과 함께 일하고 있던 한 목사와 네덜란드의 교회 관련 비정부 기구의 활동가는 공정 무역 제품에 상표를 붙이자는 생각을 했다. 공정 무역 조건을 지키는 제품이라는 표시를 하여 품질을 보장하면 일반 상점의 진열대에서 다른 제품과 차별성을 가질 수 있고 또한 어떤 회사라도 공정 무역에 참여할 수 있게 된다. 그리하여 1988년 네덜란드에서 '막스 하벨라르'라는 상표가 생겨났다. 이 같은 생각은 적중했다. 이 상표가 나온 지 1년 만에 막스 하벨라르 커피는 거의 3퍼센트의 시장 점유율을 나타냈다.

그 후 수년 동안 비슷한 종류의 비영리 공정 무역 상표 기구들이 유럽과 북미의 여러 나라에 만들어졌다. 공정 무역 운동은 처음부터 전통적인 무역 체계 때문에 일어나는 문제점을 소비자가 자각하고 그 체계의 운영 원리를 변화시키는 데 목표를 두었다. 공정 무역은 제품과 함께 생산자의 이력, 생산자의 생활 조건 등의 정보를 소비자에게 제공한다.

공정 무역 상점과 판매망

세계 상점과 공정 무역 상점은 소비자들이 좀 더 정의로운 세계를 만드는 데 적극 참여하도록 유도한다.

1984년 제1회 유럽 세계 상점 대회가 열린 것을 계기로 전 유럽 세계 상점의 자원 봉사자들 사이에 긴밀한 협력 관계가 형성되기 시작했다. 유럽 세계 상점 네트워크Network of European World Shops(NEWS!)는 1994년 정식으로 출범했고 유럽의 15개 나라에 있는 약 3,000개의 세계 상점을 대표한다. NEWS!는 유럽의 공정 무역 홍보 활동을 서로 협력하고 정보 교환을 도와주며 공정 무역 제품의 판매와 소비자 인식의 개발 경험을 공유한다. NEWS!는 1996년 유럽 세계 상점의 날European World Shops Day을 제정하고 전 유럽 차원의 목표와 관련한 특정한 주제들에 대한 공정 무역 운동을 한다. 이러한 협력 관계를 더 넓히기 위해 1997년 유럽 공정 무역 협회European Fair Trade Association(EFTA)를 설립했다. EFTA는 유럽에 있는 11개의 가장 큰 공정 무역 제품 수입 기구들의 연합체이다.

전 세계의 공정 무역 운동 단체들이 참가하는 제1회 세계 공정 무역의 날World Fair Trade Day 행사가 2002년 5월 4일 열렸다(사례 45 참조).

국제 공정 무역 협회IFAT는 1989년에 설립되었다(이것은 원래 대안 무역 국제 연대International Federation for Alternative Trade로 세워졌다). 이 기구에는 전 세계의 270개 공정 무역 단체가 가입하였으며 지금도 계속 늘어나고 있다. 회원국들은 아프리카, 아시아, 라틴 아메리카, 유럽, 북미와 환태평양 지역, 이렇게 다섯 개의 지역으로 나뉜다. 이 기구는 또한 지역 총회를 두는데, 아시아 공정 무역 포럼Asia Fair Trade Forum(AFTF), 아프리카 공정 무역 협의회Cooperation for Fair Trade in Africa(COFTA), 올바른 무역을 위한 라틴 아메리카 협회Association Latino Americana de Commercio Justo가 그것이다. IFAT의 목표는 착취당하는 민중의 삶을 무역으로 향상하고 서로 정보와 생각을 나눌 수 있는 장을 마련해 주는 것이다. 영국 공정 무역 상점 연합회British Association of Fair Trade Shops(BAFTS)는 영국에서 공정 무역 소매를 촉진하는 일을 한다.

또 여러 개의 공정 무역 판매망이 형성되었는데 그 가운데 방글라데시의 에코타 공정 무역 포럼Ecota Fair Trade Forum, 네팔 공정 무역 그룹Fair Trade Group Nepal, 필리핀 공정 무역 협의체Associated Partners for Fairer

Trade Philippines, 인도 공정 무역 포럼Fair Trade Forum India, 케냐 대안 무역 연대Kenya Federation for Alternative Trade가 있다.

IFAT는 2004년 1월 인도의 뭄바이에서 열린 세계 사회 포럼World Social Forum에서 공정 무역 단체 표시FTO Mark를 발표했다. 이것은 전 세계에 있는 공정 무역 단체를 확인하는 표시다. 이는 제품의 상표가 아니다. 이 표시가 있는 단체를 다른 상업 조직들과 구별하며 '이들의 핵심 활동이 공정 무역이라는 것을 확인'하는 것이다. 이 표시는 선진국과 개발도상국에 있는 공정 무역 단체를 하나로 연대하는 구실을 한다.

IFAT는 이 표시를 널리 알리기 위해 2004년 1월 '글로벌 저니Global Journey'라는 세계 여행 사업을 시작했다. IFAT 회원들이 공정 무역 단체 표시가 있는 현수막을 들고 뭄바이의 빈민촌 가운데 한 곳에서 출발해서 IFAT 회원국을 차례로 돌았다. 그때 이후로 수십만 명이 공정 무역을 세상에 알리고 장려하는 일에 참여했다고 한다. 글로벌 저니는 아시아를 지나고 라틴 아메리카를 거쳐 북미와 아프리카를 여행했다. 그리고 2006년 중반에 마침내 유럽에 도달했다.

공정 무역 운동은 사람들의 인식을 끌어올리고 널리 알리는 일을 점점 전문화하였다. 이 운동은 정교한 조사 보고서를 기록하고 사람들의 흥미를 끄는 사회 운동 수단을 개발하고 대중 행사를 개최한다. 또한 공정 무역 캠페인과 홍보를 잘 조화시키고 집중할 수 있도록 유럽의 기구들을 설립했다.

국제 공정 무역 상표 기구, 국제 공정 무역 협회, 유럽 세계 상점 네트워크, 유럽 공정 무역 협회는 1998년에 만나기 시작해서 각 기구의 첫 자를 따서 파인FINE이라는 이름으로 공조한다. FINE은 유럽의 정책 결정자들에게 영향력을 행사하려고 노력한다. FINE은 홍보와 캠페인 행사, 공정 무역 기준과 감시 활동 등 중요한 사업 영역에서 이 네 기구와 회원들이 협력할 수 있게 한다.

공정 무역의 성장

공정 무역은 1990년대 말 슈퍼마켓 같은 새로운 일반 유통 시장이 열리면서 성장하기 시작했다. 국제 공정 무역 상표 기구의 2005년 연차 보고서에 따르면, 공정 무역 인증 제품의 전 세계 매출액은 2005년에 7억 5,800만 파운드였다. 2004년과 비교할 때 37퍼센트 늘어났다.

공정 무역 제품으로 팔린 모든 품목이 성장했는데 특히 공정 무역 커피는 미국에서 70.9퍼센트 늘어났고 영국에서는 매출이 34퍼센트 성장했다. 그리고 공정 무역 바나나는 오스트리아에서 46퍼센트 증가하고, 공정 무역 설탕은 프랑스에서 매출이 125퍼센트 늘어났다. 비식료품 제품도 마찬가지로 매출이 늘었다. 2006년 캐나다와 벨기에, 독일에서 처음으로 도입한 공정 무역 꽃의 판매를 보면 앞으로의 전망이 매우 낙관적이다.

공정 무역 인증을 받은 전 세계 생산자 집단의 수는 2001년 이래로 127퍼센트 늘어나 58개 나라에 580개 집단이 있고, 같은 기간 여기에 등록한 무역업자의 수는 132퍼센트 증가했다.

현재 공정 무역 제품은 유럽 전역에 있는 5만 5,000개의 슈퍼마켓에서 살 수 있으며 매우 높은 시장 점유율을 나타내는 나라도 있다. 스위스에서는 판매되는 바나나 가운데 47퍼센트가 공정 무역 제품이며 꽃은 28퍼센트, 설탕은 9퍼센트를 차지한다. 스위스보다 인구가 여덟 배 많은 영국에서는 공정 무역 제품이 차는 5퍼센트, 바나나는 5.5퍼센트, 원두커피는 20퍼센트의 시장 점유율을 나타낸다.

이처럼 공정 무역은 세계에서 가장 빠르게 성장하는 시장이다. 그리고 공정 무역은 전 세계에서 착취당하고 있는 가난한 생산자들에게 수백만 파운드의 돈을 되돌려준다.

여러분은 공정 무역 제품을 살 때마다 이렇게 점점 성장해 가는 세계적인 운동에 참여하는 것이다.

12 공정 무역 가공 견과류

밤이나 호두를 재배하거나 채집하는 것으로 생계를 유지하기는 어렵다. 개발도상국에서 수확하는 농작물의 무역은 대부분 거래 계약이 공정하지 않다. 공정 무역으로 거래하는 밤이나 호두는 생산자들에게 가장 좋은 조건을 제공한다.

가공 견과류는 북미와 유럽에서 매우 많이 찾는 고부가 가치 식품이다. 다른 식품이나 음료 제품처럼 이 식품의 국제 무역은 몇 안 되는 거대 기업의 손안에 있으며 기업들은 어마어마한 이익을 내고 있다. 가공 견과 식품의 세계 시장 가격은 해마다 수확량과 기후 변화, 시장 조건에 따라 변동한다. 그러나 그 가격이 얼마이든 공급망의 가장 밑바닥에 있는 생산자들에게 떨어지는 것은 전체 판매 과정에서 나오는 수입 가운데 아주 작은 일부이다.

아프리카와 아시아, 라틴 아메리카의 수백만 농민들은 견과류를 재배하고 거두고 질 좋은 견과를 선별하는 일로 소득을 올린다. 견과류를 재배하고 채집하는 농민들은 세계에서 가장 수탈당하는 노동자들 한가운데 있다. 이들은 대개 농민들이 당장 현금이 필요할 때 가장 낮은 바닥시세로 견과류를 사서 국내 또는 국제 시장에 내다 파는 중간 상인들에게 기댄다. 대체로 농민들은 중개 상인들의 농간에 놀아난다. 세계에서 가장 가난한 나라 가운데 하나인 말라위에 사는 주디스 해리라는 여성 농민은 자기가 땅콩 농사를 시작했을 때의 상황을 이렇게 회고한다.

중간 상인들은 농간을 부릴 요량으로 부정하게 조작된 저울을 가지고 와서 우리 땅콩을 사 갔어요. 그들은 계량을 위해 50킬로그램짜리 포대에 껍질을 까지 않은 땅콩을 넣어서 샀어요. 그러나 포대에 더 많은 땅콩을 넣으려고 먼저 포대를 삶아서 더 크게 만들었지요. 그들은 언제나 낮은 가격을 지불했어요.

또 아프리카는 땅콩 말고도 전 세계 캐슈너트의 3분의 1을 생산한다. 대부분의 천연 캐슈너트는 굽거나 껍질을 벗기기 위해 인도 또는 베트남으로 수출하는데, 캐슈너트를 재배하는 아프리카의 영세 농민들은 여전히 가난을 벗어나지 못하고 있다. 캐슈너트의 산지 가격은 2002년에 지난 30년을 통틀어 가장 낮은 가격을 기록했다. 아프리카는 한때 캐슈너트 가공 산업이 활발했지만 지금은 남아 있는 것이 없다.

대서양을 건너 볼리비아와 브라질, 페루를 아우르는 아마존의 열대 우림 지역은 세계에서 브라질너트를 생산하는 유일한 곳이다. 키가 큰 브라질너트 나무인 베르톨레티아 엑셀사Bertholletia excelsa는 사람이 재배하는 것이 아니라 숲 속에서 야생으로 자란다. 그리고 이 숲에 사는 한 종류의 벌이 이 나무의 수분을 돕는다. 브라질너트를 채집하는 일은 매우 힘들고 노동 집약적인 일이다. 농민들은 우기에 브라질너트가 바닥에 떨어지면 덤불숲을 뒤져서 채집해야 하는데, 이들은 대개 최저 임금을 밑도는 대가를 받는다.

간혹 브라질너트의 시장 가격이 오르면 대기업이 손을 대기 시작한다. 베르톨레티아 엑셀사가 자라는 숲에서 브라질너트를 채집하는 과정에 분쟁이 발생하면 옛날부터 견과를 채집하던 농가들은 대기업이 고용한 노동자들에게 폭력과 공격의 대상이 될 수 있다.

세계의 견과 가공 산업에서 일하는 대규모 여성 인력의 고용 조건은 매우 열악하다. 대개의 경우 가난을 벗어나지 못하는 임금과 불안정한 고용 상태, 그리고 매우 위험한 작업 환경에서 일하는 것이 보통이다.

더는 노예가 아니다

그러나 희망은 있다. 브라질너트와 캐슈너트, 땅콩은 영세 견과 재배 농민들과 채집 농민들, 생산자들에게 공정 무역의 최소 이익을 보장하면서 공정 무역 시장의 일부를 차지하고 있다(사례 3 참조). 이퀄 익스체인지Equal Exchange, 트윈 트레이딩, 트레이드크라프트 같은 대안 무역 기구들은 1980년대부터 공정 무역 견과와 견과로 만든 버터를 수입해서 팔았다. 트레이드크라프트는 견과 채집 농가 300가구가 소속되어 있는 볼리비아 아마존 지역의 카이 캄페시노CAI Campesino 협동조합에서 브라질너트를 수입한다. 서인도의 공정 무역 회사인 애그로셀은 트레이드크라프트에 캐슈너트를 공급한다(사례 10 참조). 그리고 잠비아에 있는 생산자 소유 무역 회사Producer Owned Trading Company의 1,500명 농민 회원들은 트레이드크라프트에 공급할 땅콩을 재배한다.

2006년 초 공정 무역 인증을 받은 견과 제품이 처음으로 영국의 슈퍼마켓에서 팔렸다. 브라질너트 제품은 테스코Tesco 매장에서, 땅콩은 코옵Co-op 매장에서 팔렸다(최초의 공정 무역 브라질너트는 1년 전에 이퀄 익스체인지가 식료품 도매상점과 우편 주문으로 팔았다). 볼리비아와 브라질산 브라질너트 생산자 협동조합은 트윈 트레이딩과 이퀄 익스체인지의 협조와 지원으로 테스코에 납품한다. 협동조합들은 직접 브라질너트를 저장하고 운송하고 가공함으로써 조합원들이 공급망에 더 깊숙이 관여하여 과거에 단순 채집으로 벌었던 이익보다 더 큰 소득을 올린다. 볼리비아의 코이나카파Coinacapa 협동조합의 조합원인 베네딕토 곤잘레스는 "우리는 이제 노예가 아니라고 생각해요. 우리는 이제 더 많은 돈을 벌고 더 많은 일거리가 있으며 인간다운 존중을 더 많이 받고 있어요."라고 말한다.

2006년 3월 코이나카파가 영국에 처음으로 공정 무역 브라질너트를 수출하기 위해 선적하는 몇 주 동안 갑자기 큰 위기가 왔다. 매우 심한 계절성 폭우가 쏟아져 숲으로 강물이 넘쳐흘렀다. 강둑과 길은 붕괴되고 마을은 큰물에 둘러싸였다. 그리고 주민들 가운데 일부는 거대한 진흙탕에 빠져 죽기도 했다. 코이나카파는 볼리비아 정부에 수도인 라파스La Paz로 브라질너트를 안전하게 공수할 비행기를 보내 달라고 요청했다. 거기서 육로와 해상으로 영국에 브라질너트를 실어 보내려고 했다. 그러나 비행기 연료가 없었다. 협동조합 조합원들은 며칠 동안 다른 길을 찾아다녔다. 마침내 비가 그치자 라파스로 갈 수 있는 길을 발견했다. "우리는 코이나카파 조합원들이 보여 준 행동이 공정 무역 시장에 대한 이들의 헌신을 말해 준다고 생각해요." 트윈 트레이딩의 던칸 화이트의 말이다.

코옵은 2006년 4월 세계 최초로 공정 무역 땅콩을 판매하기 시작했다. 말라위에 있는 전국 영세 농민 조합National Smallholder Farmer's Association이 생산한, 소금에 절인 구운 땅콩이다. 이 단체는 여러 지역의 농민 조합을 대표하며 10만 명이 넘는 영세농들이 회원이다.

땅콩을 재배하는 여성 농민 주디스 해리는 한 지역 조합의 조합장이다. 그녀는 "우리가 재배한 땅콩이 세계에서 첫 번째 공정 무역 땅콩이 되었다는 것에 큰 자부심을 느껴요."라고 말한다.

> 앞으로 우리는 공정 무역의 사회적 초과 이익으로 농가들과 가까운 곳에 의료 시설을 갖춘 병원을 지을 거예요. 병원 안에는 병자들과 보살핌이 필요한 사람들이 치료를 기다리는 동안 머물고 식사를 할 수 있는 입원실 같은 보호 쉼터도 만들 거예요.

견과류는 과자나 초콜릿, 정력 보강 막대과자, 뮤즐리, 견과 버터, 디바인 초콜릿 브라질 견과 등 다른 공정 무역 제품의 원료로도 쓰인다.

디바인 견과는 페루의 남동부에 있는 마드레데디오스Madre de Dios 아마존 지역에서 나는 브라질너트를 원료로 한다. 이곳의 생산자 수출 기구인 칸델라Candela는 농민들이 채취한 견과들을 공정 무역 가격으로 살 뿐만 아니라 농민들에게 대출을 해 주고 견과를 수송하며 껍질을 까고 말리는 설비도 갖추고 있다. 칸델라는 반대로 영국에 있는 협동조합 금융 대부 기관인 셰어드 인터레스트의 지원을 받는다(사례 47 참조).

이것은 견과를 공정 무역으로 거래하는, 모범이 되는 훌륭한 사례다.

13

자부심을 가지고 생산한 품질 좋은 제품

오늘날 공정 무역 제품은 최고의 품질을 보증한다. 공정 무역 제품은 자기 분야에서 최고의 경지에 이른 사람들이 재배하고 만든 것들이다.

　고백할 시간이다. 1970년대 중반 영국에 처음으로 공정 무역 커피가 등장했을 때 그것을 마시는 데 엄청난 인내심이 필요했다. 커피를 마시고 나서 "환각제 맛이 조금 나고 맛이 별로 없었다."고 말하는 사람도 있었다. 기대했던 것보다 품질이 많이 떨어졌고 몇몇 사람은 몇 년 뒤에야 그 커피를 다시 사기 시작했다. 만일 여러분이 그들 가운데 한 사람이었다면 그것은 공정 무역 상표가 출현하기 30년 전 일이었다는 것을 기억하라. 과거는 잊고 현재를 생각하라.

　오늘날 공정 무역 제품은 과거와는 전혀 다른 범주에 있다. 품질에서는 공정 무역 제품을 따라잡기 힘들다. 커피에서 무릎 덮개 담요까지, 그리고 차에서 면직물까지 공정 무역 제품은 품질을 최우선으로 한다. 또한 소비자들은 페루산 유기농 커피와 잠비아산 열대림의 벌꿀, 부르키나파소산 망고 등 공정 무역 제품의 특유한 품질의 기원을 발견하는 즐거움을 누릴 수 있다.

　공정 무역 식료품은 자기들이 생산하는 농산물에 큰 애정을 갖고 돌보는 영세 농민과 농장 노동자들이 재배한다. 이들은 공정 무역이 자신들의 삶에 얼마나 큰 변화를 주었는지 잘 알고 있다. 이들은 자신들이 제품을 파는 것이 아니라 품질을 판다는 것을 안다. 품질이 좋으면 좋을수록 구매자들이 상점에 더 오래 머무르고 그들이 다른 사람들에게 권유하는 기회가 더 많아진다. 공정 무역 시장이 성장하면 가난한 사람들의 수가 줄고 공정 무역 농산물을 재배하는 농민들이 제품의 품질과 생활 방식, 자기 가족의 미래에 대해 열정을 가지고 생각할 수 있다.

루이스가 대표적인 사례이다. 그는 에콰도르에 있는 작은 노동자 단체의 대표이다. 그가 하는 일은 공정 무역 농부들이 생산한 바나나의 품질을 검사하는 것이다. 공정 무역 인증은 공정 무역에 종사하는 노동자들이 자신들 집단을 대표하는 권리를 가져야 한다. 따라서 공정 무역 농민들은 품질 검사자들이 적절한 노동자 단체를 조직하도록 도왔다. 루이스는 법으로 인정한 단체의 구성원이라는 것을 자랑스러워한다. 그는 몸이 아픈 회원들이 의료 혜택을 받을 수 있는 단체에 가입하기를 원했다. 그는 큰 부자가 되겠다는 욕심은 없다. "나는 그저 내 자식들이 장래를 준비할 수 있도록 돕고 싶을 뿐이에요."

영세 재배 농가에서는 일주일에 한 번씩 일주일 동안 수확한 바나나를 씻고 다듬고 골라서 포장해야 한다. 그래서 루이스와 동료들은 일주일에 하루 이틀은 농장을 돌면서 바나나에 흠이 없고 정량으로 포장했는지 확인하기 위해 포장 상자들을 무작위로 표본 조사한다. 그리고 항구의 다른 노동자 단체가 또 한 번 바나나의 품질을 이중으로 검사한다. 루이스는 이것 말고도 두 가지 다른 일을 하고 있다. 그는 야간 순찰 일을 하면서 또 일주일에 하루는 노동자 단체의 대표로서 일한다.

다시 커피로 돌아가자. 오늘날 공정 무역 인증 커피를 맛본 사람들 가운데 그 품질을 의심하는 사람은 거의 없다.

다양한 종류의 품질

이제 최상의 품질을 자랑하는 공정 무역 인증 커피의 종류가 늘어나 선택의 폭이 넓어졌다. 신선한 원두커피에서 에스프레소, 카푸치노, 싱글오리진, 혼합 커피, 유기농 커피까지 다양한 품질의 커피들이 있다.

일반 커피보다 값이 약간 비싼 공정 무역 커피도 있지만 대개의 경우는 가격 경쟁력이 있으며 값이 싼 특매품도 발견할 수 있다. 개중에는 유명 상표 제품보다 낮은 가격으로 슈퍼마켓에서 팔리는 것도 있다. 공정 무역 재단은 "공정 무역 제품에 가격을 더 많이 지불하면 농민들은 그 돈으로 품질을 개선하여 명품 시장으로 진출하거나 커피에 대한 의존도를 줄이고 다른 작물들도 공정 무역 제품으로 개발하여 다양화할 수 있지요."라고 말한다.

영국의 전 국제 개발 기구 사무관이었던 클레어 쇼트는 말한다. "소비자들이 점점 공정 무역 제품을 찾고 있어요. 우선 품질이 좋고 세계에서 가장 가난한 사람들에게 생계를 해결할 수 있도록 도움을 주기 때문이지요."

우간다의 마발레 농민 차 공장의 실버 카소로 아투키는 2006년 공정 무역 포트나이트 행사가 열렸던 런던에서 연설할 때 제품의 품질에 대한 중요성을 마음에 두고, 자기 나라의 농민들에게 공정 무역이 무엇을 뜻하는지 설명했다. "우리는 공정 무역 덕분에 차의 품질과 수확량을 향상시키기 위해 농사 기술을 바꿀 수 있었어요." 공정 무역 제품은 자신들이 하는 일에 진정한 이해관계가 있는 사람들이 재배하고 만든다. 그럼으로써 생산자와 소비자가 연결된다. 그래서 소비자는 공정 무역 제품을 기꺼이 살 수 있고 제품들에 호감을 갖는다.

초콜릿을 좋아하는 사람들은 특히 공정 무역 초콜릿을 선호한다 (사례 44 참조). 가나의 코코아 재배 농민들은 영국 최초의 공정 무역 초콜릿 막대과자인 디바인 초콜릿을 만든 회사를 공동으로 소유하고 있다. 대체적으로 코코아 재배 농민들이 세계 가격의 폭락으로 고통을 겪고 있는 데 반해 가나에서 10만 명이 넘게 소속되어 있는 쿠아파 코쿠 조합의 농민들은 공정 무역으로 번창하고 있으며 자신들의 제품과 관련해서 회사의 이사회에 참석한다. 쿠아파 코쿠의 관리 이사인 오헤멩 틴야세는 말한다. "우리는 도움을 요청하는 것이 아닙니다. 우리는 사람들이 우리 초콜릿을 좋게 생각하길 바랍니다. 우리 제품은 최고 품질을 자랑하지요. 이것이 중요한 것입니다."

품질이 좋기 때문에 공정 무역 제품을 사는 사람들이 점점 늘어나고 있다. 그리고 소비자들은 큰 만족감을 느낀다. 공정 무역 제품을 살 때 우리는 품질만 사는 것이 아니다. 우리는 도움이 필요한 사람들에게 실질적인 혜택을 주는 것에서 오는 행복감도 얻는다.

타데세 메스켈라—그는 에티오피아에서 공정 무역 커피를 생산하는 회원들로 구성된 오로미아 커피 농민 협동조합Oromia Coffee Farmers Co-operative Union의 총무이다—는 "공정 무역은 단순히 제품을 사고파는 과정이 아니에요. 공정 무역은 하나의 지구촌 가족을 창조하는 겁니다."라고 말한다. 공정 무역은 품질이 훌륭한 제품을 중심으로 연결된 하나의 가족을 만든다.

14
아이들을 학교에 보내다

공정 무역에 참여하는 생산자들과 플랜테이션 노동자들은 공정 무역이 자기 자식들에게 좋은 교육을 받을 수 있게 하는 데 얼마나 중요한 구실을 하는지 몇 번이고 반복해서 말한다.

20억 명의 전 세계 어린이들 가운데 학령기의 1억 2,000만 명 이상이 학교에 가지 못한다. 그리고 그 수는 남자 아이보다 여자 아이가 더 많다. 세계에서 가장 가난한 나라들에 사는 여자 아이들의 절반 정도가 초등 교육도 받지 못한다. 그리고 아프리카 19개 나라에서는 전체의 절반도 안 되는 아이들이 겨우 초등학교를 마친다. 초등 교육을 마친 청소년은 그렇지 못한 아이들보다 에이즈 바이러스에 걸리는 비율이 훨씬 낮다.

농촌 지역의 가난은 아이들의 학교 교육에 가장 큰 장애물이며 농촌 어린이들 대부분이 가난에서 자유롭지 못하다. 개발도상국에서도 초등 교육은 대개 무상이지만 교복과 교과서, 연필 등을 사고 교통비와 식대를 내기 위해서는 돈이 필요하다. 에티오피아에서 가장 가까운 초등학교는 집에서 20킬로미터나 떨어진 곳에 있다. 개발도상국의 중학교는 대개 수업료를 낸다. 전 세계 어린이의 3분의 1이 중학교에 들어가지 못한다.

커피, 차, 코코아, 설탕, 바나나의 세계 시장 가격이 떨어져도 우리가 상점에 내는 돈은 대개 똑같다. 그러나 농민들의 수입과 농장 노동자들의 임금은 줄어든다. 이 때문에 아이들은 비용을 줄이기 위해 학교를 중퇴하거나 집안 살림에 보탬이 되는 일을 해야 한다. 예를 들면 서아프리카에서는 수십만 명의 어린이들이 학교를 그만두고 코코아 농장에서 일한다.

에티오피아의 커피 재배 농민인 모하메드 알리 인드리스는 말한다. "아이들을 학교에 보내려면 돈이 필요해요. 전에는 그 비용을 댈 수 있었는데 지금은 어림도 없어요. ⋯⋯애가 셋인데 교복을 사 줄 수 없어서 학교에 보내지 못해요."

우간다의 농촌에 사는 십대 형제 브루노와 마이클 셀루고는 수업료를 내지 못해서 학교를 그만두어야 한다. 브루노는 말한다. "학교에서 계속 집으로 돌려보냈어요. 수업료를 내지 않으면 학교에 갈 수 없어요. ⋯⋯커피를 팔아 번 돈으로 학교에 다녔지요. 그러나 지금은⋯⋯ 커피 가격이 너무 낮아서 사람들이 커피 열매를 따지도 않아요." 브루노가 다니는 학교의 교장인 패트릭 카얀자는 "우리는 될 수 있는 한 수업료를 낮추려고 하지만 아이의 부모들은 그것도 내지 못해요."라고 말한다.

또한 산지 가격이 떨어지면 개발도상국에 사는 농민들 대다수는 일거리를 찾아 집을 떠날 수밖에 없다. 이들이 집을 떠나면 여성과 아이들이 남아 가족 농사를 지어야 하므로 대개 아이들은 엄마를 돕기 위해 학교를 포기해야 한다.

교육이 가장 먼저다

개발도상국의 농민들, 농장의 노동자들, 장인들, 그리고 이들의 단체들은 아이들 교육이 최우선이라고 분명하게 말한다. 공정 무역은 이들이 한 말을 행동으로 실천하는 데 도움을 준다. 우간다의 이가라 농민 조합Igara Growers이 트레이드크라프트와 티디렉트에 차를 공급하기 시작했을 때의 상황을 이 조합의 사회적 초과 이익 위원회 의장인 줄리에트 엔트위레나보는 이렇게 말한다. "우리가 가장 먼저 한 사업은 교육이었어요. 우리는 집집마다 네 명의 아이에게 연습장과 펜, 연필을 사 주었지요." 페루의 공정 무역 커피 재배 농민인 호세 리베라 캄포베르데는 말한다. "우리는 공정 무역 계약으로 더 좋은 값을 받고 커피를 팝니다. 덕분에 나는 식구들을 배불리 먹이고 처음으로 연필과 공책을 챙겨서 아이들을 학교에 보냈어요."

농민 단체들은 대개 사회적 초과 이익(사례 4 참조)을 장학금을 조성하는 데 쓴다. 코스타리카의 커피 협동조합인 쿠카페는 이런 방식으로 대학생을 포함하여 수백 명의 학생을 지원했다. 또 초과 이익으로 학교를 짓거나 교육 시설을 정비하기도 한다. 이런 훌륭한 사례들이 많다. 그리고 이들은 자기 단체만을 위해 초과 이익을 쓰는 것이 아니라 더 넓은 지역 사회의 이익을 위해 투자한다는 데 큰 자부심을 갖는다.

4만 5,000명의 조합원이 있는 가나의 공정 무역 코코아 협동조합인 쿠아파 코쿠는 조합원과 비조합원 모두가 쓸 수 있는 학교와 탁아소를 세웠다. 그 후 학생 출석과 교육의 질이 크게 향상되었다. 쿠아파 코쿠가 지난 8년 동안 공정 무역으로 벌어들인 초과 수입은 약 100만 달러로 추산된다. 이것은 가나에서 한 해에 24만 5,000명의 초등교육에 들어가는 비용과 거의 맞먹는 금액이다. 브라질 남부의 오렌지 재배 농민 협동조합인 아파코Apaco는 집안 형편이 어려운 여자 아이들에게 기숙학교에 들어갈 수 있도록 지원해 주었다. 이곳에서 여학생들은 정규 학교 교육과 함께 심리 치료와 지원을 받는다.

인도 남부에 있는 닐기리스Nilgiris 차 농장의 노사 협의체는 지역에 있는 학교들에 컴퓨터를 사 주고 차량을 지원했다.

티디렉트에 차를 공급하는 탄자니아 농민 세실리아 엠왐베블레는 말한다. "우리는 초등학교를 다섯 곳에 세웠어요. 우리가 학교를 지으면 정부는 선생님을 보내 주지요. 누구를 막론하고 이 학교에 아이들을 보낼 수 있어요. 차 재배 농민들만을 위한 것이 아니에요. 우리 농민들은 모두가 교육받기를 원해요. ……그래서 모든 사람이 혜택을 받을 수 있지요."

에티오피아의 오로미아 커피 협동조합은 현재 네 곳에 초등학교를 짓고 있다. 그리고 멕시코의 오악사카Oaxaca에 있는 커피 재배 농민 협동조합인 멕시코 지협 토착 원주민 공동체 연합Union de Comunidades Indigenas de la Region del Istmo은 그 지역에 최초의 중학교를 지었다(사례 49 참조). 니카라과의 공정 무역 커피 협동조합인 소펙스카SOPPEXCCA는 여러 개의 초등학교를 세우고 필요한 물품을 조달했으며 중학교에 장학금을 전달하고 학생들의 급식과 교과서, 교복을 지원했다. 그리고 학생의 부모들은 보답으로 학교에 나무를 심는다.—1998년 태풍 미치의 영향으로 이 지역이 심하게 훼손되었기 때문에 나무를 심는 일은 매우 중요하다.

스리랑카에 있는 스톡홀름 농장에서 인터뷰한 찻잎 채취 농민들은 공정 무역이 자녀들의 교육에 어떻게 큰 도움을 주었는지 얘기했다. 한 농민은 집을 확장해서 가게를 내고 과자와 사탕을 팔기 위해 소액 대출을 받았다. 그는 가게에서 벌어들인 추가 수입으로 아이들을 학교에 계속 보낼 수 있었다. 또 다른 농민들은 공정 무역 농장에서 일하고 받은 돈으로 한 명 이상의 자녀를 학교에 보낼 수 있었으며 아이들이 장래에 더 좋은 직업을 가지도록 대학 입학 자격시험도 보게 했다.

대형 소매 유통업체인 마크스 앤드 스펜서는 자신들이 직영하는 카페 리바이브Café Revive 커피 전문점에서 파는 공정 무역 커피와 차는 에티오피아와 온두라스, 페루, 수마트라의 68개 학교에 도움을 준다고 자랑한다. 이 가운데 에티오피아 농촌에 있는 은겔레고르비투 학교Ngelle Gorbitu School는 이전에는 겨우 50명만 학교에 다녔는데 이제는 그 지역에 사는 600명 어린이를 수용할 수 있다.

15 가난을 역사 속으로

공정 무역 제품을 사는 것은 생산자들이 지속 가능한 사업을 일
으켜서 가난을 극복할 수 있게 도와준다.

나는 아침을 먹지 못한 탓에 어지러워 비틀거리며 길거리를 떠돌았
다. 배가 고파 어지러운 것은 술에 취해 어지러운 것보다 더 상태가
안 좋다. 술에 취하면 노래를 흥얼거리지만 배가 고프면 몸과 마음이
모두 흔들린다. 나는 뱃속에 공기만 가득 차는 것이 얼마나 끔찍한 일
인지 안다. ……나는 태어날 때부터 굶주릴 운명이었나 보다.

─브라질 빈민가에 사는 사람

가난은 무서운 질병이다. 인류의 4분의 1이 하루에 1달러 이하의
돈으로 생계를 이어 가며 고통을 겪고 있다. 가난 때문에 사람들은
먹지 못하고 일하지 못하고 존중받지 못하고 산다. 그리고 가난 때
문에 일찍 죽는다. 가난 때문에 하루에 평균 3만 명의 어린이가 죽
는다. 이는 9·11 테러로 죽은 사람들보다 열 배나 많은 숫자이다.
매일 3초에 한 명씩 죽는 셈이다. 우리는 가난을 역사 속으로 내쫓
을 수 있고 또 내쫓아야 한다.

2005년에 있었던 '가난을 역사 속으로' 캠페인은 지금까지 영국에

서 일어났던 운동 가운데 가장 대규모였다. 캠페인에는 500개가 넘는 광범위한 단체가 함께 참여했다. 구호 및 원조 기관, 다양한 자선 단체, 노동조합과 여러 신념 단체가 참여했다. 그리고 공정 무역 재단, 피플트리, 셰어드 인터레스트, 트레이드크라프트 같은 공정 무역 기구들이 캠페인의 회원이었다. 캠페인의 목적은 그 이름에 분명하게 나타나 있다. 가난을 폐기 처분 하는 것이다.

이 캠페인은 영국 정부에 무역 정의, 더 많고 내실 있는 원조, 부채 탕감 등 세 가지 행동을 취하라고 압력을 넣기 위해 2004년 12월 말에 시작했다. 특히 2005년 하반기 6개월 동안 영국이 G8 정상 회담의 의장국이었기 때문에 영국 정부는 그해에 가난을 종식시키기 위해 필요한 조치들을 취할 수 있는 좋은 기회를 가졌다.

'가난을 역사 속으로' 캠페인에 참여한 사람들은 무역 제도를 개발도상국에 유리하게 고쳐서 이들 국가가 자국의 독자 산업을 개발하고 건설할 수 있도록 압력을 넣었다(사례 43 참조). 이들은 가장 가난한 나라들의 부채를 완전히 탕감할 것을 요구했다. 부채 탕감은 경제 자유화나 사유화 등 경제 정책의 변경을 전제로 하지 않고 이루어져야 한다고 주장했다. 그리고 부채 탕감을 위한 모든 기금은 현재의 원조 예산에 추가해서 마련해야 한다고 주장했다. 이들은 지금까지 부채를 탕감해 준 기금의 대부분은 원조국이 기존에 책정한 구호 예산에서 나왔을 뿐 실제로 부채 탕감을 위해 새로운 기금을 만들지는 않았다고 지적했다(사례 29 참조).

이 캠페인은 지금보다 더 많은 원조와 내실 있는 구호 대책을 강조하면서 만일 적절한 기금이 마련되지 않는다면 "날마다 3만 명의 어린이들이 극도의 가난 때문에 이유 없이 죽어 갈 것입니다. …… 만일 개발도상국에 최소한의 의료 대책을 마련할 수 있다면 해마다

800만 명의 목숨을 구할 수 있습니다."라고 주장했다.

물론 구호 대책도 경제 정책의 전환을 전제로 하지 않아야 한다. "영국을 포함한 원조국들은 원조를 베풀면서 채무국의 경제 정책 전환을 조건으로 제시하기 때문에 실제로 구호 대책의 효과를 심하게 훼손하지요." 구호 대책은 가난한 사람들에게 더 효과적으로 작용할 수 있도록 수립되어야 한다. 이것은 원조국의 기업이나 시민들을 고려하는 것이 아니라 실제로 가난한 나라의 사람들에게 도움을 주는 방식이어야 한다. 현재 원조를 받고 있는 곳들은 가난한 나라들이 아니라 원조국에 정치적으로 중요한 중진국 수준의 나라들이다.

'가난을 역사 속으로' 캠페인은 일반 국민의 관심을 불러일으켰다. 약 1,000만 명이 '가난을 역사 속으로'라고 씌어진 팔찌를 샀다. 그리고 약 25만 명이 2005년 7월 세계 지도자들에게 가난을 퇴치할 수 있는 조치를 취하라고 요구하며 에든버러Edinburgh까지 행진했다. 그러나 글렌이글스Gleneagles 근처에서 열린 정상 회담은 "민중의 외침에 귓속말로" 대응했다고 남아프리카의 한 캠페인 참가자가 말했다. 이들은 이 기회를 성공적으로 이끌어 내지 못했다.

2005년에 개발도상국에 원조와 부채 탕감이 시행되면서 약간의 진전이 있었지만 만족할 만한 수준은 아니었다. 원조액은 2004년 790억 달러에서 2010년에 1,300억 달러로 늘어날 예정이다. 부채 탕감에 대한 거창한 선언이 있었지만 부채 탕감을 새로운 예산으로 할지 기존의 원조 예산으로 사용할지는 분명하지 않다. 그리고 무역 정의에 대해서는 아무런 조치도 없었다.

이 캠페인은 앞으로도 계속되어야 한다. 캠페인의 전국 대회는 2005년에 한정되었지만 이제는 영국 전역에 있는 공동체들이 지역에서 운동을 계속해 나가고 있다. 그 한 예가 '가난 퇴치를 위한 자선 낭독회 운동Reading Campaign to Make Poverty History'이다. 2006년 2월 이후로 이 운동은 "전 세계 8억 인구에게 고통을 주는 가난을 끝내고 가난에 직접 영향을 끼치는 원조와 부채 탕감, 무역 정의, 군비 축소, 기후 변화 같은 문제점을 해결하기 위해" 계속되어 왔다.

캠페인을 지원했던 단체들이 이제는 가난의 종식이라는 주제에 초점을 맞추고 활동한다. 개발도상국 민중들의 활력과 잠재력을 살려내기 위해서도 이 운동은 계속되어야 한다. 만일 국제 경제 체계, 특히 무역 체계가 지금처럼 개발도상국에 불리하게 작용하지 않는다면 이들 가운데 많은 나라가 스스로 가난에서 벗어날 것이다. 이미 몇몇 나라는 공정 무역 시장에서 거래함으로써 그렇게 하고 있다. 공정 무역은 가난을 줄일 수 있으며 지속 가능한 발전을 촉진할 수 있다는 것을 증명했다.

> 여러 나라의 정상들은…… 공정 무역이 실제 세계 경제에서 작동하는 경제 모델로 성공한 것을 주목해야 할 것이다. 공정 무역은 개발 원조를 목적으로 편향되게 만들어진 우선권과 거래 기준들에도 불구하고 상업적으로 성공한 것이 아니라 오히려 바로 그것들 덕분에 성공한 것이다.
>
> ―공정 무역 재단 상임 이사 해리엇 램

아프리카와 공정 무역

공정 무역 재단은 가장 가난한 대륙 아프리카가 공정 무역망이 가장 빠르게 성장해 가는 지역이라고 말한다. 현재 20개 나라에서 모두 124개 생산자 단체들이 공정 무역 기준의 인증을 받았다. 아프리카 생산자들이 영국 시장에 공급하는 제품군은 차, 커피, 포도주, 코코아, 꿀, 견과, 과일 들이다.

레이몬드 키마로는 탄자니아의 커피 협동조합 KNCU에서 일하는데 이곳에서 생산하는 커피의 20퍼센트를 공정 무역 시장으로 공급한다. 그는 이렇게 말한다.

공정 무역 시장과 거래하는 아프리카의 농민과 농장 노동자들은 자기가 속한 단체의 조직력과 판매 기술을 강화하고 위생 시설과 식수, 교육 시설을 향상하며 여러 가지 새로운 경제 활동을 다변화하고 더욱 환경 보호에 앞장서면서 이미 스스로 가난을 몰아내는 활동을 하고 있어요. 자기가 땀 흘려 일하여 생계를 유지할 수 있다는 것은 아프리카와 그 밖의 지역에 사는 사람들이 소유한 인간의 기본 권리이며, 정부는 이 권리를 보호해야 해요.

공정 무역은 개발도상국과 선진국 사이에 새로운 협력 관계를 맺을 수 있다는 것을 보여 주는 '매우 고무적인 사례'라는 사실에 토니 블레어 전 영국 총리도 동의한다. 그는 가나에 있는 코코아 재배 농민들을 방문하여 "공정 무역 코코아가 어떻게 수입을 증진하고 또한 지역 농민들이 세계 시장에 어떻게 영향을 미치는지" 직접 볼 수 있게 되어 영광이라고 말했다.

공정 무역은 가난을 퇴치하기 위해 계속되어야 하는 긴급한 과제로 우리에게 영감을 주는 빼놓을 수 없는 요소이다.

16

공정 무역 마을, 학교, 종교 단체

공정 무역 인증을 받은 마을, 도시, 자치구, 촌락, 주, 대학, 학교, 종교 단체 들이 영국과 아일랜드의 전 지역에 퍼져 나간다. 여러 분이 사는 지역에도 공정 무역을 보급하고 널리 확산시켜라.

2000년 5월 랭커셔Lancashire의 가스탱 교구회에서는 세계에서 처음 으로 공정 무역 제품을 될 수 있으면 많이 사용하고 알리는 공정 무 역 마을을 만드는 것에 대해 주민 투표를 실시했다. 지역의 수의사 인 브루스 크로우더는 가스탱 옥스팜 그룹과 함께 이 캠페인을 이끌 었고, 시장과 교회, 교장, 무역업자들과 당시에 우유 가격이 떨어지 는 것에 항의하고 있던 지역 낙농업자들도 여기에 동참했다. 이 그 룹은 가스탱에 있는 학교들과 함께 작업하면서 노예무역과 인종주 의, 공정 무역 사이에 이어진 연관성을 탐구했다.

하원의원 힐튼 도슨은 가스탱을 축하하는 긴급동의안을 하원에 발의했다. 그 당시 국제 개발 원조부의 장관이었던 조지 폴크스가 그 마을을 방문하고는 지원을 약속했다. "이것은 정말 대단한 시도 입니다. ……다른 마을과 도시들도 이 모델을 따라 해 보도록 권장 하고 싶습니다."

10개 지역이 최초의 공정 무역 마을이 되었는데 애버펠디Aberfeldy, 암만포드Ammanford, 체스터Chester, 가스탱Garstang, 하워스Howorth, 레스터Leicester, 네일스워스Nailsworth, 스트라타벤Strathaven, 스트라우드Stroud, 웰스Wells 등이다. 그 후 이 운동은 영국 전역에 정착했다. 2004년 1월 스코틀랜드 북동 연안의 오크니Orkney 섬과 셰틀랜드Shetland 섬 사이에 있는 페어 섬Fair Isle이 최초의 공정 무역 섬이 되었다. 그다음으로 저지Jersey 섬과 셰틀랜드 섬, 와이트Wight 섬이 뒤를 이었다. 2004년 3월에는 던디Dundee, 애버딘Aberdeen, 랭커스터Lancaster, 요크York, 옥스퍼드Oxford, 케임브리지Cambridge, 포츠머스Portsmouth, 사우샘프턴Southampton, 리즈Leeds, 리버풀Liverpool 등 10개 지역이 동시에 공정 무역 마을을 선언했다. 2005년에는 맨체스터Manchester와 샐퍼드Salford가 100대 공정 무역 마을에 합류했다. 그리고 2006년 중반기에는 영국에서 공정 무역 마을, 도시, 자치구, 촌락, 군, 지역, 섬을 선언한 곳이 200군데나 되었다. 에든버러와 카디프Cardiff는 공정 무역 수도이다. 2006 공정 무역 포트나이트 대회 때는 25개 마을과 자치구, 촌락, 지역이 공정 무역을 선언했으며 컴브리아Cumbria는 공정 무역 주가 되었다.

가스탱의 브루스 크로우더는 공정 무역 재단에서 전국 공정 무역 마을 조정관이 되었고 지금도 여전히 열정에 가득 차 있다.

공정 무역 마을들을 이어 주는 연결망은 사회 구성원 전체가 참여할 수 있는 놀라운 방식이 되었어요. ……공정 무역 마을들은 공정 무역에 대한 인식이 높아지고 공정 무역 제품의 판매도 늘어납니다. 이것은 가난을 밀어내고 세상의 주변부에서 착취당하는 수많은 농민의 삶을 향상하는 데 도움을 줍니다.

브루스는 "가장 큰 성취 가운데 하나는 공정 무역 제품을 얻기 위한 복잡한 과정의 상업 세계를 깨뜨려서 지방 자치 단체와 회사, 학교, 기초 의료 단체로 파고들었다는 것이지요."라고 말을 덧붙인다.

공정 무역 자격을 얻기 위해서는 지방 의회에서 공정 무역을 지지하는 결의안을 통과시켜야 하며, 회의실이나 사무실, 구내식당에서 공정 무역 인증 커피와 차를 이용한다는 것에 동의해야 한다. 공정 무역 제품을 그 지역의 상점과 카페, 요식업체에서 살 수 있어야 하며, 지역에 있는 회사와 사회단체에서 이 제품들을 사용해야 한다. 그리고 이 일을 계속해서 끌고 나갈 선도 집단을 구성할 필요가 있다.

영국에서는 200곳이 넘는 지역에서 공정 무역 자격을 얻기 위해 일을 추진하고 있다. 현재 앵글시Anglesey, 체스터필드Chesterfield, 치체스터Chichester, 더럼Durham, 이스트서섹스East Sussex, 게이츠헤드Gateshead, 맨 섬Isle of Man, 너츠포드Knutsford, 랜드린도드Llandrindod, 빌스웰스Builth Wells, 런던London, 노팅엄셔Nottinghamshire, 포이스Powys, 슈롭셔Shropshire, 웰린가든시티Welwyn Garden City, 위건Wigan, 예오빌Yeovil이 추진 중이다. 런던 시장 켄 리빙스턴Ken Livingstone이 주창한 공정 무역 런던 캠페인Fairtrade London Campaign은 영국의 수도에서 공정 무역 제품이 널리 인식되고 쓰이는 것을 목표로 한다. 런던의 자치구인 캠던Camden, 크로이던Croydon, 그리니치Greenwich, 해머스미스플럼Hammersmith & Fulham, 이슬링턴Islington, 킹스턴Kingston, 램버스Lambeth, 루이셤Lewisham, 리치먼드Richmond는 2006년 중반에 공정 무역 자격을 얻었으며 그 밖에도 여러 곳이 작업을 진행하고 있다. 그리고 웨일스 의회는 웨일스를 세계 최초의 공정 무역 국가로 만들 계획이다.

이 같은 생각은 아일랜드로도 퍼져 나갔다. 그래서 2006년에는 아일랜드에 여덟 곳의 공정 무역 도시와 마을이 생겼다.―클로나킬티Clonakilty, 코크Cork, 킬케니Kilkenny, 킨세일Kinsale, 워터포드Waterford, 리머

릭Limerick, 골웨이Galway, 설레스Thurles.

공정 무역 대학과 학교

옥스퍼드브룩스Oxford Brookes는 위고 슬림Hugo Slim 교수의 '환경 친화적인 대학'이라는 강의에서 영감을 얻은 대학원생들이 주도한 캠페인이 끝난 후 2003년 10월에 최초의 공정 무역 대학이 되었다. 공정 무역 대학이 된 지 16개월이 지나서 옥스퍼드브룩스 학생과 교직원은 자신들이 75만 개의 공정 무역 음료수를 마셨다는 것을 알았다. 중급 원두커피 1만 1,600팩과 자판기 커피 390팩, 코코아 가루 115킬로그램, 차 티백 4만 8,000개, 에스프레소 커피콩 130킬로그램, 오렌지 주스 2,500개를 마셨다. 또 이들은 수천 개의 공정 무역 시리얼과 초콜릿 바와 과자, 플랩잭 과자를 먹었다.

현재 공정 무역 대학으로 등록한 곳은 30군데가 넘는데 버밍엄Birmingham, 브리스틀Bristol, 더비Derby, 에든버러Edinburgh, 글래스고Glasgow, 하트퍼드셔Hertfordshire, 킹스칼리지King's College London, 리즈Leeds, 리즈메트로폴리탄Leeds Metropolitan, 런던 정경 대학London School of Economics, 맨체스터Manchester, 노팅엄Nottingham, 포츠머스Portsmouth, 벨파스트 퀸즈 대학Queen's University Belfast, 로열홀로웨이Royal Holloway, 셰필드Sheffield, 선덜랜드 시립 대학City of Sunderland College, 스완지Swansea, 워릭Warwick, 우스터 기술 대학Worcester College of Technology, 요크York, 웨일스 대학University of Wales 들이 포함되어 있다.

워릭 대학에는 '사람과 지구People & Planet'라는, 공정 무역 활동이 왕성한 학생 단체가 있는데 다른 대학들보다 훨씬 앞서 갔다. 워릭 대학의 학생 조합은 대학이 공정 무역 지위를 얻자마자 차와 커피, 핫초콜릿, 설탕, 과일, 과일 주스, 자판기 제품을 모두 100퍼센트 공정 무역 제품으로 바꾸기로 결정했다. 더 나아가 "교직원과 조합 직원들의 복장을 국제 노동 기구의 기준을 준수하는 공장에서 공정 무역 면직물로 제조한 옷으로 바꾸기로 했어요."라고 대학의 활동가가 말했다. "우리가 이룬 것에 대해 모두 자랑스럽게 생각해요. 이 정책은 정말 민중들의 삶에 큰 변화를 가져다줄 거예요."

초중고등학교의 학생들과 선생님들 사이에서도 공정 무역 운동이 널리 퍼지고 있다. 하틀풀Hartlepool에 있는 중학교 학생들은 2001년 학교 근처에서 협동조합이 운영하는 공정 무역 제과점들과 이 운동을 시작했다(사례 40 참조). 섀프츠베리Shaftesbury 학교는 2005년 3월 11일 붉은 코의 날Red Nose Day(1985년 에티오피아의 기근을 돕기 위해 영국의 코미디 작가 리처드 커티스가 설립한 자선 단체 코믹 릴리프가 해마다 벌이는 자선 모금 행사 – 옮긴이)에 공정 무역 학교로 선언했는데, 같은 해 버밍엄의 에드워드 6세 왕립 여자 고등학교King Edward VI High School for Girls와 킹스턴의 티핀 여학교Tiffin Girls School, 리버풀의 13개 학교가 공정 무역 학교가 되었다.

공정 무역 학교의 기준이 최근에 정식으로 통과되었는데, 해마다 3월에 열리는 공정 무역 포트나이트 행사 기간에 많은 학교가 이 운동에 참여하고 있다. 2007년 초에는 정부의 국제 개발 원조부 지원을 받아 공정 무역 학교 전국 조직을 결성할 계획이다.

또한 여러 도시와 마을, 자치구 의회, 그리고 사람과 지구, 코믹 릴리프Comic Relief, 생활 협동조합 운동Co-op Movement, 스코틀랜드 가톨릭 국제 구호 기금Scottish Catholic International Aid Fund(SCIAF) 같은 단체들에서 많은 지원을 해 준다. 옥스팜과 리즈 개발 교육 센터에서는 공정 무역 학교를 위한 공정 무역 안내서들을 발간했다. 텔퍼드의 하원 의원 데이비드 라이트는 자기 선거구에 있는 모든 학교에 편지를 보내 학교 주변의 제과점과 매점이 공정 무역 운동에 참여할 수 있도록 요청했다. 의회 긴급동의안 발의에서는 공정 무역 운동에 참여한 학교들에 경의를 표하고 교육 기능부에서 학교의 공정 무역 운동을 더욱 장려할 것을 요청했다. 윤리적 의류업체인 클린슬레이트CleanSlate는 최근에 영국 최초로 공정 무역 유기농 학생복을 시장에 내놓았다.

공정 무역 종교 단체

하트퍼드셔 주 왓퍼드Watford에 있는 크라이스트처치 앤드 세인트 마크스Christ Church & St Mark's는 2004년에 최초의 공정 무역 교회가 되었다. 그리고 그 같은 기류가 널리 퍼지기 시작했다. 2006년 중반이 되자 전국에 2,800개가 넘는 공정 무역 교회가 생겼다. 코번트리Coventry 성당과 세인트존스 포츠머스 성당, 세인트메리 에든버러 성당 같은 공정 무역 성당도 생겼다. 포츠머스의 영국 국교회와 로마 가톨릭 감독 관구는 공정 무역 감독 관구이기도 하다.

공정 무역 교회에서는 모임 때마다 공정 무역 차와 커피를 마시며 설탕, 과자, 과일 등도 공정 무역 제품을 쓴다. 그리고 공정 무역 포트나이트 행사에도 적극 참여한다.

공정 무역 재단은 교회에 예배나 성경 공부, 반성의 시간 때 공정 무역을 홍보할 자료를 제공하고 공정 무역 감독 관구나 교구 지역, 노회, 협의회, 종파 구역이 되는 기준들을 알리는 책자를 발간한다. 교회에 공정 무역을 소개하는 자료는 시집, 기도서, 연수 자료, 예배 자료와 함께 트레이드크라프트에서 구할 수 있다. 티어펀드Tearfund와 감리교 구호 개발 기금Methodist Relief and Development Fund 같은 비정부 기구들도 교회에서 공정 무역 운동을 촉진하는 것을 도왔다.

서리Surrey 주 워킹Woking에 있는 샤 제한Shah Jehan 모스크는 2005년 공정 무역 포트나이트 행사 때 최초의 이슬람 공정 무역 모스크가 되었다. 이슬람교 법률학자인 리아쿠아트 알리 아모드는 말한다. "이곳에 사는 많은 사람이 파키스탄 같은 나라에서 왔다. 이들은 그곳의 노동자들이 얼마나 어렵게 사는지 잘 알고 있다. 그래서 공정 거래의 중요성을 누구보다 잘 이해한다."

1년 후 버밍엄의 유대교회가 최초의 공정 무역 유대교회가 되었다. 그 이후 열 군데 이상의 유대교회가 공정 무역 지위를 얻었다.

17

최소 가격의 보장, 위험 부담의 감소

공정 무역이 보장하는 최소 가격이 생산자들의 위험 부담을 얼마
나 줄이는지 여기서 확인할 수 있다.

가격 하락과 급격한 가격 변동. 이 두 가지는 수출을 위해 곡물을
재배하는 수백만 명의 영세 농민을 파멸에 빠뜨린다. 개발도상국의
농민들은 곡물 가격이 떨어지면 그저 힘없이 바라볼 수밖에 없다.
더욱이 다른 나라로 수출하기 위해 재배하는 곡물은 위험 부담이 없
으리라 생각했다가 갑자기 가격이 크게 떨어지는 날에는 상황이 더
나빠진다.

이것은 정말 큰 문제이다. 수백만 명의 가난한 농민들을 세계 무
역 체계와 이어 주는 최초의, 그리고 단 하나의 연결 고리는 이들이
수출 시장에 팔기 위해 재배하는 곡물뿐이다. 그러나 이들은 곡물이
얼마에 팔릴지 알지 못한다.

세계 커피 가격의 예를 들어 보자. 이 숫자들을 보면 알 수 있다.
최근 30년 동안 세계 시장에서 커피의 평균 가격은 다음과 같았다.

1976년 1월 95센트(US)/파운드
1977년 1월 218센트(US)/파운드

1978년 1월 192센트(US)/파운드

1990년 1월 64센트(US)/파운드

1995년 1월 152센트(US)/파운드

2002년 1월 43센트(US)/파운드

2006년 7월 말 89센트(US)/파운드

국제 커피 기구International Coffee Organization에서 발표한 이 숫자는 가격 변동 폭이 엄청나다는 사실을 잘 보여 준다. 이것을 보면 2002년 1월의 커피 가격이 25년 전의 5분의 1밖에 안 된다는 사실을 알 수 있다.

가격 변동이 이렇게 심하면 농민들의 삶은 훨씬 힘들어진다. 이 같은 상황에서는 계획을 세울 수 없다. 이들이 어떻게 자녀들을 학교에 보내고 건강 검진을 받을 수 있겠는가? 이 모든 것이 이들의 통제 밖에 있는 '자유 무역' 세계 시장에 달려 있다. 가격은 공급과 수요의 법칙에 따라 결정된다. 그리고 가격은 이들의 가난을 결정짓는다.

2006년 7월의 세계 커피 가격이 1976년 1월보다 낮다는 것은 실로 기괴한 일이 아닐 수 없다. 지난 30년 동안의 인플레이션을 생각할 때 화폐의 가치는 엄청나게 낮아졌다. 1976년에 1파운드 하던 커피를 지금 돈으로 사려면 4파운드 또는 5파운드가 들 것이다. 인플레이션을 고려할 때 2006년의 세계 커피 가격은 1976년보다 4~5배는 비싸야 정상이다. 그러나 실제 커피 가격—산지 가격—은 30년 전의 5분의 1 수준이다. 따라서 농민들의 수입은 말도 못 하게 줄어든 셈이다.

그러나 수백만 명의 농민들은 생산가에도 못 미치는 낮은 가격에도 변함없이 커피를 재배한다. 커피가 이들에게 유일한 현금 수입의 통로이기 때문이다. 어떤 농민들은 가격이 떨어질 때 생산량을 줄이지 않고 더 늘린다.—품질을 희생해서라도 한정된 땅에서 더 많은 양을 수확해야 수입을 유지할 수 있기 때문이다.

주요 수출 곡물 가운데 커피는 가격 변동이 가장 크고 가격이 떨어지는 품목이다. 그러나 개발도상국에서 재배하는 다른 중요한 작물들—차, 코코아, 바나나—도 지난 30년 동안 가격이 크게 떨어졌고 변동이 심했다.

이로 인해 농민들뿐만 아니라 그 나라도 큰 피해를 입는다. 개발도상국 가운데 많은 나라가 몇 가지 안 되는 작물을 수출하여 돈을 번다. 일부 국가는 단일 작물에 의존하기도 한다. 예를 들면 우간다는 전체 수출액의 3분의 2가 커피를 판매한 것이다. 우간다는 1998년 처음으로 부채의 일부가 탕감된 나라들에 속했다. 그러나 세계 커피 가격이 폭락해 부채 경감으로 받은 혜택을 다 날려 버리고 말았다.

공정 무역 가격

공정 무역 체계는 기존의 자유 무역 체계와 매우 다르다. 농민들은 자신들이 재배한 곡물의 최소 가격을 보장받는다. 공정한 가격을 보장하고 공급망 안에 있는 중간 상인들의 수를 줄임으로써 농민들은 전체 수출 가격에서 더 많은 몫을 받을 수 있다(사례 2와 21 참조). 공정 무역 최소 가격은 농민들이 생산을 지속하고 생활을 꾸려 나갈 수 있는 원가를 계산해서 정한다. 생산자와 무역업자를 포함해서 이해관계자들이 모두 가격 결정에 참여한다. 이 가격에는 사회적 투자와 사업 및 환경 개발 계획에 지출할 초과 이익도 추가로 들어 있다

(사례 4 참조).

커피를 예로 들자. 공정 무역 인증을 받은 아라비카 커피 가격은 1파운드에 126센트이다. 이것은 최소 가격 121센트와 사회적 초과 이익 5센트로 구성된다. 공정 무역 재단은 만일 국제 가격이 공정 무역 가격보다 높으면 가격 구성은 국제 가격에다 사회적 초과 이익을 더한 것이 공정 무역 가격이 된다고 말한다. 따라서 공정 무역 체계에서 농민들이 받는 가격은 세계 시장 가격이 오르면 공정 무역 가격도 올라가지만 세계 시장 가격이 떨어질 때도 최소 가격 밑으로 내려가지는 않는다. 국제 공정 무역 상표 기구는 공정 무역 인증을 받은 제품의 가격과 초과 이익이 생산자 단체에 제대로 지불되는지 확인하기 위해 모든 거래를 감사한다.

생산자 단체와 무역업자는 장기 사업 계획과 지속 가능한 생산 실행 계획을 허용하는 계약을 체결한다. 덧붙여 생산자 단체는 계약액의 60퍼센트까지 선지급을 요구할 수 있다. 이것은 중요한 일이다. 만일 이 자본이 없다면 협동조합은 조합원의 커피를 구매하기 위해 비싼 이자를 내며 대출을 받아야 한다. 게다가 지역의 은행들은 농민들의 단체를 별로 신용하지 않기 때문에 돈을 빌리기도 어렵다.

공정 무역 인증 커피는 마을 단위의 협동조합원인 농민들이 주로 재배하는데 이들은 대개 지역 단위나 전국 단위 협동조합에 가입되어 있다. 이 단체들은 수백 또는 수천 명의 농민을 대표해서 커피를 사들여서 가공하고 판매하거나 수출한다. 이를 위해 보통 판매 가격의 1퍼센트를 단체의 재정에 쓴다(사례 40 참조).

공정 무역 초과 이익은 특별히 초과 이익 기금을 운영하기 위해 선출된 위원회의 은행 계좌에 입금된다. 이 기금은 협동조합원의 동의하에(또는 농장 노동자들의 협의에 따라) 결정하는 사업에 투자하기 위해 적립된다. 위원회는 해마다 초과 이익 사업 계획과 예산을 짜서 사업의 수혜자들과 공정 무역 상표 기구의 정밀한 조사를 받아야 한다.

공정 무역 가격은 생산자들에게 더 많은 수입을 제공하는 것 말고도 여러 가지 일을 한다. 이러한 가격 구조는 농민들이 사업을 확장할 수 있도록 북돋아 준다. 예를 들면 생산자 단체들은 자기들의 생산물을 직접 가공해서 더 많은 부가 가치를 낼 수 있는 능력이 있다.

공정 무역이 가져다준 위대한 힘은 농민들이 자신감을 가지고 앞날에 대한 계획을 세울 수 있다는 것이다.

18

생산자의 건강한 삶을 후원하다

선진국에서는 대개 노동자의 건강과 안전, 그리고 무료 또는 적절한 의료 혜택을 당연한 것으로 생각하지만 후진국에서는 이런 혜택들을 누리기 힘들다. 그러나 공정 무역과 연대하는 사람들은 이런 권리를 누릴 수 있다.

개발도상국 사람들에게 가난과 병마는 대개 함께 온다. 작업장 환경도 마찬가지다. 저임금 노동자들에게 일하러 가는 것은 생명의 위험을 감수해야 하는 일이다.

바나나 산업을 예로 들자. 대부분의 대농장은 원가를 절감하느라 위험한 농약을 대량으로 살포한다. 대농장에서 가까운 곳에 사는 바나나 채취 노동자들의 음식과 식수는 날마다 공중에 뿌려지는 독극물로 오염된다. 한 코스타리카 농장을 대상으로 한 연구에서 남성 노동자 가운데 20퍼센트가 그런 화학 물질을 다룬 후 불임이 되었고, 바나나를 채취해서 나르는 여성 노동자들은 백혈병과 선천성 결손증에 걸린 비율이 평균 발병률보다 두 배나 높게 나타났다. 코스타리카 바나나 노동자의 아내인 마리아는 자기 몸뚱이보다 네 배나 머리가 큰 아기를 낳았다. 그녀는 말한다. "아기를 안아 볼 수도 없었어요. 사람에게 일어날 수 있는 가장 끔찍한 일이 일어난 거예요."

개발도상국에서는 너무도 많은 농장과 공장과 작업장이 노동자들의 건강과 안전을 무시한다. 예를 들면 방글라데시의 방직 노동자

수십 명은 몇 년 전 방직 공장의 화재로 모두 죽었다. 그리고 저임금과 해고의 위협에 겁먹은 노동자들에게 초과 노동을 강요하여 노동자들의 건강을 빼앗고, 노동자들은 피곤함에 지쳐 사고를 내고 그 피해자로 전락한다.

작업장을 떠나서도 노동자들의 삶은 너무 절망적이다. 해마다 1,000만 명의 어린이가 다섯 살도 되기 전에 쉽게 예방할 수 있는 설사병으로 죽는다. 후진국에 사는 여성 50명 가운데 한 명이 임신 중에, 또는 아이를 낳은 후 죽는다. 지구촌에서 수억 명이 안전한 식수와 청결한 화장실, 기초 의약품 또는 의료 시설을 이용할 수 없다. 수백만 명이 치명적이기는 하지만 치료를 할 수 있는 에이즈나 말라리아, 폐결핵으로 고통받고 있다.

개발도상국 정부에서는 선량한 의지로 과감한 시도를 해 보지만 점점 자국 국민들의 건강을 보호해 주지 못한다. 정부 예산이 축소되어 식수와 공중위생과 국민 건강에 쓰일 공공 자금이 줄어들었다. 공공사업들이 민영화되고 이것을 이용하려면 돈을 내야 하는데 가난한 민중에게는 그럴 만한 돈이 없다. 니카라과의 의료 조합 지도자인 에빌레 우마나는 최근에 영국을 방문해서 크리스토발 차바리아라는 86세 농촌 노인이 급성 심장 질환으로 무슨 일을 겪었는지 설명했다.

그의 가족은 병원 구급차가 없어서 택시를 타야 했어요. 병원에 도착하자 이들은 의료품 말고도 침대요 덮개와 베개, 화장실 휴지, 비누, 음식을 따로 준비해야 했지요. 옆 침대에 있는 사람은 이미 죽어 있었어요. ……그의 가족은 이틀 밤을 보내고 다시 그를 집으로 데리고 왔어요. 더는 병원비를 댈 수 없었기 때문이지요.

에빌레는 계속해서 말을 이어 갔다.

병원들은 기초 의약품과 의료 시설, 그리고 가장 기본적인 장비도 부족해요. 의료인들은 교대 근무를 하거나 정규 근무 시간이 끝나면 다른 일을 찾아야 해요. 어떤 사람은 주방 일도 하고 세탁소에서 다림질도 하며 택시 운전을 하기도 하지요. ……니카라과는 지금 폐결핵이나 에이즈, 말라리아, 뎅기열 같은 잠재적 전염병의 발병률이 높아질 위험에 직면해 있어요.

건강 의료 사업의 확대

도미니카의 바나나 농민 아모스 월트셔는 말한다. "공정 무역은 단지 바나나를 포장해서 파는 것 이상의 훨씬 많은 일을 합니다. 우리는 품질 좋은 건강한 바나나만을 원하지 않아요. 우리는 바나나를 재배하는 농민들의 건강도 원합니다."

우리가 공정 무역 제품을 사면 그 제품을 생산하는 노동자들에게 더 좋은 건강과 안전을 지원할 수 있다. 공정 무역 체계는 개발도상국에서 부족한 의료 체계의 빈틈을 메워 준다.

공정 무역 인증 농산물의 다섯 가지 기초 약속 가운데 하나가 '환경을 더 존중하는' 것이다. 공정 무역 농민들은 농약의 법정 한도를 준수하며 되도록 농약을 쓰지 않고 일을 해야 한다(사례 25와 27 참조). 바나나 같은 산업에는 특별한 기준이 적용되는데, 중간 지대를 두어 강물과 숲, 도로와 식수원의 오염을 막아야 한다. 플랜테이션 농장이든 개인 농장이든, 또는 큰 공장이든 소규모 작업장이든 전 세계 공정 무역 인증 기구(사례 3 참조)의 연결망은 건강과 안전 기준이 계속 향상되는지 확인한다. 실제로 공정 무역 생산자들은 자유 무역 경쟁자들보다 더 좋은 작업장 의료 및 건강 검진, 건강과 안전 시설, 통풍과 위생 시설 개선, 질병 치료 혜택을 제공하여 노동자들을 전보다 더 잘 보살피고 있다.

예를 들면 모직 산업 분야에서 유럽 공정 무역 협회는 방글라데시, 볼리비아, 과테말라, 인도, 인도네시아, 탄자니아, 타이, 짐바브웨에 있는 공정 무역 생산자들이 암을 유발하는 아조 염료를 사용하지 않도록 지원했다. 농산물 분야에서 남아프리카의 공정 무역 농산물 생산은 농약 사용을 줄이게 해서 여성 농민들의 건강에 큰 도움을 주었다. 공정 무역 생산자와 노동자 가정은 대개 이웃보다 잘살기 때문에 건강에도 더 신경을 쓴다.

공동체 단위로 가면 더 광범위한 혜택을 누린다. 교육(사례 14 참조)과 마찬가지로 건강은 사회적 초과 이익을 투자할 때 최우선순위이다. 가나의 대규모 코코아 농민 협동조합인 쿠아파 코쿠는 지역 공동체가 함께 이용할 건강 센터 건립과 식수원 개발을 위해 신용 기금을 만들었다. 2003년 조합원과 비조합원을 합해 10만 명의 지역민이 협동조합의 의료 사업으로 무료로 치료를 받았다. 에티오피아에서 오로미아 커피 농민 협동조합은 지역 의료 센터 건립과 우물 펌프 설치에 투자했다. 그리고 우간다의 마발레 농민 차 공장은 병원을 짓고 의료 장비와 의약품을 제공하고 있으며, 찻잎 채취 지점의 도로변에 공중 화장실을 지었다.

스리랑카의 스톡홀름 차 농장에서는 병원 구급차를 사는 데 초과 이익을 사용했다. 이전에는 농장 가까이에 사는 플랜테이션 노동자들과 그 가족들이 치료를 받으려면 가장 가까운 병원도 7킬로미터나 걸어가야 했다. 구급차는 특히 임신부가 애를 낳으러 병원에 갈 때 아주 중요한 구실을 한다.

브라질에서 가장 가난한 지역인 바이아Bahia 주에 있는 공정 무역 과일 생산자 연대인 세알노르Cealnor의 회원들은 영양 결핍의 어린이들을 위해 영양 주스를 만드는 장비를 샀다. 이들이 만든 유아용 건강 음료는 현재 지역의 슈퍼마켓에서 팔린다. 니카라과의 소펙스카 커피 생산자 협동조합은 공정 무역 수익을 여성들의 자궁 경관을 검사하는 사업에 쓰는데, 과거에 이 검사는 농촌 여성들에게 너무 비쌌다. 그리고 조합과 독립적인 여성 건강 단체를 지원하고 싼값으로 의약품을 구입할 수 있는 약국과 기초 건강 자원 단체를 세웠다.

도미니카 공화국의 돌로라 가스틸로 지역에는 공정 무역 바나나 농민들이 주거 단지 옆에 화장실을 지을 때까지 하수 시설이 전혀 없었다. 또 농민들은 지역 병원을 짓고 있다. 공정 무역 초과 이익은 볼리비아, 에콰도르, 과테말라, 온두라스, 인도, 멕시코, 니카라과, 파푸아 뉴기니, 페루에서 여성 출산 건강 사업에 쓰였다. 동티모르에서는 1만 8,000명이 공정 무역으로 무료 의료 혜택을 받았다. 페루 북부 지역에 있는 바구아 그란데Bagua Grande 커피 협동조합은 현재 후진국에서는 널리 알려지지 않은 가족 건강 보험을 공정 무역 초과 이익을 투자하여 실시하고 있다. 농민 마르티아스 후아만은 이렇게 말한다.

5년 전에 관절염을 앓았어요. 협동조합의 건강 보험 덕에 건강을 회복할 수 있었지요. ……보험이 아니었다면 벌써 땅속에 묻혔을 거예요. 나는 이제 유기 비료를 써서 농사를 지을 겁니다!

19

인권을 신장하는 새로운 무역

유엔은 사람은 누구나 자신의 인권을 완전하게 실현하는 세상에
서 살아갈 권리가 있다고 말한다. 공정 무역은 인간의 존엄성과
권리, 자유를 신장한다.

약 60년 전 당대의 가장 중요한 문서로 인정되었던 세계 인권 선
언은 오늘날에도 매우 중요한 기록으로 남아 있다. 유엔 총회가 정
치, 사회, 경제, 시민, 문화의 5개 주요 분야에 대해 인간의 기본권
을 주장한 인권 선언문을 채택하고 선포한 때가 1948년 12월이었다.

지역마다 중요하게 여기는 특정한 권리가 있다. 서유럽에서는 정
치와 시민 영역의 권리를 더 중요하게 생각한다. 그러나 개발도상국
에서는 문화와 경제, 사회 영역의 권리, 특히 배불리 먹을 수 있는
권리를 더 소중하게 여긴다. 그렇다면 여러분이 배고플 때 아침 식
사를 할 수 있다는 것만으로 인간의 권리는 완성되는 것인가? 그렇
지 않다. 바로 배고픔을 해결하는 지점이 인권에 관심을 갖기 시작
하는 곳이다. 만일 누군가가 배고픔으로 죽어 간다면 다른 권리들은
그 사람에게 말장난에 불과한 것이다.

인권 선언의 전문에는 이런 문구가 씌어 있다.

인류 사회 모든 구성원의 타고난 존엄성과 평등하고 남에게 넘겨줄

수 없는 권리를 인정하는 것은 전 세계의 자유와 정의, 평화의 기초이다. ……국제 연합 회원국의 국민들은 이 헌장에서 인간의 기본권과 존엄성, 가치, 남녀의 평등한 권리를 다시 확인했다. 그리고 더 큰 자유 속에서 사회의 진보와 생활수준의 향상을 위해 힘쓰기로 다짐했다.

그런 다음 선언문은 "모든 개인과 모든 사회 기관은…… 이런 권리와 자유를 존중하고 신장하기 위해 교육과 양성에 힘써야 한다."고 말한다. 선언문 23조에는 이렇게 씌어 있다.

• 모든 사람은 일할 권리와 직업 선택의 자유, 정당하고 유리한 노동 조건의 확보, 그리고 실업에서 보호받을 권리가 있다.
• 모든 사람은 어떤 차별도 받지 않고 동등한 노동에 대해 동등한 대가를 받을 권리가 있다.
• 일하는 사람들은 누구나 자기 자신과 가족이 인간의 존엄성을 지키며 살 수 있도록 보장하고 만일 필요하다면 다른 사회적 보호 수단에 의해 정당하고 유리한 보수를 받을 권리가 있다.

'정당하고 유리한 보수'는 공정 무역이 말하는 내용과 가깝다.
선언문 25조는 "모든 사람은 자기 자신과 가족의 건강과 행복을 위해 음식과 옷과 주택, 의료와 필요한 사회적 혜택을 아우르는 알맞은 생활수준을 유지할 권리가 있다."고 말한다. 이것은 다시 한번 공정 무역의 주장과 정확하게 일치한다.
또한 선언문 27조는 "모든 사람은 공동체의 문화생활에 자유롭게 참여하여 예술을 즐기고 과학의 진보와 그에 따른 혜택을 함께 누릴 수 있는 권리가 있다."고 말한다.

공정 무역은 민중이 자기가 사는 공동체의 문화생활에 참여할 수 있고 또한 그것의 발전을 진작할 수 있도록 도와준다.

공정 무역과 인권

선언문 28조는 "모든 사람은 이 선언문에서 제시한 권리와 자유가 완전히 실현될 수 있는 사회적, 국제적 질서를 누릴 권리가 있다." 고 말한다. 개선된 세계 무역 질서는 바로 공정 무역이 주장하는 것이다. 공정 무역은 인간의 존엄성과 권리, 자유를 위해 노력한다. 또한 개발도상국의 영세 농민들과 노동자들에게 더 좋은 거래 조건과 권리를 보장하여 국제 무역에서 더 많은 몫을 주려고 한다.

세계 인권 선언이 이미 반세기도 훨씬 전에 선포되었지만 특히 기업들 사이에서 이를 제대로 준수하느냐 하는 문제가 남아 있다. 트레이드크라프트는 "국가가 아닌 관계자들이 이런 종류의 국제 기준을 따르도록 보장하는 장치는 전혀 없어요."라고 말한다. 오늘날 국제무대에서 활동하는 대기업들은 모든 영역에서 인권의 중요성을 인정하지 않으며 이것은 바로 자신들의 기업 활동이 대개 인간의 기본권을 침해하고 있다는 것을 뜻한다.

2003년 8월 인권 신장과 보호를 위한 유엔 소위원회는 중요한 조치를 취했는데 '인권과 관련한 다국적 기업과 기업체들의 책임에 대한 유엔 규범'(유엔 기업 규범 또는 유엔 규범으로도 알려짐)을 승인했다. 이 규범은 현재 국제적으로 인정하고 있는 인권의 기준을 다시한번 언급한다. 그리고 포괄적인 방식으로 인권의 중요성에 대한 기업의 책임을 설명한다. 새로운 법적 의무를 부과하지는 않지만 이 규범이 적용되는 국제법에서 현재 기업이 담당해야 할 의무를 성문화하고 그 정수를 추출한다. 이 규범은 기업들이 세계 인권 선언을 지키게 유도하는 확실한 국제적 장치이다. 트레이드크라프트는 "이 규범은 기업들에 명확한 기준을 제시하고 국제 수준의 기업 활동 무대를 창조합니다."라고 말한다.

2004년 유엔 인권 위원회는 유엔 사무총장에게 다국적 기업과 기업체들의 인권 책임에 대한 임무를 맡을 특별 대표부를 선임하라고 요청했다. 특별 대표부의 임무는 인권과 관련해서 기업의 책임과 의무에 대한 기준을 명확하게 정하는 일을 한다.

대기업들은 이 규범을 중요하게 다루지 않으려고 한다. 다국적 기업이 가난한 사람들의 인권을 억누르지 않도록 하려면 이 규범보다는 오히려 강력한 규제가 필요한지도 모른다. 이 같은 현실에서 가난한 사람들의 인권은 정부와 기업이 인권 선언을 지지해야만 실현될 수 있다. 그러나 공정 부역은 인권을 지지하고 신장하기 위해 애쓴다. 그리고 수만 명의 가난한 사람들에게 '아침 식사'를 제공하고 있다. 코스타리카에서 공정 무역 바나나 협동조합을 설립한 아르투로 고메스는 공정 무역이 자신을 비롯해서 많은 사람에게 앞날에 대한 가치와 자신감을 가져다주었다고 말하면서 이렇게 요약했다.

나는 이 새로운 체계에 대해 신에게 감사합니다. 우리의 문제들을 해결해 주었으니까요. 그러나 주위를 둘러보고 내 이웃을 돌아볼 때 그들은 아직도 마실 물과 집과 먹을 음식이 없어 큰 고통을 당하고 있어요. 우리의 꿈은 해방되는 것입니다. 물건이 아니라 사람으로서 인간으로서 인정받는 것이에요.

이것이 바로 세계 인권 선언이 추구하는 것이다.

20 어린이들이 양탄자를 만드는 일에서 벗어나다

남아시아의 어린이들은 수출용 동양 전통의 덮개와 양탄자를 만들기 위해 열악한 환경에서 날마다 착취를 당하고 산다. 그러나 러그마크 상표가 붙은 제품은 불법으로 미성년자를 고용하여 만든 것이 아니라는 사실을 보증한다.

인도와 네팔, 파키스탄에 있는 방직 공장과 봉제 창고에서는 다섯 살 이상의 수십만 명 어린이들이 거의 노예 수준의 대우를 받으며 일하고 있다고 한다. 이들은 수출용 양탄자를 손으로 짜고 수놓는 일을 한다. 이들은 하루에 20시간씩 일주일 내내 일하고 대개 자기가 일하는 곳에서 먹고 잔다. 때로는 밤에 감금을 당하기도 한다. 잘못하거나 도망치려면 맞거나 음식을 빼앗기거나 심지어 고문을 당할 각오를 해야 한다. 어린 노동자들은 대개 부모의 빚 때문에 고리대금업자에게 끌려온 가장 가난한 집 출신이다. 학교에 다니지 못하는 것은 말할 나위도 없다.

이 치욕스런 사실은 1980년대 인도에서 처음 밝혀졌다. 미성년자 노동에 반대하는 세계 행진의 선봉에 섰던 카일라시 사티아르티가 이끄는 행동 캠페인은 공장들을 습격해서 어린 노동자들을 구출하고 자유롭게 풀어 주기 시작했다. 그러나 풀려난 아이들을 대신해서 곧바로 다른 아이들이 공장 일을 대체했다. 좀 더 광범위한 행동이 필요했다.

러그마크의 기원

소비자 의식 운동은 동양산 양탄자를 가장 많이 수입하는 독일에서 1990년 처음 시작되었다. 노동조합과 종교 단체, 인권 및 소비자 단체들이 운동에 참여했다. 그 후 이 운동은 유럽과 북미 대륙으로 퍼져 나갔다. 비정부 기구, 인도의 수출업자, 인도 - 독일 수출 진흥 협회, 유니세프가 연합하여 어린이의 노동력을 착취하지 않고 인도에서 만든 양탄자라는 것을 인증하는 소비자 상표를 개발하기 시작했다. 러그마크 재단은 이 상표를 감독하기 위해 1994년에 설립되었다.

러그마크 상표를 쓰고자 하는 양탄자 제조업체는 14세 미만의 어린이를 고용하지 않으며 공정한 성인 임금을 지급하고 불시의 러그마크 감독 조사를 인정하며 상표가 붙은 모든 양탄자와 무릎덮개의 판매 내역을 러그마크에 알린다는 것을 약속하는 법적 구속력이 있는 계약서를 체결해야 한다. 러그마크는 가정에서 어린이들이 학교 수업이 끝난 후 부모를 도와 한두 시간 짠 무릎덮개와 양탄자는 아이들이 정규 학교에 다닌다는 전제 아래 인증해 준다.

러그마크는 자체 감독관들을 교육하고 관리하며 이와 별도로 독립된 어린이 복지 단체가 러그마크 인증 공장과 봉제 창고들을 감시하는 것을 인정한다. 감독관은 두 명이 한 조로 일하는데 1999년 이래 고피가니Gopiganj를 중심으로 일하는 감독관들은 오토바이를 타고 하루에 여덟 군데의 마을 작업장까지 돌아본다. 산토시 나이르는 말한다. "비가 많이 오는 시기가 가장 힘들어요. 때때로 오토바이 바퀴가 진흙탕에 빠지기도 하지요." 고피가니에 있는 러그마크 사무실에서 인도 북부 지방의 감독 일을 하는 라시드 라자는 "러그마크 감독관이 마을의 직조공들에게 감독이 나올 것을 미리 알려 주는 것은 불가능해요. 감독관들도 언제 감독을 나갈지 알 수 없기 때문이지요."라고 지적한다.

인도에서 러그마크 인증을 받은 최초의 무릎덮개와 양탄자가 독일과 몇 나라로 수출된 때가 1995년이었다. 1999년에는 네팔과 파키스탄에서도 이 제도를 실시했다. 지금은 독일(벨기에, 룩셈부르크, 네덜란드 포함), 영국, 미국(캐나다 포함), 인도, 네팔, 파키스탄에 여러 개의 러그마크 사무소가 있다. 지금까지 400만 개가 넘는 러그마크 인증 무릎덮개와 양탄자가 유럽과 북미 지역에서 팔려 나갔다. 러그마크 상표를 단 모든 제품은 고유한 일련번호를 부여받는데 중앙의 데이터베이스를 통해 제품을 만든 곳을 찾아낼 수 있다. 이것으로 모조품을 방지한다.

러그마크 인증 수출업자와 수입업자는 자신들이 벌어들인 성과 가운데 일부는 인증 제품의 가격에 붙는 작은 관세에 지불하고 많은 부분을 기금으로 모은다. 이 돈은 대부분 생산자의 나라로 되돌아가서 어린이의 갱생과 교육에 쓰인다.

갱생과 교육

러그마크는 불법적으로 일하는 어린이를 발견하면 갱생 교육원으로 데려가서 가족과 다시 결합할 수 있도록 방법을 찾는다. 또한 아이들을 멀리 떠나보낸 가족의 문제점을 찾아내 처리한다. 예를 들면 어른들에게 읽고 쓰기를 가르치고 자력갱생 학급을 운영해서 아이들을 봉제 공장에 보낸 부모들이 돈을 벌 수 있도록 도와준다.

러그마크는 자체 학교를 설립해서 운영하고 주 정부의 교육 체계로 교육한다. 봉제 공장에서 양탄자를 짜던 수천 명의 어린 노동자들이 이 사업 덕택에 이제 교육을 받고 의료 혜택의 기회를 얻게 되었다. 러그마크는 아이들이 정규 교육을 받는 데 지장이 없도록 읽고 쓰기와 계산하는 법을 미리 가르친다. 네팔에서는 이 같은 교육 과정을 2년 안에 마치도록 짜여 있지만 대개의 아이들이 열심히 공부하기 때문에 보통 8개월이면 끝마친다. 교과 과정은 국어, 산수, 과학, 영어, 물리, 음악, 과외 활동으로 꾸며져 있다.

가족의 품으로 돌아가는 아이들은 필요에 따라 수업료와 책값, 교복 값, 교육비 등의 지원을 받는다. 14세가 넘은 아이들은 전기, 자동차 수리, 재단, 방직 기술, 벽돌쌓기 같은 직업 훈련을 받는다.

러그마크는 공정 무역 상표와 달리 최소 가격을 보장하지 않는다. 또한 건강과 안전 또는 환경 기준도 제시하지 않는다. 인도에서 양탄자를 만드는 곳은 큰 공장보다는 소규모 작업장이 대부분이기 때문이다. 그러나 어린이를 착취하지 않고 노동이 금지된 나이의 어린이를 고용하지 않으며 성인 노동자에게는 자국의 공식적인 최저 임금을 지급한다는 것을 인정받아야 한다. 노동자의 권리를 옹호하는 단체들은 러그마크 인증을 그 같은 일에 종사하는 성인 노동자들이 더 좋은 조건을 협상할 수 있는 수준으로 발전해 가는 데 중요한 단계로 생각한다.

실제로 효과가 나타났다. 네팔에서 양탄자 제조 산업에 종사하는 어린이가 2001년에 11퍼센트에서 2퍼센트 이하로 떨어졌다.

9세 네팔 소녀 마야는 양탄자 공장에서 일주일에 50시간씩 일하다가 러그마크 사무소의 따뜻하고 친절한 분위기로 옮기고 나서 말했다. "지금 저는 자유예요."

21

중간 상인을 거치지 않고 직거래하다

공정 무역 커피는 생산자 협동조합에서 카페디렉트처럼 커피를
직접 볶아 파는 상점과 직거래한다.

우리가 커피, 바나나, 설탕 등의 제품을 살 때 지불하는 돈 가운데
농민과 소비자 사이에 있는 중간 상인에게는 얼마나 돌아갈까? 상
당히 많은 몫일 것이다. 중간 상인은 유용한 구실을 할 수도 있지만
반대로 농민들을 착취할 수도 있다. 특히 제품 가격을 알지 못하는
농민들은 피해가 크다. 그리고 너무 많은 사람이 '중간에' 있다. 예
를 들면 자유 무역으로 거래되는 커피는 여러분이 마시기 전에 150
번까지 중간에 손을 거칠 수 있다.

그러나 공정 무역 제품은 대개 협동조합에서 제조업자에게 직접
팔린다. 공정 무역은 중간 상인의 수를 줄이거나 애당초 중간 상인
을 거치지 않는다. 중간 상인의 영향력에 대해 얘기하는 농민들의
말을 들어 보자.

설탕

후안 발베르데 산체스는 코스타리카의 사탕수수 재배 농민이다.
35세이고 결혼했으며 다섯 명의 자녀를 두고 있다.

123

그는 말한다. "나는 정말 열심히 일해요. 언제나 일만 생각해요. 저녁에는 내일 아침에 해야 할 일을 생각하지요. 사탕수수 농사가 정말 좋아요. 해가 너무 뜨거워서 힘들지만 곧 익숙해져요." 후안은 일주일에서 3일은 사탕수수를 베고 하루는 나르고(소나 트럭을 이용해서) 또 하루는 사탕수수를 가공해서 설탕으로 만든다.

사탕수수를 가공하는 날은 새벽 두 시에 일어난다. 자명종을 맞출 필요도 없다. 이웃에 사는 대부분의 영세 농민들처럼 그의 집 옆에는 사탕수수에서 즙을 짜내어 정제한 다음 그것을 끓여서 설탕으로 만드는 공장인 트라피체trapiche가 있다. 이것은 온 가족이 함께 일하는 가내 공업이다. 이곳에서 쓰는 용광로는 장작과 사탕수수 펄프로 불을 지핀다. 후안은 연료를 아끼려고 하루 만에 그 주에 수확한 사탕수수를 모두 가공한다. 지루하고 뜨거운 하루다. 저녁이 되면 텔레비전을 보면서 쉰다.

후안은 설탕을 아소프로둘세Asoprodulce에 파는데, 이곳은 그의 아버지가 함께 설립한 지역 농민 조합이다. 아소프로둘세는 이렇게 사들인 농산물의 80퍼센트를 유기농 공정 무역 시장에 다시 판다. 후안은 말한다.

조합에 설탕을 가져가면 그들은 공정 가격으로 설탕을 삽니다. 나는 언제나 안심하고 팔 수 있지요. 옛날에는 설탕을 팔기가 무척 힘들었어요. 중간 상인들이 어떤 날은 이 사람에게서 사고 또 어떤 날은 저 사람에게서 샀으니까요. 우리 설탕이 언제 팔릴지 전혀 알 수 없었지요. 그리고 전국에서 수시로 가격이 오르락내리락했어요. 정말 힘든 시절이었지요.

후안은 이 새롭고 안전한 거래 체계 덕분에 아버지에게서 설탕 제조기를 살 수 있었고 집도 고칠 수 있었다.

바나나

에콰도르에 사는 렌손은 아내와 두 어린 자녀를 위해 새 집을 지을 수 있어서 기뻤다. 그는 공정 무역 시장에 바나나를 팔기 시작했다. 그의 아버지도 이제 당신의 집이 있는데 나무로 지은 오래된 집 옆에 있다. 그의 꿈은 공정 가격을 지불하는 시장에 계속해서 바나나를 파는 것이다. "우리는 공정 무역 하는 것을 자랑스럽게 생각해요. 우리는 이제 서로를 도울 수 있어요. 노동자들끼리 말이에요." 그는 자녀들에게 자기가 못 받은 교육을 시키고 싶어 한다.

날마다 아침 일곱 시 삼십 분이면 렌손은 아버지, 삼촌과 함께 3헥타르의 밭에서 일을 시작한다. 그의 가족은 물을 주고 잡초를 뽑고 바나나가 잘 자라도록 보호하기 위해 비닐봉지로 싼다. 열한 시가 되면 점심을 먹고 오후 네 시까지 다시 일을 한다. 일주일에 한번 지역 노동자들의 도움을 받아 상자 안에 든 바나나의 크기나 흠집을 꼼꼼히 검사한 다음 바나나 상자를 포장해서 지역에 있는 항구로 발송한다.

일이 끝나면 렌손은 가족과 휴식을 취하고 협동조합의 축구팀과 공을 차고 공정 무역 협동조합 덕분에 생긴 사회적 여유를 즐긴다. 농민들은 주마다 회의도 하고 모여서 즐겁게 놀기도 한다.

렌손은 엘구아보El Guabo 협동조합의 조합원인데 에콰도르에 하나밖에 없는 영세 농민들의 단체이다. 이들은 공정 무역 체계의 도움으로 중간 상인들을 거치지 않고 직접 바나나를 수출한다. 렌손은 공정 무역 덕분에 안정되고 높은 가격을 보장받고 그의 농장에서 농약을 쓰지 않게 되었다.

그는 말한다. "우리 바나나는 더 달콤해요. 향기도 더 좋지요. 다른 회사의 바나나는 농약을 얼마나 많이 쳤는지 몰라요." 협동조합은 렌손이 그의 땅에 물을 대고 바나나를 씻을 물통을 설치할 수 있도록 대출을 해 주었다. 협동조합 조합원들은 서로 도와서 필요할 때 소액 대출도 한다.

커피

기예르모 바르가스 레이톤은 커피 재배 농민이고 코스타리카 지역 농민 협동조합의 사무장이다. 이 조합은 자신들이 수확한 농작물을 100퍼센트 공정 무역 시장에 판다. 기예르모는 41세이고 결혼해서 여덟 살짜리와 두 살짜리 딸이 있다. 큰딸은 책 읽기를 좋아한다. 요즘은 해리포터를 읽고 있다.

그는 말한다. "우리 아이들이 계속해서 커피 농사를 짓고 땅에서 일하며 자연의 일부가 되어 사는 것을 즐거워하고 좋아하기를 바랍니다. 우리는 아이들이 땅을 떠나서 자기들이 먹는 것을 남에게 의존하지 않기를 바랍니다."

보통 기예르모는 오전 다섯 시 반에 일어난다. 오전 여덟 시 반에서 저녁 일곱 시까지 긴 시간 동안 조합의 사무장 일을 한다. 그는 원두커피 공장을 점검하면서 하루를 시작한다. 나머지 시간은 조합 사무실에서 일한다. 기예르모는 저녁에 일찍 집에 오면 가족과 함께 시간을 보내고 뉴스를 본다. 늦으면 바로 잠자리에 든다.

기예르모는 산타 엘레나 협동조합의 사무장과 고참 조합원 일을 하면서 공정 무역이 커피 재배 농민들에게 주는 혜택을 잘 알고 있다. "만일 우리가 공정 무역을 하지 않았다면 농민들은 대부분 지금

쯤 자신들이 재배하던 나무들을 다 잘라 버렸을 거예요. 현재 재래 시장에서 커피의 가격은 커피의 생산 원가에도 못 미치거든요.” 그는 말을 계속 이어 간다.

제가 볼 때 공정 무역은 생산자에게도 공정하고 소비자에게도 공정하다고 생각해요. 제 생각으로 거래의 주 당사자는 생산자와 소비자이지요. 그 중간에 있는 중간 상인은 거래를 쉽게 도와주는 다리 구실만 해야 해요. 이들이 거래에서 발생하는 모든 이익을 다 가져가서는 안 돼요.

22

생태 사회 기금으로 지역 사회를 일으키다

우리가 메를로Merlot 또는 소비뇽 블랑Sauvignon Blanc을 한 잔 마신다고 이 포도주를 생산한 가난한 농부가 집을 마련하거나 자식을 학교에 보낼 수 없다. 그러나 공정 무역 포도주 한 병을 사면 세상은 더 살기 좋은 곳으로 바뀔 수 있다.

맛을 즐길 만한 신세계(칠레산) 공정 무역 포도주가 시장에 점점 많아진다. 그런 제품이 어떻게 다른지 맛보고 싶다면 포도주 품질상을 받은 로스 로블레스Los Robles(영어로 '오크The Oaks') 상표의 포도주부터 시작하면 좋다. 비노스 로스 로블레스Vinos Los Robles는 칠레의 쿠리코Curicó 계곡에 있는 포도주 협동조합이다. 수도인 산티아고에서 버스를 타고 남쪽으로 여러 시간 달리면 나온다. 중소 규모의 포도주 제조 농민 67명이 조합원으로 있으며 정규 직원이 약 90명 가까이 된다. 수확기에는 250명까지 고용한다.

칠레에는 포도주 협동조합이 많지 않다. 피노체트 우가르테 독재 정권은 1970년대 이들 대부분을 금지했다. 이 계곡에서 대지진이 발생해서 수천 명이 죽은 다음 1943년 세워진 로스 로블레스는 당시 살아남은 조합 가운데 하나이다.

로스 로블레스가 공정 무역과 끈이 닿은 것은 벨기에의 옥스팜과 네덜란드의 막스 하벨라르와 제휴를 맺으면서 시작되었다. 그 후 영국(트레이드크라프트), 독일(게파Gepa), 스위스(클래로Claro)와도 연결되

128

었다. 지금은 독립된 소매업자 및 슈퍼마켓들과도 거래한다. 오늘날 로스 로블레스 포도주의 15~20퍼센트가 공정 무역 인증을 받았고 서유럽으로 수출된다. 이제 목표는 100퍼센트 인증을 받는 것이다.

생태 사회 기금

로스 로블레스가 이 지역을 더 좋은 곳으로 만들기 위해 노력하는 활동 가운데 중요한 것이 생태 사회 기금의 조성이다. 이 기금은 공정 무역 제품 수입업자들에게 받은 사회적 초과 이익(사례 4 참조)으로 만들었다. 생태 사회 기금은 협동조합의 직원과 농민 조합원들뿐만 아니라 주변 마을과 농촌에 사는 농민들 및 그 가족들에게 혜택이 돌아가는 여러 영역의 중요한 활동에 쓰인다.

이 기금은 로스 로블레스의 조합원들이 포도나무를 시장성이 더 좋은 품종으로 다시 심고 포도밭을 확장하려고 할 때, 그리고 세류 관개 시설을 도입하거나 여러 가지 개선 사업을 할 때 기술 지원을 하고 돈을 빌려 준다. 그리고 농민들 사이의 교류를 체계화하여 자신이 가진 기술을 함께 나눌 수 있도록 도와준다.

또한 협동조합 직원들의 경우는 이 기금으로 임금이 가장 적은 사람의 임금을 올려 주고 집을 사거나 수리할 때 지원하며 구내매점을 운영하고 건강 보험료를 보조하거나 개인이나 가족이 위급할 때 지원해 준다. 이것들은 모두 정말 필요한 것이지만 돈 많은 고용인에게는 아무것도 아닐지 모른다. 이 같은 방식이 정말로 빛을 발하기 시작하는 때는 주위의 지역 사회에 사는 아주 가난한 사람들에게도 혜택이 돌아가고 협동조합이 맺은 사회적 제휴 관계가 연결될 때이다.

로스 로블레스는 비정부 기구의 빈곤 퇴치 사업과 연대하여 유능하고 젊은 농업 경제학자와 지역 사회에서 함께 살며 일하는 사회 운동가들을 지원한다.

이 지역에 사는 아이들은 대개 학교에 갈 수 없었다. 민영 버스 운전사들이 아이들을 태우면 어른 요금보다 낮은 어린이 요금을 따로 거둬야 하기 때문에 아이들을 버스에 태우지 않았다. 그래서 협동조합은 생태 사회 기금으로 통학 버스를 사서 가장 가까운 지방 자치 단체에 기부했다. 지역 의회 교육 담당 사무관인 마르타 아구일라르 로자스는 "통학 버스는 굉장한 선물이었어요."라고 말한다.

> 통학 버스 덕분에 학교에 장기 결석하는 아이들이 줄었고 평균 출석률이 높아졌어요. 전에는 이 지역 아이들이 통학 버스나 나쁜 도로 사정 때문에 학교에 오기 어려웠는데 이제는 장기 결석할 이유가 없어졌어요.

생태 사회 기금으로 벌이는 또 다른 사업은 저소득층이 땅을 사고 농사를 짓고 자기 집을 마련할 수 있도록 도와주는 것이다. 지금 이 사업의 협력자는 가난한 농촌 지역의 주거 개선을 위한 전문가 주택 재단이다. 지방 자치 단체와 지역 단체들은 혜택을 받을 사람을 추천한다. 이 사업의 수혜자인 29세의 루스 푼잘리다 누네스는 이렇게 말한다. 그녀는 주택 사업 단체의 일원이기도 하다.

> 나는 7년 전에 이곳에 왔어요. 결혼은 했고 아이가 둘 있고 현재 시부모를 모시고 살아요. 그리고 나중에 자그마한 우리 집을 갖는 게 소원이지요. ……나는 이것이 이 지역에서 일어난 가장 훌륭한 일이라고 생각해요. 우리는 고립된 데다 우선순위가 가장 낮은 계층에 속하는

농촌에서 살아요. 우리는 언제나 최소한의 도움만을 받았지요. 그러나 지금 벌어지는 일들은 너무 엄청나요. ……2년 전 우리는 아무 희망이 없었어요. 전혀요. 우리가 가진 기금으로는 (일을 시작하는 데) 6년은 더 걸렸을 거예요. 그러나 지금은 모두 의욕이 넘쳐요. 우리는 기금 모금을 위해 활동을 많이 했어요.

마침내 지원이 잘되어 주택 개발 사업을 곧 시작할 수 있을 거라고 기대합니다. ……꿈만 같아요. 참 여러 해가 흘렀지요. 기금은 이 지역에서 시집 식구들과 오래 살아온 사람들에게 큰 도움이 되었어요. ……전에는 모든 것이 매우 고통스러웠어요. 한 사람은 대개 아팠지요. 이제는 달라요. 우리는 새로운 희망을 안고 미래를 기다릴 수 있어요. ……남편은 계절 과일을 재배하지요. 수박, 참외 같은 것들 말이에요. 저도 과일을 재배해요. 그리고 포장도로 옆에 과일을 진열하고 파는데 우리 가족의 생계에 큰 보탬이 됩니다.

또한 로스 로블레스는 지역의 학교에 학생 협동조합을 세우도록 지원하기 위해 칠레의 사회 과학부 대학과 공동 연구를 하고 있다. 학생들이 학교에서 민주적 의사 결정을 체험하고 가난한 농촌 사람들 사이에 널리 퍼져 있는 자기 비하의 문제를 어려서부터 해결하자는 것이 목표이다. 그 활동 가운데 일부는 지역 공동체가 함께 사용할 책과 자료를 선택하는 데 학생들이 참여하도록 하는 것이다.

더 많은 일이 있다. 로스 로블레스는 지역 사회의 정보 통신 보급을 위해 어른과 어린이가 함께 쓸 수 있는 컴퓨터와 프린터를 지원했다. 그리고 소액 대출 제도를 만들고 지역의 영세 농민들을 위해 칠리 고추와 올리브의 생산과 국내 판매를 지원한다. 협동조합은 강둑 범람 방지 사업과 같은 공익사업을 위해 지역 사회와 함께 정부에 압력을 넣는다. 또한 저소득층 엄마와 어린이를 위해 버스로 교육 출장을 나가는 문제도 해결한다. 그리고 더 가난한 사람들의 자녀들에게 대학 수업료도 지원해 준다.

로스 로블레스는 지역 학교에 영어 교육 프로그램을 도입하기 위해 여러 가지 계획을 진행 중이다. 실제 활용할 수 있는 기능을 익히면서 자존심도 높이기 위해서이다. 이 활동의 협력자는 영국의 노섬브리아Northumbria 대학이다. 유기농 생산도 또 하나의 목표이다. 그리고 로스 로블레스는 이 지역 주위에 살고 있는 5만 3,000명 모두에게 이익이 되는 사회 환경 사업을 추진하려고 한다. 또 2001년에 최고의 칠레 포도주 상을 받은 것처럼 이번에도 당연히 포도주의 품질상을 받기를 원한다.

이제 영국의 포도주 애호가들은 2006년 여름에 새롭게 선보인 제품까지 포함해서 90종이 넘는 칠레와 남아프리카산 공정 무역 포도주 가운데 자기가 좋아하는 포도주를 고를 수 있게 되었다.

23

삶을 변화시키다

바나나 재배 농민인 레지나 조지프는 "공정 무역이 영세 농민들의 삶을 바꿔 놓았다."고 말한다. 여기에 그 방법이 나와 있다.

레지나 조지프는 카리브 해의 수많은 섬 가운데 윈드워드 제도에 속하는 도미니카에서 바나나를 재배한다. 레지나는 이렇게 말한다.

공정 무역을 하기 전에는 우리 가족의 생계를 책임질 수 없었어요. 이제는 나 자신과 우리 아이들, 지역 사회, 그리고 우리나라 전체를 도울 수 있어요. 내 인생은 완전히 바뀌었어요. 전에는 우리가 농사지은 것만 먹었어요. 그러나 지금은 가족이 먹고 싶은 음식을 살 수도 있어요. 전에는 불가능했던 일이지요. 그리고 이제 돈을 지불할 수 있어요. 지금도 내 주머니 안에 돈이 들어 있어요.

레지나는 열두 형제 가운데 외동딸로 태어났으며 지금은 17세에서 26세까지 다섯 명의 자녀를 둔 엄마이다. 레지나는 43세이고 카리브 토착인 모임Carib indigenous people's group의 회원이다(사례 49 참조). 섬 전체 인구 7만 3,000명 가운데 약 5,000명의 카리브 인이 도미니카에 살고 있다.

도미니카는 카리브 섬들 가운데 유럽 인이 가장 마지막에 식민지로 삼았던 나라이다. 카리브 원주민의 저항이 심했던 탓이다. 그리고 카리브 인은 카리브 해 동부 지역에 남아 있는 콜럼버스 이전의 유일한 원주민들이다. 100년 이전부터 3,700에이커의 땅이 카리브 인의 소유였다. 도미니카의 동부에 있는 이 지역에서 사는 레지나는 말한다. "우리는 도미니카 안에서 분리되어 있어요. 우리는 땅을 사지 않아요. 그 땅은 우리 것이기 때문이죠."

레지나는 지역 사회와 공정 무역 단체에서 매우 활발하게 일하는데 이전에 여기서 회계 일을 보기도 했다. 또한 도미니카 전국 공정 무역 위원회National Fair Trade Committee의 대표이기도 하다.

레지나는 집에서 걸어서 10분 거리에 있는 자기 땅에서 가족도 먹고 지역 시장에 내다 팔기 위해 바나나 사이로 여러 가지 곡식을 재배한다. 고추는 큰 향신료 회사 두 곳에 판다. 무역업자들은 참마와 타니아tania, 여러 종류의 근채 작물을 사 간다. 양배추와 상추도 시장에 판다. 또한 레지나는 포도, 오렌지, 코코넛 같은 과일나무를 심었다. 그리고 목재가 비싸게 팔리는 토종 나무들도 심는다. 레지나는 농약이 건강을 해치고 자연환경을 존중하는 카리브 인의 전통을 거스른다고 믿기 때문에 자기 농장에는 절대로 농약을 치지 않는다(사례 27 참조).

도미니카 경제는 주로 바나나를 재배하여 영국에 파는 농업에 의존한다. 수천 명의 생계가 바나나에 달려 있는 데 반해 최근 여러 해 동안 바나나를 재배하는 일은 점점 불확실한 직업이 되었다. 1990년대 도미니카의 바나나 산업은 라틴 아메리카의 플랜테이션 농장에서 재배한 원가가 낮은 '달러' 바나나와 경쟁하면서 그것을 이겨 내지 못하고 큰 위기에 빠졌다. 많은 영세 농민이 농사를 포기했다. 영국의 바나나 시장에서 윈드워드 제도의 바나나가 차지하는 몫은 지난 15년 동안 60퍼센트에서 20퍼센트 이하로 떨어졌다.

레지나는 현재 자신이 재배한 바나나를 모두 공정 무역으로 판다. 농민들은 공정 무역 체계로 진입하는 자격을 얻기 위해 단체를 조직한다. 레지나는 의장, 부의장, 사무장, 회계 등의 조직을 갖춘 카리브 지역 공정 무역 모임Carib Territory Fairtrade Group의 회원이다. 레지나는 여기서 홍보 담당관 일을 맡고 있다.

이 단체는 농민들이 바나나 한 상자당 받는 가격에다 추가로 미화 1달러씩 사회적 초과 이익을 받는다.

지역 사회

레지나는 공정 무역과 지역 사회의 관계에 대해 이렇게 설명한다.

회원이 50명인 우리 모임은 사회적 초과 이익을 어디에다 쓸지 토론해요. 그러나 우리는 초과 이익을 우리 단체의 것으로 생각하지 않아요. 이것은 지역 사회에 도움이 되는 사업을 위한 것이지요. 그래서 우리는 지역 주민들을 초대해서 어디에 쓰고 싶은지, 사업은 어떻게 진행할지 의견을 들어요.

이곳 지역 사회가 사회적 초과 이익으로 처음 한 일은 외부와 고립되지 않고 자신들이 수확한 바나나를 머리에 이고 나르지 않아도 되도록 길을 놓는 것이었다. 이제는 바나나를 운송하는 차가 이 마을까지 들어올 수 있다. 이들은 관개 시설도 정비하고 저수지도 확장했다. 이제 집에서 수도관을 통해 물이 나오기 때문에 물을 길으러 강에 가지 않아도 된다.

레지나는 말한다. "우리 지역에는 학교가 두 군데 있는데 두 곳 모두 컴퓨터에 대해 아무것도 몰라요."

우리는 두 학교에 컴퓨터를 한 대씩 사 주었어요. 저는 컴퓨터에 대해 아무것도 몰라요. 그러나 우리 아이들과 손자들은 그것을 사용할 거예요. 우리는 또 병원을 짓는 데 초과 이익을 썼어요. 잔디 깎는 기계도 사고, 마을에 운동장을 만들어 주민들이 이용할 수 있도록 했어요. 마을에 화재가 나서 집이 불탄 가족이 있었어요. 우리는 이들에게 500달러를 지원해서 집을 새로 지을 수 있게 했지요. 인력 개발 센터를 지어서 거기서 지역 주민들이 납땜질과 목공 같은 여러 가지 기술을 배워 가난에서 벗어날 수 있게 하려고 해요. 공정 무역 체계는 바나나 재배 농민들만 도와주는 것이 아니에요. 전체 지역 사회에 이익을 주지요.

도미니카에는 약 300명의 바나나 재배 농민이 있다. 현재 이들 가운데 90퍼센트는 공정 무역으로 바나나를 팔고 있다. "우리는 나머지 10퍼센트의 농민도 들어오게 하려고 해요." 레지나의 말이 이어진다. "그동안 우리는 이 나머지 농민들과 협력하지요. 예를 들면 우리는 이들에게 우리가 협동조합 조합원으로 사는 싼값으로 비료를 팔아요."(인터뷰가 끝난 이후 윈드워드 제도의 바나나 재배 농민들은 모두 공정 무역 체계에 가입했다.)

도미니카의 하부 구조 가운데 특히 도로는 매우 열악하다. 공정 무역 체계 이전에 레지나는 자신이 수확한 18킬로그램짜리 바나나 상자들을 머리에 이고 가까운 도로까지 날라야 했다. 레지나는 "제 경우에는 도로가 800미터 정도 떨어져 있었어요."라고 말한다. 현재 레지나는 이 주일마다 35개 상자 분량의 바나나를 수확한다. 바나나를 수확하는 날이면 바나나 상자들을 싣고 갈 대형 화물차가 레지나의 창고 앞까지 온다. 이제 상자를 머리에 이고 나르거나 출하하는 동안 도로변의 급수탑에서 물을 받아서 온 길을 되돌아갈 이유가 없어졌다.

정부는 이 지역에 작은 병원을 새로 짓고 있다. 지역 사회 단체들이 일부 기금을 지원한 덕에 가능했다. 도미니카의 공정 무역 그룹은 당초 동카리브 화폐로 5,000달러를 지원하기로 약속했다. 그런데 2005년 2월에 공정 무역 판매로 벌어들인 사회적 초과 이익이 늘어남에 따라 이 사업을 재점검하고 나서 1만 달러(미화로 약 3,700달러)로 올리기로 결정했다.

레지나는 영국에 공정 무역 코코넛도 수출한다. 이로 인해 예전보다 수입이 세 배가 더 늘어났다. 레지나는 추가로 소득을 올리기 위해 전통 카리브 바구니 수예품 짜는 기술을 배웠다. 그리고 두 딸에게 기술을 전수했다. 이들은 바구니를 직접 짜서 카리브 전통 수예품 가게에서 관광객들에게 판다.

레지나의 18세 된 딸은 대학에서 역사학과 약초학을 공부하고 있다. 대학에서 장학금을 받게 되어 공부를 계속할 것 같다.

레지나는 2005년 2주 동안 영국에 있는 슈퍼마켓을 돌아보고 재무부의 회의에도 참석하면서 몹시 바쁜 일정을 마치고서 소비자들에게 이런 말을 남겼다. "슈퍼마켓에 가면 여러분이 사는 바나나가 공정 무역 바나나인지 확인하세요."

24
노동력을 착취해서 만든 스포츠 공

공정 무역으로 수출하는 축구공, 농구공, 배구공, 럭비공을 꿰매는 노동자들은 최저 생활 임금과 인간다운 노동 환경, 의료 보험, 낮은 이자율의 금융 대출을 받을 수 있다. 우리는 스포츠 공 제조 산업에서 이것을 가장 우선으로 생각해야 한다.

세계에서 사용하는 축구공의 3분의 2 정도가 파키스탄의 시알코트Sialkot 시 주위에서 만들어진다는 사실을 아는 사람은 별로 없다. 이곳에서 스포츠 공을 만드는 일에 종사하는 사람은 거의 3만 명에 이른다.

축구공 하나에 32개의 가죽 조각을 붙이기 위해 700번의 바느질을 해야 하는데 숙련된 재봉사도 하루에 다섯 개밖에 만들 수 없다. 축구공을 꿰매는 일을 하는 어른과 어린이들은 주로 하청을 받아서 일하는데 임금이 매우 낮다. 과거에는 일곱 살짜리 어린이 수천 명이 일정을 맞추기 위해 가족들과 함께 오랜 시간 동안 일해야 했다. 이들은 대개 학교 교육을 전혀 받지 못했다.

1997년 아동 구호 기금Save the Children, 유니세프, 국제 노동 기구 등의 압력을 받고 나이키, 아디다스, 리복, 퓨마 같은 주요 스포츠 공 회사들은 14세 이하의 어린이들을 재봉사로 고용하지 않겠다는 '애틀랜타 협약'을 체결했다. 이듬해 국제 축구 연맹FIFA은 국제 축구공 제조에 어린이 노동을 금지하는 행동 규약을 채택했다.

비록 이를 위반한 사례들이 보도되었지만 애틀랜타 협약과 FIFA 규약은 올바른 방향으로 가는 발걸음이었다. 그러나 이것은 새로운 문제점을 불러일으켰다. 중국에서 기계로 만든 품질이 낮은 공을 생산하기 시작했다. 그리고 전에는 대개 가정에서 축구공을 꿰매는 일을 했던 시알코트에서는 이제 하청업자들이 새로 제정된 협약을 감시하기 위해 재봉 공장을 따로 세웠다. 따라서 여자들은 집을 떠나 일을 할 수 없고 파키스탄의 이슬람 사회에서는 같은 장소에서 남자와 여자가 함께 일할 수 없기 때문에 많은 여성이 그들의 유일한 소득원을 잃고 말았다.

공정 무역이 시알코트에 오다

2002년 시알코트에 있는 스포츠 공 제조업체 세 곳이 공정 무역을 하기 시작했고 공정 무역 인증 공을 제조했다. 이 공들은 처음에 스웨덴과 이탈리아에서 팔렸는데 지금은 오스트레일리아, 캐나다, 독일, 일본, 뉴질랜드, 영국, 미국과 여러 나라에서 팔린다.

공정 무역은 재봉사 가족들에게 큰 변화를 가져왔다. 임금은 산업 평균보다 약 50퍼센트 높아졌다. 어른 두 명이 하루에 여덟 시간 동안 꿰매는 일을 하면 한 가족이 먹고살 수 있는 정도의 임금을 받았다. 이는 파키스탄 돈으로 한 가족당 한 달에 6,000루피(57파운드) 정도가 돌아가며 이 지역 표준으로 어린이들을 학교에 보낼 수 있는 정도의 소득이 된다.

15세 미만 어린이는 공정 무역 공을 만드는 데 고용할 수 없다. 15세 이상의 어린이도 학교 교육은 계속할 수 있도록 시간제 근무만 가능하다. 공 제조업체 가운데 탤런 스포츠Talon Sports는 국제 노동 기구가 미성년 노동자를 고용하지 않는 기업에 주는 상을 처음으로 받았다.

이제 이 일은 전과는 다르게 진행되었다. 공정 무역 인증 제품 공급자는 작은 마을 단위로 공장을 세운다. 여성 전용 작업장을 만들어 남성과 공간을 함께 쓰지 않고 일할 수 있게 한다. 작업장의 환기와 조명, 안전한 식수 같은 허용 기준을 맞춰야 한다. 노동자들은 공정 무역 조건과 임금, 감독 체계에 대해 파키스탄 어인 우르두Urdu 말로 된 정보를 제공받는다.

공정 무역 인증 공의 판매로 발생하는 사회적 초과 이익은 공급업체가 받는 가격 가운데 10퍼센트 정도이다. 업체의 노사 협의체는 이 돈을 어떻게 쓸지 협의한다(사례 4와 7 참조). 탤런의 경우는 이 돈으로 임신한 여성의 병원비를 비롯해서 종업원 모두에게 무료로 의료 혜택을 받게 해 준다. 또한 노동자들이 새로운 소득원을 개발하려고 할 때 지원하는 소자본 신용 대출 제도를 운영하고 지역의 관개 사업에 관여하며 학교에 공책을 사 주기 위해 기금을 마련한다. 탤런은 일부 작업장에 탁아 시설을 만들어 여성이 일하는 동안 아이를 돌보고 학교에 갈 준비를 할 수 있게 한다. 현재 탤런에서 만드는 공의 3분의 1은 여성들이 꿰맨 것으로 알려져 있다.

여러 종류의 공정 무역 공

공정 무역 공은 FIFA 승인 국제 경기 표준 축구공 말고도 배구공, 럭비공, 농구공, 어린이 축구공 등 다양하다. 축구용품 세트와 골키퍼 장갑은 아직 공정 무역 인증을 받지 못했지만 살 수는 있다. 영국에서 이것들을 공급하는 주요 업체인 페어딜 트레이딩FairDeal Trading 은 이제 공정 무역 공이 품질 좋은 다른 공들보다 더 비싸지 않다고 생각한다.

공정 무역 공은 영국에서 점점 인기를 얻고 있다. 공정 무역 공을 쓰는 축구단으로는 제니시스 에프시Genesis FC와 북레스터셔 리그North Leicestershire League에서 뛰고 있는 기독교 축구단 러프 보러Lough-borough 팀이 있다. 그리고 2005년 말 런던 로열홀로웨이 대학Royal Holloway, University of London이 공정 무역 대학으로 인증(사례 16 참조)받았을 때 이 대학 럭비팀은 공정 무역 공으로 시합을 했다.

많은 성과가 있었지만 공정 무역 스포츠 공은 여전히 해마다 시알코트에서 만들어지는 공 가운데 아주 적은 분량이며 현재 공정 무역의 혜택을 입고 있는 노동자 가족들도 여전히 일부일 뿐이다. 지금이 옛날 공들을 내쫓고 성공할 수 있는 가장 좋은 시점이다.

25

농약 오염을 줄이고 유기농 농법으로

농약 중독으로 해마다 2만 명이 죽고 알츠하이머병에 걸린다. 공정 무역 농작물을 재배하는 농민들은 자연 방제나 유기 농법을 사용해서 꾸준히 농약의 사용을 줄여 나가고 있다.

"당신은 초콜릿을 먹는 게 두렵지 않나요?" 이 질문은 브라질에 있는 코코아 플랜테이션에서 일하는 노동자가 던진 말이다. 이 노동자와 동료들이 세상에서 가장 강력하고 위험한 농약을 코코아나무에 뿌렸다는 사실을 알게 되면 이 질문을 던진 까닭을 이해할 수 있을 것이다. 이 농약은 패러콰paraquat과 이사디2,4-D라는, 독성이 강한 제초제가 포함되어 있다. 따라서 매혹적인 초콜릿 포장 안에는 이 농약의 찌꺼기가 남아 있을 수 있다. '지구의 친구들Friends of the Earth'은 우리가 먹는 음식물에 들어 있는 농약을 연구한 결과 "우리가 검사한 거의 모든 초콜릿에 호르몬을 파괴하고 유방암을 일으킬 수 있는 린덴lindane이라는 살충제 성분이 남아 있다."는 것을 발견했다.

이 지역에서 병해충을 막기 위해 농약을 뿌리는 작물은 코코아만이 아니다. 바나나, 커피, 면화 등 그 종류는 매우 많다. 이 전선의 맨 앞에 서 있는 사람들이 바로 작물을 생산하는 농민들이다. 농약을 뿌리는 일은 농민들의 폐와 피부, 눈과 코를 포함해서 건강에 큰 해를 끼칠 수 있다. 농약의 80퍼센트 이상이 개발도상국에서 뿌려지고 있으며 중독 사고의 99퍼센트가 개발도상국에서 일어난다. 유엔 식량 농업 기구에 따르면 개발도상국의 건강 및 교육의 감시 체계는 가장 열악하다. 개발도상국에서는 해마다 약 2,500만 명의 농민이 적어도 한 번씩은 농약 중독 사고를 당하는 것으로 나타난다.

수출하려고 재배하는 작물 가운데 대부분에 농약이 뿌려진다. 바나나를 예로 들면 세계에서 생산되는 바나나 대부분은 다국적 기업이 소유한 라틴 아메리카의 거대한 플랜테이션 농장에서 재배한다. 이 바나나들은 가격이 싸지만 대신에 소비자들은 거대한 사회적, 환경적 대가를 치러야 한다. 농약의 대량 사용은 농민과 환경에 치명적인 영향을 끼친다. 코스타리카에 있는 바나나 플랜테이션의 농민들은 해마다 한 명당 약 65킬로그램의 농약을 뿌린다. 농약 중독 사고는 늘 있는 일이다.

남자들은 독한 농약을 사용한 다음 생식 기능을 잃기도 한다. 온두라스의 바나나 재배 농민인 길베르토도 그런 경우에 속한다. 그는 "많은 동료들이 바나나에 뿌려야 하는 농약 때문에 고통받고 있어요. 그들은 지금까지 아무도 자식이 없지요." 그러나 기업체들은 위험한 농약 사용을 중지하려 하지 않는다.

우리가 일상적으로 먹는 바나나에도 농약 찌꺼기가 남아 있을 수 있다. 오렌지, 참마, 달콤한 토마토도 마찬가지다.

커피에도 농약을 많이 사용할 수 있다. 이는 사람과 환경 모두에 해를 입힌다. 커피에는 알드린, 디엘드린, 엔드린 같은 살충제를 뿌리는데 너무 독성이 강해서 대부분의 서유럽 국가에서는 사용이 금지되어 있다. 니카라과에서 커피를 재배하는 농민인 오스카르 사모라는 그가 농약을 사용해서 커피를 재배할 때 생활이 어떠했는지 다음과 같이 설명한다.

> 농약을 뿌릴 때면 자꾸 눈으로 들어왔어요. ……물론 농약에 붙어 있
> 는 경고문을 읽어 보면 금방 그 위험성을 알 수 있지요. 경고문에는
> 처음에 이렇게 씌어 있어요. '매우 위험한 유독 성분이다. 눈과 모든
> 신체 부위에 닿지 않도록 해라.' 농약의 독성은 매우 강해서 눈이 몹
> 시 따가웠지요. 그래서 자주 집으로 달려와 물로 씻어 내곤 했어요.
> 등에도 문제가 있지요. 커피나무에 농약을 뿌리려고 농약 살포 배낭
> 을 어깨에 걸머지면 농약 용액이 흘러나와서 등을 완전히 적셨어요.
> 일을 마치고 집에 돌아오면 등이 뜨겁게 달아오르고 아파서 물로 씻
> 어야 했지요. 통증이 몹시 심하고 피부에는 염증이 생겼어요. 나는 몸
> 에 묻은 농약을 모두 깨끗이 씻어 냈어요. 그렇게 하지 않으면 결국에
> 는 폐 같은 곳에 병이 생길 수도 있기 때문이지요.

오스카르 사모라는 이제 유기 농법으로 바꿔 그 혜택을 단단히 입
고 있다. "이제는 건강을 보호받을 수 있어요. 내가 재배한 커피를
사 먹는 소비자들도 마찬가지로 건강을 보호받지요. 소비자들은 이
제 건강한 유기농 커피를 살 수 있어요. 소비자들은 자신이 산 커피
가 농약을 많이 쳐서 위험하지 않을까 걱정하지 않아도 됩니다."
공정 무역과 유기농은 대체로 함께 손을 잡고 간다. 공정 무역 제
품들은 거의 유기농 인증을 받는다. 그래서 소비자들은 이중의 혜택
을 입는다.

면화
농약을 가장 많이 뿌리는 작물은 면화이다. 그 양은 전 세계 농약

사용량의 4분의 1 정도이다. 그러나 면화 생산 면적은 전 세계 농작물 경작지의 2.5퍼센트밖에 안 된다. 면화는 전 세계 70개 나라에서 경작되는데 중국, 미국, 인도, 파키스탄, 네 나라가 전체 면화 생산의 3분의 2를 차지한다. 그리고 아프리카의 11개 나라에서는 면화가 전체 수출액의 4분의 1을 넘는다.

면화 생산은 농장 단위로 인간과 환경에 심각한 해를 입힌다. 농약 사용의 사회적 피해는 식량 확보 같은 문제에서 점점 명백해지고 있다.

공정 무역 농민들은 자연 또는 유기농 구충 방제를 하거나 농약을 쓰더라도 그 사용량을 계속해서 줄여 나가는 두 가지 방식을 병행한다. 두 방식은 상호 보완적이다. 공정 무역 인증은 반드시 유기농 기준을 따라야 하는 것은 아니다. 공정 무역이 최우선으로 생각하는 것은 주변으로 밀려난 가난한 농민들을 위하는 것이기 때문이다.

유기농 면화는 농민들 사이에서 성장성이 있고 수익성이 큰 작물로 인정받고 있다(사례 10 참조). 유기농 생산은 점점 생산 원가를 낮춰 가고 있으며 농민들에게 더 많은 순이익을 가져다준다. 이는 농민들의 가난 퇴치에도 도움을 준다. 또한 유기농 면화는 윤작이 가능하므로 식량 확보에도 크게 기여할 수 있다. 농민들은 빚을 빨리 갚으려고 면화 재배에만 전념하는 것이 아니라 더 많은 자연 농작물을 재배하여 다양한 생태 환경을 유지하고 더 건강한 목축을 생산하고 있다. 유기농 면화 생산을 하면 때로 소출이 낮기도 하지만 식량과 목축을 번갈아 가며 간작할 수 있기 때문에 식량 확보에도 도움이 되고 생계도 더욱 안정되게 유지된다.

유기농 분야에서 면화 재배 여성 농민들은 지역 사회에서 독립 생산자로서 점점 자기 자리를 넓혀 간다. 또한 유기농은 건강을 지킬 수 있고 식량 확보에도 기여한다는 점에서 여성 농민들의 호응이 크다.

그리고 농약 사용이 줄어들면 자연환경의 개선 효과도 크다. 엘리아 루스 수니가는 코스타리카에서 쿠페트라바수르Coopetrabasur라는 단체 소속의 바나나 재배 농민이다. 루스는 쿠페트라바수르가 공정 무역을 시작한 이후로 일어난 많은 변화를 보아 왔다.

우리는 다른 회사 바나나보다 농약을 훨씬 적게 쳐요. 그리고 환경을 더 잘 보존하려고 애쓰지요. 바나나는 거의 유기농으로 재배해요. 공정 무역을 하기 전에는 이곳이 무척 더러웠어요. 지금은 깨끗해요. 우리는 그 지역을 깨끗이 청소하고 쓰레기는 재활용을 위해 분리수거해서 유기농 퇴비를 만들어 썼어요.

쿠페트라바수르는 플랜테이션 농장 둘레에 중간 지대를 만들어서 농약과 다른 쓰레기들이 강물과 도로, 주거 지역을 오염시키지 않도록 했다.

공정 무역 여행, 윤리 관광

공동체 관광 또는 윤리 관광, '사람 대 사람' 여행이라고 부르는
공정 무역 여행은 관광 안내를 하는 사람에게 공정한 임금을 지
불하는 것 말고도 더 중요한 구실을 한다. 지역의 자연환경을 해
치지 않고 지역 사람들을 착취하지 않으면서 완전한 여행의 즐거
움을 누릴 수 있다.

관광 사업은 세계에서 가장 큰 서비스 산업으로 전 세계 노동자
열 명 가운데 한 명이 이 산업에 종사한다. 사람들은 점점 해외로
여행을 떠나고 싶어 하며 낮은 항공료는 이를 부추긴다. 2010년이면
전 세계에서 10억 명이 해외여행 중일 것이다.

'관광 사업은 매춘 사업'이라고 누가 처음으로 말했는지 모르지만
예리한 지적이다. 관광 사업은 주로 부유한 나라에 사는 부유한 사
람들을 위해 가난한 사람들과 가난한 나라의 환경을 착취한다. 관광
산업은 서유럽의 거대 기업들이 지배하고 있으며 대부분의 수익을
이들이 가져간다. 가난한 나라들은 호텔과 관광객 위락 시설을 유지
하는 데 많은 양의 맑은 물과 전기를 제공해야 한다. 그러나 대개
자기 나라 국민들은 그 혜택을 받지 못한다.

관광 사업 때문에 일자리가 새로 만들어질 수도 있다. 그러나 외
국인들이 휴가를 와서 쓰는 전체 지출의 90퍼센트 가까이는 외국의
여행사, 항공사, 보험사, 관광 안내인에게 돌아가고 실제로 관광국
의 사람들에게 남는 수입은 얼마나 될까? 그 나라의 호텔은 전체의

3퍼센트만을 관광 수입으로 가져간다. 그리고 관광업 노동자들은 아주 적은 액수만 임금으로 받아 간다. '투어리즘 컨선Tourism Concern'의 설립자이자 대표인 패트리시아 바네트는 "싸구려 관광은 관광국의 사람들의 생계에 도움이 되지 않아요."라고 말한다.

관광 산업에 종사하는 청소부, 요리사, 운전사, 짐꾼, 호텔 안내원, 식당 종업원 들 대부분이 초과 근무 수당이나 휴일 근무 수당도 받지 못하고 일을 해야 하며 고용 계약서도 없고 노동조합도 없다. 관광객들이 주는 팁이 생계를 이어 나갈 수 있는 유일한 수단이다. 도미니카 공화국의 특급 호텔에서 객실 담당 종업원으로 일하는 한 여성은 말한다. "우리는 날마다 오늘은 무엇을 먹을지, 전기 요금은 어떻게 낼지 걱정하며 살지요. 우리는 관광객들을 보면 언제나 웃어야 해요. 우리의 영혼은 그렇게 느끼지 않는데 말이죠."

2005년 영국에서 가장 가고 싶은 관광지로 뽑힌 아름다운 몰디브는 인구의 절반 가까이가 빈곤의 경계에서 살고 있으며 어린이 세 명 가운데 한 명은 영양실조에 걸려 있다.

심지어 어떤 때는 관광지 국민들에게 아무런 대가도 돌아가지 않는 경우도 있다. 케냐의 야생 지역 관광 수입을 분석해 보면, 관광객이 지출하는 1파운드 가운데 평균 20퍼센트는 관광 안내원에게 가고 40퍼센트는 항공사, 23퍼센트는 호텔, 8퍼센트는 사파리 회사, 9퍼센트는 정부(대개 관광객들의 취향을 맞추기 위한 물품을 수입하는 데 쓴다)에 돌아간다. 정작 그 지역의 자연환경 때문에 인기가 좋은 이 야생 관광지의 마사이 족에게는 한 푼도 돌아가지 않는다. 실제로 마사이 부족 가운데 사파리 공원을 만들기 위해 자신들이 살던 땅을 내준 사람들이 부지기수다.

산악 지대로 가면 이와 비슷한 약탈 형태가 또 나온다. 네팔과 페루의 도보 관광에서 짐을 나르는 짐꾼들은 적절한 의복이나 장비도 없이 매우 낮은 임금으로 큰 짐을 지고 나른다. 큰 산의 단련된 셰르파가 아니라 저지대의 가난한 농부 출신이 많은 네팔의 짐꾼들은 대개 서유럽의 도보 관광객들보다 네 배 이상 사고가 나거나 질병에 걸린다. 새로 설립되는 도보 관광 회사들의 행동 규약은 이 같은 불합리한 것들을 조금씩 바꾸어 나가고 있다.

관광 산업은 또한 자연환경에도 매우 나쁜 영향을 끼친다. 이것은 단순한 특별 항공 요금 할인 제도의 문제가 아니다. 대개 오랜 기간의 가뭄으로 농촌의 여성들이 몇 리터의 물을 긷느라 아침마다 몇 시간씩 걷는 고통을 받는 이런 나라에서 관광객들을 위한 서유럽식 호텔은 하루에 수천 리터의 물을 쓴다. 관광객 한 명이 벼농사를 짓는 농민이 100일 동안 쓸 물을 하루 만에 쓴다.

호텔에서 버리는 물은 바베이도스Barbados의 산호초를 파괴한다. 잠수 관광은 산호에 심각한 피해를 입힌다. 바하마 정부는 비미니 Bimini 만을 관광지로 개발하면서 그 일대를 울타리로 막아서 지역 주민들의 접근을 막고 해안가에 가지 못하게 했다. 맹그로브 숲은 불도저로 밀어내고 석호는 개흙으로 막았다. 일주일 동안의 카리브 해 유람은 450만 리터의 오폐수와 수천 리터의 하수, 오염된 기름을 바다에 쏟아 붓고는 그대로 방치한다.

관광 산업에는 인권 문제도 있다. 이 가운데 가장 최악의 경우는 미얀마 정부에서 나타난다. 미얀마의 군사 정권은 거의 노예 수준의 노동 착취로 그 하부 구조를 세웠다.

또한 성적 학대의 문제도 있다. 전 세계에서 1,300만~1,900만 명의 어린이가 관광 산업에 종사하는데 유엔이 추산하기로는 이 가운데 100만 명이 넘는 어린이가 관광객들의 성 노리개로 학대를 받고 있다고 한다.

어느 말레이시아 사람은 "관광 산업은 민중과 그들이 지닌 문화의 살과 피를 재료로 만들어집니다."라고 말했다.

다른 종류의 관광

일반 대중의 자각이 성장해 가고 사회 운동가들의 압력이 더해지면서 주요 관광 회사들은 점차 책임 있는 관광 정책을 개발하였다. 영국 정부는 환경을 파괴하지 않고 지속 가능한 관광 상품을 개발하는 일을 지원하고 있다. 작은 독립 여행사들은 이보다 앞선 상품들을 개발하고 있다. 이들은 관광지 주민들에게 관광 사업에 직접 참여할 기회를 많이 부여하고 더 많은 이익을 줄 수 있는 방법을 찾아서 환경도 보호하고 지역 문화의 존엄성도 지키며 관광객들도 더욱 주의해서 여행하도록 권고한다.

공정 무역 인증 휴가 같은 것은 아직 없지만 투어리즘 컨선과 공정 무역 운동은 무엇이 가능한지 모색 중이다. 작은 독립 여행사들은 그동안 관광지의 지역 단체들과 제휴를 맺고 '지역 주민들에게 이익을 주는 관광 사업'에 대해 여러 가지 사업을 구상했다.

1979년부터 공정 무역을 이끌어 온 트레이드크라프트는 독립 여행사 새들 스키대들Saddle Skedaddle과 합작으로 '민중을 만나는 여행 Meet the People Tours'이라는 관광 상품을 개발했다. 이 상품은 그 지역의 관광 안내원이 이끄는 소규모의 휴가 여행으로 공정 무역 생산자들과 함께하는 시간도 갖고 문화 유적지도 방문하며 전원과 야생을 함께 즐기고 지역에서 나는 음식들도 먹는다. 방문객들은 지역 사회에서 소유한 호텔과 숙소에서 잠을 자고, 가능한 곳에서는 그 지역의 운송 수단으로 이동하기도 한다. 트레이드크라프트가 개발한 이 여행에 참가한 사람들은 "매우 인상에 남고", "특별한 기회였으며", "놀라운 경험이고", "마음을 울리는", "잊을 수 없는", "내 생애 가장 만족스럽고 가치 있는 체험", "평생 기억될 여행"이라고 극찬했다.

이 분야의 또 다른 선두 주자인 트라이브스Tribes(2005년 최고의 책임을 다하는 관광 여행사로 뽑힘)는 자립 기반이 매우 취약한 지역의 사회 개발과 환경 보호를 지원하기 위해 자선기금을 만들었다.

이 밖에도 투어리즘 컨선에서 펴낸 『윤리 여행의 길잡이*The Ethical Travel Guide*』와 리스폰서블트레블닷컴Responsibletravel.com의 홈페이지를 보면 이와 같은 일을 하는 더 많은 여행사들과 여행 상품을 만날 수 있다. 국제 자연보호 기금Worldwide Fund for Nature(WWF)이 지원하는 여행은 생태 관광 요소를 강하게 띠며 열대 우림 연합Rainforest Alliance은 미국 여행객들을 위해 이와 비슷한 여행 상품을 개발 중이다.

가난에 시달리던 케냐의 마사이 족도 이 같은 관광 상품의 혜택을 입었다. 투어리즘 컨선의 트리시아 바네트는 자연보호 공원을 조성하는 데 자기 땅을 내놓아야 했던 부족 사람들이 처음 한 일은 자신들이 들어가 살 천막을 사기 위해 네 마리의 소를 파는 것이었다고 말한다. 처음에는 방문객이 오지 않았다. 그러나 이곳을 지역 사회 기반의 공동체 관광지로 알리기 시작하자 관광객들이 몰려들었다. 몇 년 만에 이 지역의 관광 사업은 한 번에 50명의 관광객을 받게 되었고 자체 관광용 운송 수단을 보유하였으며 약국도 설립했다. 또한 관광객들에게 마사이 족 문화도 설명하고 야생 도보 여행을 안내하는 프로그램도 도입했다. 이들은 여기서 벌어들인 관광 수입으로 할례를 피해 도망가는 젊은 여성들에게 교육을 시키고 새 삶을 시작할 수 있도록 은신처를 마련해 주었다.

이와 비슷한 사업이 세계 곳곳에서 진행 중이다. 니카라과 연대 운동Nicaragua Solidarity Campaign은 관광객들이 그 지역의 공정 무역 농민 조합과 함께 지내면서 일하는 관광 여행을 개발했다.

항공 여행은 될 수 있는 한 모든 곳에서 피하려고 한다. 이것은 온실 가스 배출과 지구 온난화를 일으키는 첫 번째 원인이기 때문이다. 시간이 있다면 육상으로 여행하고 가능하면 기차 여행을 하라. 아프리카와 아시아는 배로 조금만 가면 육로로 다닐 수 있다. 시간은 오래 걸리겠지만 환경에는 더 유익하다.

27
환경 친화적이고 지속 가능한 생산

공정 무역은 환경 친화적이다. 공정 무역 체계에 있는 사람들은
자기들이 받은 적정 대가보다 더 많이 받은 보상과 초과 이익을
환경을 개선하는 데 사용한다.

공정 무역 제품을 사는 것은 환경을 해치지 않고 농사짓는 방법을
더욱 촉진한다. 이른바 자유 무역 체계는 농민들의 피해와 사회 및
환경에 대한 우려를 지속시키며 제품 가격은 내리고 시장 독점은 점
점 강화한다. 그러나 공정 무역은 시장 체제 안에서 이루어지지만
농민과 지역 사회, 환경을 가장 중요하게 생각한다.

공정 무역 체계에서 농사짓는 농민들은 이미 환경 친화적인 방식
으로 곡물을 재배한다. 커피를 예로 들면 하루에 커피를 두 잔 마시
는 사람은 1년에 커피나무 18그루를 소비하는 셈이다. 커피는 예로
부터 영세 농민들이 농약을 쓰지 않고 숲 속의 자연 생태계에서 재
배했다.

그러나 1970년대 이후로 농민들은 생산량을 늘리기 위해 다수확
품종을 골라서 재배하기 시작했다. 다수확 품종을 재배하려면 옛날
부터 농장에 그늘을 만들어 주며 자랐던 나무들을 모두 베어 버리고
많은 양의 화학 비료와 농약을 주어야 했다. 이것은 농민들의 건강
을 해치고 야생 생물과 지역의 깨끗한 물 공급에 큰 해를 끼쳤다.

환경과 인간 사회 모두에 큰 재난을 안겨 준 것이다.

이와 반대로 공정 무역 농장은 주로 생물학적 또는 유기농 비료를 쓰고 자연 해충 방제 방식을 사용한다. 공정 무역 인증을 받은 커피를 생산하려면 까다로운 환경 기준을 통과해야 하며 전통 재배 방식의 '저투입 농법(비료와 농약을 최소로 사용하는 농사법 - 옮긴이)'과 현대 농사 기술을 접목한 통합 곡물 관리 체계를 구축하기 위해 노력해야 한다. 공정 무역은 커피나 코코아를 여러 종류의 과일나무 또는 그늘을 만드는 나무와 사이짓기를 한다. 그리하여 밭에 그늘이 지면 비가 많이 내리거나 바람이 세게 불어도 표토가 씻겨 내려가는 것을 막을 수 있다. 그린 앤드 블랙스Green & Black's의 마야 골드Maya Gold라는 초콜릿 원료를 공급하는 벨리즈의 농민들은 그늘을 만드는 나무 아래에서 유기농으로 코코아를 재배한다. 이들은 중앙아메리카 열대 우림의 풍부한 생물 다양성을 보호하면서 농사를 짓는다(사례 44 참조). 코코아는 면화 다음으로 세계에서 가장 농약을 많이 치는 작물인데 이들은 농약을 쓰지 않고 코코아를 생산한다.

관행 농업에서 주장하는 것과 반대로 환경 친화적인 농법은 화학 물질이나 화석 연료 집약적 곡물 생산만큼 또는 그 이상으로 생산성이 높다. 트랜스페어 유에스에이TransFair USA는 유기 농법을 채택한 공정 무역 차 농장이 장기간의 생산량 감퇴를 극복하고 생산력 강화와 기술 혁신을 가져왔다고 설명한다.

그리고 또 한 가지 중요한 것은 유기농으로 또는 유기농에 가깝게 재배한 농산물은 맛도 더 좋다는 사실이다.

공정 무역과 유기농

사람들은 때때로 공정 무역과 유기농의 기준이 똑같다고 생각한다. 그러나 두 기준의 배경은 공통된 것이 많지만 동일하지는 않다. 공정 무역이 최우선으로 생각하는 것은 농민들이 자신들의 삶에 대해 다른 사람의 제한과 통제를 받지 않고 소득을 올릴 수 있도록 하는 것인 데 반해, 유기농은 환경에 해를 입히지 않고 도움을 주면서 농산물을 생산하는 것에 우선권을 둔다. 그리고 유기농 기준은 산업화된 선진국에서 적용할 수 있지만 공정 무역은 개발도상국에만 초점을 맞춘다. 또한 공정 무역은 적어도 단기적으로는 개발도상국의 농민들이 모두 완전한 유기농으로 소득을 올리거나 그런 생산 능력을 갖추어야 한다고 주장하지 않는다.

공정 무역과 유기농은 둘 다 농민들에게 이익을 준다. 공정 무역은 해로운 농약을 쓰지 못하게 하여 농민들의 건강을 보호하며(사례 25 참조), 국제 유기농 운동—영국 토양 협회Soil Association가 여기에 참여하고 있음—은 농민들이 최소한의 적절한 고용 조건을 유지해야 한다는 지침을 명시하고 있다.

자연환경이 좋아지면 그 속에서 일하는 사람들에게는 더 좋다. 그리고 농민과 노동자가 공정하게 대가를 받고 의사 결정에 더 많이 참여한다면 그들은 자연을 해치지 않고 자연과 공존하며 일하는 것을 더 선호할 것이다.

지속 가능한 생산과 삶

이 책에 나온 사례들이 보여 주는 것처럼 공정 무역은 대개 환경을 보호하고 개선하는 효과를 동반한다. 무역업자들이 공정 무역 인증을 받기 위해서는 '생산자들에게 지속 가능한 생산과 삶을 보장할 수 있는 원가를 반영하여 제품 가격을 지불해야' 한다. 지속 가능한 생산과 삶은 자연환경을 보호해야만 이루어질 수 있다.

전 세계에 있는 공정 무역 생산자 협동조합은 자신들의 농토와 농장의 자연환경 개선 사업과 농민 교육 사업에 사회적 초과 이익을 사용한다. 이들은 초과 이익으로 토양과 수질을 보전하고 나무를 심고 (곡식과 나무를 함께 재배하는) 농림업을 육성하고 유기농 생산을 하고 축대를 쌓고 퇴비를 만들고 곡물 수확 후 환경 친화적인 가공 기술을 익힌다. 또한 상하수도 시설을 정비하고 전기 시설을 하고 더 좋은 건강한 주거 시설과 더 깨끗하고 쾌적한 주변 환경을 만드는 등 주민들의 생활환경 개선 사업을 한다.

 도미니카 공화국의 줄리아나 자라밀로Juliana-Jaramillo 단체 소속의 농민과 노동자들은 우리와 나눈 대화에서 겨우 2년 동안 공정 무역을 한 후 이들에게 어떤 발전이 일어났는지를 보여 준다. 농민이자 농업 경제학자인 필리페 리바스는 "이들에게 그 문제들을 이해시키려면 교육을 해야 해요."라고 말한다.

 필리페는 바나나 재배 과정 중에 바나나를 보호하려고 씌웠던 비닐봉지들을 수거하는 운동을 이끌고 있다. 공정 무역 환경 기준은 농민들이 농장 주변에 비닐봉지를 방치하는 것을 금지한다. 이것은 바나나 재배 지역에서 공통으로 발생하는 문제이다. 비닐봉지는 환경의 위해 요소이다. 비닐에 사용된 화학 물질들은 식수를 오염시킬 수 있다. 줄리아나 자라밀로의 바나나 재배 농민들은 비닐봉지들을 모아서 중앙으로 보낸다. 그리고 일꾼들을 고용해서 다른 농민들이 근처의 도로나 강에 버린 비닐봉지들도 깨끗이 치운다.

 이 단체에서 고용한 네 명의 농업 경제학자 가운데 하나인 필리페는 농민들이 유기농 퇴비 시설을 만드는 것을 도와 화학 비료 사용을 줄일 수 있게 했다. 그는 "유기 비료는 화학 비료가 망쳐 놓은 땅을 우리에게 다시 돌려줍니다."라고 말했다.

환경이 가져다주는 혜택을 받으려면 오래 걸릴 수 있다. 콜롬비아의 코수르카COSURCA 커피 협동조합의 조합원들은 공정 무역으로 얻은 경제적 안정에 힘입어서 1,600에이커가 넘는 농지에서 불법으로 마약을 만드는 데 사용했던 코카나무와 양귀비의 재배를 중단하는 데 성공했다.

트랜스페어 유에스에이는 "공정 무역 인증 제품을 사는 것은 환경 친화적인 경작을 촉진하며 따라서 땅도 살리고 야생의 세계와 인간 사회도 함께 보호합니다."라고 결론을 내린다.

28 미성년자의 노동 착취를 없앤다

전 세계 몇백만 명의 어린이들이 돈 때문에 어른들에게 착취와 인신매매를 당하고 노예 생활을 한다. 그 결과 다치거나 죽는 아이들이 생겨난다. 공정 무역 제품이 아니라면 여러분이 먹고 마시는 음식과 구입한 제품이 어린이들의 노동력을 착취해서 생산된 것일 수도 있다.

아이들에게 일이 언제나 나쁜 것은 아니다. 그러나 그 일은 힘들지 않고 아이들이 자진해서 하는 일이어야 하며 아이들의 건강과 안전과 교육을 훼손하지 않아야 한다. 12세 이상의 어린이들에게 국제법으로 허용된 노동은 그런 일이다. 그러나 국제 노동 기구는 전 세계에서 5~14세 어린이 1억 2,500만 명이 위험하고 불법적인 노동 조건에서 일하고 있으며 이들 가운데 10세 이하가 7,300만 명에 이른다고 추정한다. 이들 대부분이 함정에 빠져 강제 노동을 하고 노예처럼 지내며 빚을 갚기 위해 노역을 하거나 매춘에 내몰린다.

어린이들이 착취를 당하는 가장 큰 이유는 가난이다. 한 가족이 어른의 수입만으로 먹고살 수 없기 때문에 어린이들이 일을 하러 나간다. 어린이의 노동이 가장 심하게 착취당하는 식품 산업은 커피, 코코아(초콜릿), 바나나, 오렌지, 설탕 등이다. 이 밖에도 면화와 모직 산업(사례 10 참조), 양탄자와 무릎덮개 제조(사례 20 참조), 보석류와 스포츠 공 제작(사례 24 참조) 등에서도 어린이들의 노동이 착취당하고 있다.

플랜테이션 농장의 노예

가장 최악의 경우가 코코아 농장이다. 몇 년 전 서아프리카에 있는 코코아 농장에서 강제 노동을 시키려고 소년과 청년들을 불법 거래하다가 증거가 잡혔다. 전 세계 초콜릿 산업에 들어가는 코코아의 절반 정도를 생산하는 코트디부아르에서는 20만 명이 넘는 어린이들이 코코아 플랜테이션 농장의 위험한 노동 조건 속에서 일하는 것으로 알려져 있다. 이들 가운데 대다수가 부르키나파소와 말리에서 밀거래된 아이들이다. 이곳에서 일하는 아이들 가운데는 아홉 살짜리도 있다고 했다. 이들은 대부분 임금을 받지 않고 일하며 매를 맞는 것은 예사로 있는 일이고 심지어 도망가다가 붙잡혀 죽기도 했다. 10대 소년으로 이곳에서 노예처럼 일했던 말리 출신의 드리사는 이렇게 말했다.

나는 집을 떠나 500킬로미터가 넘게 여행했어요. ……코트디부아르에 있는 코코아 플랜테이션 농장에서 일했지요. ……새벽부터 해질녘까지 코코아 꼬투리를 재배하고 채집했어요. 언제나 배가 고팠고 몸은 약해졌어요. 조금이라도 느리게 일하면 매를 맞았지요. 도망가려다가 붙잡혀 죽도록 맞았어요.

이 이야기가 세상에 알려지자 미국과 영국의 거대 초콜릿 회사들은 자신들의 책임을 부인했다. 이들은 코트디부아르에 있는 수십만 개의 코코아 농장에서 무슨 일이 벌어지는지 알 수 없다고 했다.

2002년 미국의 초콜릿 회사들과 세계 코코아 재단, 국제 노동 기구, 사회 운동가들은 코코아 플랜테이션 농장에서 일어나고 있는 어린이 노예 노동을 근절하기로 합의했다. 약간의 진전이 이루어졌지만 어느 정도 개선되었는지는 정확하게 알려지지 않았고 2005년 7월까지 단계적으로 폐지하겠다는 약속은 지켜지지 않았다. 2005년에 국제 노동권 기금은 네슬레, 에이디엠, 카길 같은 초콜릿 회사들이 코트디부아르의 코코아 농장에서 어린이 노동자들을 밀거래하고 고문하고 강제로 노동을 시킨 것에 공동의 책임이 있다고 주장하면서 이들을 상대로 미국에 소송을 제기했다. 그러나 2006년에도 미국 법정은 이 소송을 심리해야 할지 여전히 고려 중이었다.

서아프리카에서 어린이와 청소년들은 오래전부터 플랜테이션 농장에서 일했다. 가난한 자기 나라를 떠나 코트디부아르로 가서 농업 기술을 배우고 가족을 부양할 돈을 벌기 위해서였다. 그러나 1977년 1파운드에 4.89달러이던 코코아의 세계 시장 가격이 2000년대 초에 1파운드에 51센트로 급락하면서 상황은 몹시 나빠졌다. 개발도상국들이 앞 다투어 수출용 코코아를 재배하면서 다국적 기업들은 코코아 가격을 더 낮추었다.

공정 무역 활동가들은 말한다. "코코아 무역의 문제는 정확하게 무엇이 어린이들의 노예 노동을 악화시키느냐는 것이에요."

바나나를 좋아한다고?

에콰도르는 세계에서 바나나를 가장 많이 수출하는 나라이다. 다른 개발도상국과 마찬가지로 미성년자 노동은 법적으로 금지되어 있다. 그러나 수천 명의 어린이들이 여전히 플랜테이션 농장에서 일한다. 2002년 휴먼 라이츠 워치Human Rights Watch(HRW)는 열 살 정도의 어린이들이 하루에 열두 시간 이상씩 바나나 농장에서 일하며 농약 중독으로 고통스러워하고 성희롱을 당한다고 밝혔다. HRW는 다음과 같이 보고했다.

몇몇 소년은 몸에 마구를 차고 바나나 줄기를 매단 도르래를 마구에 연결하여 바나나가 거의 20개나 달린 줄기를 끌었는데 무게가 50파운드에서 100파운드까지 나갔다. 바나나 밭에서 포장 공장까지 2킬로미터 정도 되는 거리를 하루에 대여섯 번씩 오갔다.

보니타 바나나로 널리 알려진, 에콰도르 최대 수출 업체인 초현대식 로스앨러모스Los Alamos 플랜테이션 농장은 에콰도르 최고의 부자이자 전 대통령 후보였던 알바로 노보아가 주인이다. 노보아는 '자기 농장의 노동자들'을 사랑한다고 주장했지만 2002년에 미성년자를 고용한 사실이 밝혀졌다.

HRW가 이 같은 사실을 발표한 후 에콰도르의 몇몇 플랜테이션 농장은 미성년 노동자 고용을 중단했지만 노동자 가족들은 소득이 줄어들어서 생활이 더 어려워졌다. 패트리시아 세스페데스는 열한 살짜리 조카를 전일제 노동에 내보내야 하는 이유를 설명하면서 "내 남편 봉급으로는 아이들을 학교에 보낼 수도 없고 음식을 충분히 먹을 수도 없어요."라고 말했다.

비공정 바나나 무역에서는 도매상과 소매상이 이익의 대부분을 가져간다. 플랜테이션 농장이 가져가는 몫은 소매가의 10퍼센트를 조금 넘는다. 그러다 보니 노동자들에게 돌아가는 몫은 극히 미미하다.

미성년자 노동 착취를 막는 가장 확실한 보장

미성년자 노동 문제를 풀기 위해서는 대규모의 정치적, 경제적 해결책이 나와야 한다. 반노예 국제 운동Anti-Slavery International, 아동 구호기금 같은 국제 인권 단체들이 이런 변화를 이끌어 내기 위해 애쓰고 있다. 그러나 우리 개인들의 노력도 중요하다. 우리가 공정 무역 농산물과 제품을 쓴다면 가난한 농민 가족들은 아이들을 일터에 보내지 않아도 생계를 꾸려 나갈 수 있게 된다. 또한 우리가 사는 제품을 생산하기 위해 어린이들이 노동 착취나 불법 인신매매를 당하지 않았다는 것을 확인할 수 있다. 그리고 우리 소비자들이 제품을 살 때 윤리적 문제를 진지하게 생각하고 행동한다는 것을 보여 줌으로써 자유 무역업자들에게 압력을 넣는 결과를 가져올 수 있다.

공정 무역 인증을 받은 모든 식료품과 음료, 농산물은 어린이의 노동을 착취하지 않았다는 것을 보장한다. 공정 무역 상표는 15세 미만의 어린이들이 영세한 자기 집 농사일을 돕는 것 말고는 전혀 고용되지 않았음을 표시한다. 15~18세의 청소년들도 교육을 받는 데 지장을 주지 않고 사회적, 윤리적, 육체적 발달을 해치지 않으며 위험하지 않은 일을 시킨다는 전제 아래 노동력을 제공할 수 있다. 국제 공정 무역 협회의 회원 단체들(사례 3 참조)은 다음 사항들을 지킬 것을 약속한다.

> 공정하게 거래되는 제품의 생산 과정에 어린이 노동이 투입될 때는 …… 아이들의 복지와 안전, 교육과 놀이 환경이 훼손되지 않아야 한다. 비공식으로 구성된 생산자들과 직접 일하는 단체들은 생산 과정에 아이들의 노동이 들어갔는지 밝혀야 한다.

유럽 세계 상점 네트워크는 어린이들이 임시로, 시간제로, 그리고 노동력 착취를 당하지 않는다면 제품을 생산하는 데 어린이 노동을 쓸 수 있다고 허용한다. 이 기구는 미성년자 노동을 즉각 완전히 금지하면 오히려 이 문제를 음성화하고 어린이 보호가 더 어려워진다고 생각하는 사람들의 견해를 반영한다.

공정 무역 인증 농산물은 모두 생산자들을 감시하고 검사하는 독립 기관의 엄격한 기준을 통과해야 한다. 이것은 초콜릿에 사용되는 코코아의 출처를 감시하는 일은 너무 힘들어서 할 수 없다고 말하는 대형 초콜릿 제조 회사의 주장과는 상반되는 내용이다.

공정 무역 제품을 사는 것은 어린이들이 직접적이든 간접적이든 그 생산 과정에서 전혀 착취당하지 않았다는 것을 확인할 수 있는 가장 좋은 그리고 유일한 방법이다.

29 빚 부담을 덜어 준다

영세 농민과 수공업자들은 대개 고리대금업자에게 무거운 빚을 지고 허덕인다. 공정 무역을 하면 필요한 돈을 낮은 이자율로 빌릴 수 있다.

개발도상국의 영세 농민과 수공업자들은 대개 고리대금업자들에게 진 무거운 빚에 짓눌려 산다. 오늘날의 주류 무역 체계 속에서 자신들이 생산한 농산물의 가격이 국제 시장과 국내 시장에서 모두 하락하면서 수백만 명의 삶에 큰 재난을 가져왔다. 이 때문에 영세 농민들은 빚에 찌들고 많은 사람이 자기 땅과 집과 생명마저 잃었다. 영세 농민들 사이에서 자살은 아주 평범한 일이 되었다(사례 10 참조).

쌓여 가는 빚

인도의 안드라프라데시 주에서 감자 농사를 짓는 32세의 라치 래디는 3에이커의 감자 밭 때문에 진 빚이 계속 늘어나면서 몇 달째 근심에 싸여 있었다. 라치는 수확량을 늘리기 위해 최신 살충제와 농약을 쓰면서까지 살아남으려고 발버둥을 쳤다. 몇 년이 지났지만 판매액은 생산 원가에도 못 미쳤다.

그는 처음에는 은행에서 돈을 빌렸지만 더는 빌릴 수 없게 되자 사채를 쓰기 시작했다. 사채업자들은 널려 있었고 이들은 돈을 잘 빌려 주었다. 그러나 사채는 상환할 때 36퍼센트의 높은 이자를 물어야 했다. 그런데 극심한 가뭄으로 마을에 있는 물 저장 탱크의 지표수가 말라 버리자 상황은 더 나빠졌다. 물이 없으면 아무런 희망도 없었다. 그래서 라치는 이웃 사람들이 그랬던 것처럼 물을 찾기 위해 지금까지 빌린 것보다 더 많은 돈—8만 루피(970파운드)—을 빌려 우물을 팠다. 그것은 도박이었지만 성과를 낼 수 있을 것 같았다. 마침내 물을 찾았다.

지금 라치의 걱정은 다른 데 있다. 감자의 시장 가격이 너무 떨어져서 우물을 팔 때 빌렸던 빚의 이자도 상환할 수 없었다. 이미 다른 빚까지 합해서 17만 루피(2,060파운드)로 늘어난 원금은 그대로 남아 있었다.

그래서 라치는 생산 품목을 다른 농산물로 바꾸기로 마음먹었다. 그는 사탕수수가 해답이라고 생각했다. 사탕수수가 감자보다 안정된 환금 작물 같았다. 이제 그는 옛날의 전통 농법으로 돌아갈 수 없었다. 그에게는 갚아야 할 빚이 많았고 가족을 먹여 살리기 위해 필요한 작물을 재배하는 것밖에는 다른 선택이 없었다.

그러나 그는 사탕수수를 살 돈도, 사탕수수를 심는 데 필요한 노동력에 지불할 돈도 없었다. 은행은 여전히 대출이 불가능했고 사채업자도 이제는 돈을 빌려 주지 않았다. 이 자존심 강한 남자에게 남아 있는 유일한 방법은 주변의 친구와 이웃들에게 사정을 말하고 돈을 빌리는 것이었지만, 그 같은 구차한 행동을 할 수 없었다. 마침내 그는 심한 절망감에 빠져 살충제인 엔도술판을 한 병 마시고 쓰러졌다. 그러고는 다시 의식을 회복하지 못하고 다음 날 병원에서 죽고 말았다.

라치 래디 같은 비극적인 사례는 개발도상국에서 수도 없이 반복해서 일어난다. 안드라프라데시에서만 1997년 이후 4,000명이 넘는 농민들이 목숨을 끊었다. 크리스천 에이드Christian Aid는 "무역 자유화 정책으로 지역의 농업이 엉망이 되었다."고 말한다.

공정 무역은 공정 무역 체계 속에 있는 농민과 노동자들의 빚 부담을 덜어 줄 수 있을 정도의 대가를 제공한다. 선물 용품을 만드는 전문가로 수공예품 장인인 모드 우스만은 이렇게 말한다.

> 우리는 성공하지 못했고 제때 돈을 벌지도 못했어요. 빚에 시달리며 살았죠. 정말 힘든 시간이었어요. 타라Tara(무역 대안 개혁 행동Trade Alternative Reform Action) 계획과 만나면서 비로소 우리의 삶이 바뀌었어요. 우리는 이미 빚을 다 갚았고 딸들의 결혼을 위해 얼마간의 돈도 모았지요.

타라 계획은 북인도 지역에 있는 25개 지역 수공예 장인 공동체를 기반으로 지원하는 비영리 단체이다. 타라의 목적은 수공업 노동자들에게 소득을 올릴 기회를 마련해 주고 그 기술을 팔 수 있도록 개발하여 자립 기반을 제공하는 것이다. 이 단체는 트레이드크라프트에 수공예품을 납품하는 가장 큰 공급자이다.

더 낮은 이자율로 대출하기

공정 무역 체계에 속한 사람들은 다른 데보다 낮은 이자율로 돈을 빌릴 수 있다. 예를 들면 가나의 쿠아파 코쿠 코코아 농민 협동조합은(사례 44 참조) 조합원들에게 돈을 빌려 주는 신용 조합을 운영한다.

남아프리카의 에크스틴스쿠일 농민 조합Eksteenskuill Farmers Association
은 트레이드크라프트가 뮤즐리와 케이크, 막대과자를 만들 때 사용
하는 건포도를 생산한다. 농민들은 여기서 발생한 초과 이익으로 농
기구를 샀다. 농민 조합 덕분에 농민들은 농기구를 사려고 고리대금
업자에게 돈을 빌리지 않아도 되었다. 그러나 아직도 고리대금업자
의 돈을 갚지 못한 사람들이 많다. 공정 무역으로 인도해야 할 대상
들이다.

콜롬비아의 커피 재배 농민인 비텔리오 만사는 세계 시장 가격에
의존하는 데서 오는 불안정에 대해 이렇게 말한다. "우리는 언제나
불확실성 속에서 빚에 쪼들리며 살고 있어요. 여기저기서 돈을 빌리
면서 빚에 기대어 살지요. 이런 불확실성 속에서는 어떤 평화로운
삶도 없어요. 공정 무역이 이곳처럼 먼 곳에서 더 일찍 시작되었다
면 정말 좋았을 거예요."

비텔리오 만사와 비슷한 처지에 있는 사람들에게는 우리들이 공
정 무역 제품을 더 많이 사서 씀으로써 농민들이 무거운 빚더미에서
벗어날 수 있도록 도와주는 것이 가장 좋은 소식이다.

30

유전자 조작 식품을 거부하다

유전자 조작 농작물은 우리 건강과 환경을 위협할 뿐만 아니라 가
난한 나라에 사는 영세 농민들의 생계를 위협한다. 공정 무역은
농민들이 생명 공학의 거대 기업들에 종속되지 않도록 도와준다.

유전자를 조작한 농작물을 상업적으로 재배하기 시작한 것은
1990년대 중반부터이다. 이와 함께 살충제에 내성을 가진 면화와 옥
수수, 제초제를 뿌려도 죽지 않는 콩이 생산되었다. 이로부터 10년
이 지난 지금 이에 대한 찬반 논쟁이 격렬하게 진행 중이다.

21세기 들어 약 850만 명의 농민들이 유전자 조작 농작물을 재배
하고 있다. 콩, 옥수수, 캐놀라(유채 씨), 면화가 주요한 유전자 조작
작물이다. 이 밖에도 유전자 조작 쌀(이란에서 재배), 호박, 파파야(미
국에서 재배) 들이 있다. 유전자 조작 커피, 토마토, 감자, 기타 작물
들은 개발 중에 있다. 지금까지 세계에서 유전자 조작 재배를 선도
하는 나라는 미국으로 아르헨티나, 브라질, 캐나다, 중국이 그 뒤를
따르고 있다. 이 밖에도 멕시코, 남아프리카, 인도, 필리핀, 콜롬비
아, 이란, 온두라스, 유럽에서는 프랑스, 독일, 포르투갈, 에스파냐
가 유전자 조작 농작물을 연구하고 있다.

유전자 조작 농작물을 찬성하는 사람들은 농민들의 수확량을 증
대시켜 세상을 먹여 살리는 데 도움을 주고 장래에는 사람들에게 비

타민과 단백질이 더 풍부한 식품을 제공할 것이라고 주장한다. 그리고 유전자 조작 농작물은 병해충과 제초 문제를 해결하고 농약 사용을 줄일 수 있으며 연료를 절약하고 토양 침식을 막고 염분이 있거나 메마른 땅에서도 곡식을 기를 수 있다고 주장한다. 그러나 이들이 주장하는 혜택은 거의 증명되지 않았으며, 유전자 조작 농작물이 건강에 어떤 영향을 미치는지, 농작물을 재배하면서 환경이 얼마나 파괴되는지 진지한 성찰이 먼저 이루어져야 한다. 또한 정치적, 경제적 차원에서도 격렬한 논쟁들이 남아 있다.

파탄의 가능성

개발도상국의 영세 농민들—생명 공학 회사들은 이들을 도우려고 애쓰고 있다고 말한다—은 개발도상국 지원 자선 단체들, 그리고 일반 대중과 함께 유전자 조작 식품에 대해 광범위하게 의심하고 있으며 대개 크게 반발하고 있다. 가장 주요한 반대 이유는 유전자 조작 농법이 도입되면 유전자를 조작한 종자를 개발해서 농민들에게 파는 농업 관련 다국적 기업의 힘은 더욱 강화되는 반면 가난한 농촌 공동체가 자립할 수 있는 능력은 약해지기 때문이다.

크리스천 에이드는 어느 조사에서 유전자 조작 농작물은 농민들에게 '헛된 망상'을 약속할 뿐이고 "한 줌도 안 되는 유전자 조작 기업들이 전 세계 식량 체계의 지배를 가속화"하려는 의도라고 결론을 내렸다. 또한 이 단체는 "아직도 환경과 생태, 인간 건강에 미칠 수 있는 영향에 대해 알려진 것이 거의 없습니다. 상업적인 다른 이해관계들이 일반 대중의 우려와 민주적 의사 결정, 지역의 식량 통제권에 우선하는 위험성을 내포하고 있습니다."라고 지적했다.

또 다른 자선 단체인 액션에이드ActionAid는 유전자 조작 커피의 개발과 경작을 반대하는 운동을 시작했다. 일반 커피는 그동안 가족 농장에서 농민들이 소규모로 좋은 품질의 커피 열매를 재배했는데 유전자 조작 커피는 거대한 기업형 플랜테이션 농장에서 생산해야 하므로 "수백만 명의 영세 농민들이 시장에서 내쫓길 위협"에 처할 수 있기 때문이다.

하와이에 있는 한 기업에서 개발한 유전자 조작 커피는 모든 커피 열매가 동시에 익는다. 다만 농약을 뿌려야 한다. 만일 이 커피를 상업적으로 경작하게 된다면 농민들은 그 종자를 사야 하고 해마다 농약을 뿌려야 할 것이다. 그리고 손으로 직접 하는 일이 더욱 줄어들기 때문에 소규모의 가족 농사보다는 기계를 이용해서 대규모로 재배하는 것이 더 적합하다. 유엔 식량 농업 기구의 에티오피아 대표인 테올데 에그지아블레르 박사는 "영세 농민들은 유전자 조작 커피 때문에 시장에서 쫓겨날 수밖에 없을 거예요."라고 말한다. 또한 액션에이드는 "이 기술은 개발도상국의 수백만 농민들의 삶을 파탄으로 내몰 수 있습니다."라고 덧붙였다.

유전자 조작 면화는 또 다른 우려의 대상이다. 공정 무역 재단은 "최근에 이루어진 조사에서 유전자 조작 면화가 가져다줄 이익은 보잘것없다는 사실이 드러났습니다. 유전자 조작 면화를 심은 인도의 농민들은 과거 재래 품종을 심었을 때 나온 수확량과 비교할 때 평균 산출량이 감소했다고 보고했어요."라며 말을 잇는다.

유전자 조작 면화가 약속한 대로 제초제의 사용량을 줄였다는 증거는 아무 데도 없어요. 유전자 조작 종자는 기존의 재래 면화 종자보다 값이 열 배나 비싼 데다 대부분의 농민들은 어쩔 수 없이 유전 공학 종자 회사에서 종자와 관련되어 투입되는 농사 물품을 일괄로 구입해야 하지요. ……길게 보면 농민들은 결국 늘어나는 부채만 떠안는 상황이 될 수 있습니다.

인도의 일부 농민 단체는 자신들의 생계를 지키기 위해 유전자 조작 면화 시험 재배지에서 재배하는 면화를 뽑아 버리고 불태우기도 했다. 전 세계 25억 명이 주식으로 삼고 있는 쌀에 대해 말하자면, 인도의 저명한 언론인이자 식품 안전 활동가인 데빈데르 샤르마와 서유럽의 운동 단체들은 유럽과 미국의 다국적 기업이 유전자 조작 기술과 특허를 무기로 해서 쌀에 대한 지배를 자기들 손아귀에 넣으려 한다고 경고하며 함께 싸우기 위해 힘을 합쳤다. 샤르마는 개발도상국의 귀중한 유전자 재산이 서유럽의 기업농들에게 "대낮에 눈 뜨고 강도"를 당할 위험에 처해 있다고 주장한다.

유전자 조작 농산물과 관련해서 인간의 건강에 위험을 초래할 가능성을 보여주는 증거들은 종종 은폐되어 왔다. 저명한 학자 아파드 푸즈타이 박사의 연구가 잘 알려진 사례이다. 그는 실험용 쥐가 유전자 조작 감자를 먹고 심각한 손상을 입었다는 사실을 발견한 후 영국의 정치권과 의학 기관의 압력으로 스코틀랜드의 저명한 로웨트Rowett 연구소에서 쫓겨났다.

2006년 런던 사회 과학 연구소Institute of Science in Society(I-SIS)는 인도의 안드라프라데시에서 재배하는 유전자 조작 면화 때문에 발생한 심각한 중독 증상과 관련이 있는 "죽은 양과 병에 걸린 농민, 죽은 마을 사람들"에 대한 단서를 발표했다. 이와 비슷한 질병과 사망은 마디아프라데시Madhya Pradesh의 면화 재배 농민들과 필리핀에서 유전자 조작 옥수수를 재배하는 마을 사람들 사이에서도 나타났다. 사회 과학 연구소에 따르면, 이들 지역에서 양을 기르는 사람들은 양들이 유전자 조작 면화 밭에서 풀을 뜯어 먹고 난 다음 "활기를 잃고" "힘이 없어지더니" 콧물을 흘리면서 기침을 시작했다고 말했다고 한다. 양들은 입 주위에 발진이 생기고 부풀어 올랐다. 그리고 검은색 설사를 하고 때때로 붉은 오줌이 나왔다. 이날 이후 5~7일이 지나자 양들이 죽었다. 주변의 네 개 마을에서 적어도 1,820마리의 양이 죽었다.

무엇보다 위험한 것은 이 같은 오염이 널리 퍼질 수 있다는 데 있다. 바람에 날린 꽃가루는 유전자 특성을 다른 곳으로 전달할 수 있다. 유전자 조작 작물과 정상 작물은 공존할 수 없다. 그리고 이 둘 사이에는 서로 영향을 끼치지 않을 안전거리도 없다.

다른 모델

유럽에서는 유전자 조작 농산물이 일반 대중에게 광범위한 저항을 받고 있다. 그러나 유전 공학 대기업들과 이들의 지지자들은 세계 농업에 대한 지배력을 더 높이기 위해 유전자 조작 식품 개발의 끈을 놓지 않을 것이다.

공정 무역은 이와는 전혀 다른 모델을 제시한다. 다국적 기업이 돈을 대고 대학의 과학자들이 개발한 고가의 첨단 농업 기술과 종자들은 결국 가난한 농민들의 고혈을 빼앗아 가지만 공정 무역은 농민들이 예전부터 알고 있는 방식대로, 그리고 우리가 이해할 수 있는 방법으로 농산물을 생산하도록 도와준다. 현재 공정 무역 인증을 받은 곡물과 음료, 면화 제품은 모두 유전자 조작 제품이 아니다. 일부 공정 무역 단체는 유전자 조작 식품을 절대로 사지도 팔지도 못 하게 하고 있으며 상당수의 단체가 유전자 조작 농업에 적극적으로 반대하는 운동을 전개하고 있다.

31

집 안의 공정 무역 가구

커피 탁자에서 식당 가구까지 점점 다양한 공정 무역 가구들을
사용할 수 있다.

가구 광고―텔레비전을 켤 때마다 이 광고를 보지 않을 수 없다.
그러나 공정 무역 가구는 텔레비전 광고에서 볼 수 없다. 탁자에서
의자, 찬장에서 책상, 안락의자에서 침대까지 공정 무역 가구는 광
고 없이도 점점 많이 팔려 나간다. 더욱더 많은 종류의 공정 무역
가구들이 만들어진다. 그리고 이것은 사람들의 생활을 크게 바꾸어
나간다.

인도에서 타라 계획을 이끄는 샤르만 박사는 말한다. "공정 무역
은 우리에게 커다란 개발 기회를 주고 우리의 삶에 많은 변화를 가
져올 수 있어요." 타라 계획은 트레이드크라프트에 공정 무역 공예
품과 가구를 공급한다. 델리에 본부를 둔 비영리 기관 타라 계획은
북인도 지역에 있는 25개의 수공예 장인 단체들을 지원한다. 여기에
는 수천 명이 관여되어 있다(사례 29 참조). 타라의 목적은 노동자들
이 자립할 수 있도록 도와주는 것이다. 공정 무역은 이들 단체와 지
역 사회에 여러 가지 큰 변화를 가져왔다. 이들이 만든 제품 가운데
손으로 솜씨 있게 깎은 '시샴 탁자Sheesham Table'가 있는데 이것은 상

판을 떼어 낼 수 있고 다리를 접을 수 있게 경첩이 달려 있으며 트레이드크라프트에서 판다(공정 무역 가구는 대량 생산이 안 되므로 트레이드크라프트 온라인 매장에서 찾을 때 품절되는 경우가 많다 - 옮긴이).

트레이드크라프트는 "우리가 파는 공정 무역 가구는 전 세계의 숙련된 수공업자들이 만든 제품입니다."라고 말한다. 또한 트레이드크라프트가 파는 가구에는 말라위에 있는 개발 무역 회사에서 손으로 깎아 만든 원목 지팡이와 나무 탁자도 있는데 이 회사는 말라위의 '가난하고 못사는 사람들'이 모여서 일한다.

월트셔 주의 말보로 근처에 있는 작은 가족 회사인 뉴 오버시즈 트레이더스New Overseas Traders(인디아숍The India Shop)는 많은 종류의 인도산 가구들을 사들인다. 이 회사는 인도에 있는 친족 회사나 협동조합과 거래하는데 그곳에서 일하는 장인들이 장기 고용 계약을 맺고 일하는 것을 목표로 삼고 있다. 이들이 공정 무역을 하는 목적은 다음과 같다.

> 특히 농촌 지역에서 남아도는 유휴 노동력에 고용을 제공하고 전통 공예 기술을 살리는 것이다. ……우리 제품을 만들고 포장하는 일을 하는 노동자들은 모두 적절한 노동 조건에서 사람다운 대접을 받아야 하며 공정한 임금을 받는다. 미성년자들은 고용하지 않는다. 우리의 제품과 생산 기술은 환경을 해치지 않는다. 우리 제품을 생산하는 노동자들의 가족이 좋은 사회, 의료, 교육 환경 속에서 생활할 수 있도록 지원한다.

여기서 파는 공정 무역 가구에는 다음과 같은 것들이 있다.

- 수제 평상 원목 야외 안락의자
- 흰 다리와 서랍이 달린 침대 옆 채색 원목 탁자
- 흰색 원목 긴 의자
- 채색 철제 긴 의자
- 황마 시트를 깐 목조 의자
- 원목 탁자
- 커피 탁자
- 서랍이 달린 바조트bajot 탁자
- 예비용 탁자
- 앉은뱅이 탁자
- 인도산 티크목 소파 겸용 침대
- 도제 타일을 입힌 원목 긴 의자
- 시샴 원목과 철제로 만든 잘리jali 식탁 의자
- 전통의 덧문이 세트된 유리 탁자
- 옆면을 손으로 새긴 전통 타가트Takhat 식탁
- 타가트 커피 탁자
- 수레바퀴 상판 탁자
- 바조트 가구—임시 발판이나 화분대 또는 동양식 개인 식탁으로 사용할 수 있는 다용도 가구
- 상다리를 새긴 앉은뱅이 긴 탁자
- 남인도 책상
- 찬장과 옷장
- 덧문이 달린 찬장
- 히마찰프라데시Himachal Pradesh 장롱
- 옛날 약상자

- 보관장
- 석회를 입힌 찬장

인디아숍은 영국 공정 무역 상점 연합회BAFTS의 회원이다.

아기들은 모두 아기용 의자를 좋아한다. 어친Urchin은 어린이용 공정 무역 가구를 전문으로 하는 상점이다. 여기서는 아이들이 자다가 마룻바닥으로 떨어지지 않도록 옆을 세운 철제 침대를 판다. 그리고 공정 무역 인증을 받은 등나무 의자와 등받이 없는 의자, 빅토리아 풍으로 꾸민 철제 긴 의자 등을 판다.

여러분은 공정 무역 인증을 받은 가구에 앉아 쉬면서 공정 무역 수공업 제품 공급업자인 발리 스피리트Bali Spirit에서 수입한 수제 촛대나 천장에 매달린 등 또는 탁상 전등으로 방을 밝힐 수 있다.

안주나Anjuna는 아마Armagh 주에 있는 공정 무역 소매 회사인데 인도, 카슈미르, 티베트, 네팔, 타이에서 생산한 가구와 선물 용품, 수공예품을 전문으로 취급한다. 안주나는 북아일랜드에서 최초로 BAFTS 승인을 받은 공정 무역 직판점이다. 여기에 제품을 공급하는 사람들은 대부분이 BAFTS 승인을 받은 수입업자들이다.

가까운 곳에 있는 원월드숍One World Shop에 가서 다양한 공정 무역 가구들을 둘러보는 것도 바람직한 일이다. 예를 들어 에든버러에 있는 원월드숍에 가면 멋진 인도산 자단 가구와 볼리비아에서 만든 현대식 주방용 유리그릇, 가나에서 수입한 대나무 쟁반과 감귤색 그릇, 강렬한 느낌이 나는 바구니 제품 등 다양한 종류의 공정 무역 가구를 만날 수 있다.

'좋은 느낌 공정 무역 가구 운동Project Feelgood Fair Trade Furniture'은 런던 메트로폴리탄 대학의 미술, 미디어, 디자인학과 학생들이 시작한 공정 무역 운동의 이름이다. 이 운동은 흔들의자와 안락의자, 발 받침대, 식탁 또는 책상 같은 예술 가구에 공정 무역의 원칙을 적용하는 것이다. 이런 가구들을 모두 아프리카에서 제작하게 하는 것이 이들의 목표이다.

공정 무역 가구를 정원에서 쓰는 가구로까지 범위를 넓히는 것은 어떨까? 방글라데시에 있는 주트워크스Jute Works는 손으로 짠 해먹을 만들어 공급하는데 농촌 여성들에게 경제적으로 큰 도움이 된다. 해먹은 트레이드크라프트에서 살 수 있는데 끈을 조여서 물건을 보관하는 데 쓸 수도 있다.

공정 무역 가구는 모든 제품이 하나밖에 없는 것이고 대량 생산을 하지 않는다. 그리고 무엇보다도 공정 무역 제품을 삼으로써 제품을 만드는 사람들에게 주는 기회도 유일무이한 것이다. 집에 손님을 초대한다면 여러분이 산 공정 무역 가구가 이야기의 주제가 될 것이다.

32

자연재해와 인재를 겪은 사람들에게 재건의 힘을!

공정 무역은 2004년 불어 닥친 해일과 태풍 미치와 스탄 등 자
연재해로 피해를 입은 후진국의 지역 사회가 재난을 극복할 수
있도록 지원했다. 이것은 단순히 돈만의 문제가 아니다. 오랫동안
공정 무역으로 지속된 상호 관계는 이들 국가의 반복되는 자연재
해 속에서 그 가치를 입증한다.

대개 자연재해는 선진국보다 후진국에서 훨씬 더 오랫동안 피해
를 끼친다. 그리고 선진국에서는 절대로 일어날 수 없는 인재가 개
발도상국에서는 자주 일어난다. 공정 무역은 자연재해든 인재든 지
난 30여 년 동안 끊임없이 구원의 손길을 보냈다.

1970년대 초 방글라데시의 사이드푸르Saidpur 지방에는 1971년 파
키스탄과의 독립 전쟁이 끝난 후 피플트리와 공정 무역 제휴를 맺은
액션백Action Bag이 설립되었는데, 우르두 어를 쓰는 방글라데시 비하
르 난민들의 굶주림을 해결하기 위한 것이었다. 액션백은 처음에 50
명의 여성을 훈련시켰다. 이들이 맨 처음 받은 주문은 독일 공정 무
역 회사인 게파에서 왔다. 피플트리는 10년 동안 액션백과 함께 일
했다.

공정 무역은 보팔Bhopal 지방의 재건에도 힘을 보탰다. 1984년 12
월 어느 날 밤 인도 중심 도시에 있는 유니언 카바이드 공장에서 운
영 잘못으로 40톤의 유독 가스를 방출했다. 50만 명이 곧바로 피해
를 입었고 그 가운데 2만 명이 죽었다. 그리고 후유증이 계속되었는

데 시력 장애, 호흡 질환, 부인병 장애, 암, 선천적 결손 증상 들이 나타났다. 피해를 입은 지역 사회는 여전히 보상을 요구하고 있다. 1985년 보팔 갱생 센터가 설립되었고, 이곳은 피해를 입은 사람들에게 수공업 생산 기술을 가르쳐서 자립할 수 있도록 지원하는 일을 한다. 여기서 만든 가죽 가방을 현재 트레이드크라프트에서 판매한다.

짐바브웨의 로버트 무가베는 20년 동안 '쓰레기 청소'라고 부르는 도시 빈민 강제 추방 작전을 벌여 25만 명에 이르는 시민의 집과 재산을 파괴했다. 트레이드크라프트에 스크린 인쇄를 공급하는 데진 Dezign Inc.에서 일하던 노동자들도 대부분 쫓겨났다. 그러자 트레이드크라프트는 재빨리 데진이 만들 새로운 품목을 개발하고 많은 일감을 제공했다. 그리고 후원자들에게 기부를 요청했다. 2006년 초 이들이 올린 매출과 기부액은 토지를 사고 급수 및 배수, 전기 시설, 그리고 아흔다섯 가족이 새 보금자리가 될 집을 지을 수 있을 만큼 충분했다.

해일이 지나간 이후

2004년 크리스마스 다음 날 아시아 남부와 동남부 지역에 해일이 덮쳤을 때 약 13만 명이 죽었다. 그리고 3만 7,000명 이상이 여전히 실종 상태이다. 50만 명은 집을 잃었다. 이에 공정 무역 운동은 빠르게 대응했다. 트레이드크라프트는 해일 피해를 입은 여섯 나라의 생산자 단체와 연락을 취하고 이들에게 긴급 구호물자를 공급했다.

피해가 컸던 스리랑카에서는 트레이드크라프트의 제휴 업체인 가스펠하우스Gospel House가 피해가 심한 지역에 깨끗한 물과 음식, 의복을 전달하고 의료 시설을 설치하는 일을 도왔다. 타이, 인도네시아, 인도의 제휴 업체들도 생활 수단을 잃어버린 사람들을 지원했고 트레이드크라프트는 피해 지역의 재건을 위한 모금 운동을 펼쳤다.

인도네시아, 인도, 스리랑카의 영세 농민들에게서 영국, 미국, 유럽으로 공정 무역 유기농 향신료와 바닐라 열매, 방향유, 커피를 수입하는 포레스트레이드ForesTrade는 해일 구호 기금을 마련했다. 이 회사는 인도네시아 아체 주에 있는 공정 무역 제휴 단체인 가요 유기농 커피 농민 조합Gayo Organic Coffee Farmers Association으로 구호 기금을 보냈다. 아체는 사망자가 많고 상황이 매우 안 좋은 지역이었다. 가요는 커피 보관 창고를 긴급 피난처로 개방하고 담요와 옷, 음식을 나누어 주었다. 포레스트레이드의 공동 창립자인 토머스 프리케는 말한다. "우리는 재난 구호 활동을 사전에 잘 준비합니다. 재난이 닥치면 바로 대응할 준비가 되어 있지요. ……여러 개의 창고와 트럭, 많은 인력이 있으며…… 그것들을 가장 긴급하게 필요한 곳으로 보낼 수 있어요."

국제 공정 무역 협회의 아시아 지역 회원 단체들도 해일 피해 구호 활동을 하고 해당 지역 사회에 대한 장기 지원을 지속했다. 스리랑카의 전국 공정 무역 포럼은 식량과 피난처, 옷, 주방용품 들을 지원했다. 인도네시아의 페케르티Pekerti와 야야산 푸스파 인다Yayasan Puspa Indah 이 두 단체는 수공품 무역, 가정 중심 산업, 창업 자금 대출, 사업 지원 등 갱생 프로그램을 시작했다.

인도의 공정 무역 포럼은 긴급 구호 기금을 설립했으며 공정 무역 단체들은 해일 피해가 심한 인도 남부 지방의 해안 지역에 구호와 장기 지원을 계속했다. 아샤 공정 무역 뭄바이 - 인도 수공예 조합 Asha Handicrafts of Mumbai and Indian Association for Fair Trade은 해일로 큰 피해를 입은 타밀나두Tamil Nadu 어촌 지역의 갱생을 위한 계획을 운영했다. 이 지역의 모든 가구를 자립 단체로 조직하고 그물과 재봉틀, 여러 가지 용구, 옷, 식용유 들을 나누어 주고 공중전화를 설치했다. 영국의 톤브리지Tonbridge 침례교회 등 해외에서도 지원이 쇄도했다.

아시아 지역의 해일 피해자를 돕기 위한 구호의 손길은 페루같이 멀리 떨어진 나라의 공정 무역업자들에게서도 왔다. 여성 커피 재배 농민들이 세운 카페 페메니노 협회Café Femenino Foundation는 인도네시아의 수마트라에 있는 해일 피해 농민들에게 구호 기금을 보냈다.

태풍 미치와 스탄

지금까지 가장 강력하고 치명적인 대서양 태풍이었던 미치는 1998년 10월 중앙아메리카를 강타했다. 주로 홍수와 토사 유입으로 1만 1,000명에 가까운 사람들이 죽었다. 수천 명이 아직도 행방불명 상태이다. 온두라스, 니카라과, 과테말라가 가장 큰 피해를 입었다.

공정 무역 수입업자들은 모두 한마음으로 대책을 마련했다. 카페 디렉트는 지역별 구호 모금 운동으로 6만 7,500파운드를 모아 기부했다. 니카라과의 카페디렉트 제휴 단체인 프로데코프PRODECOOP는 해외 원조의 창구가 되어 주택과 도로를 보수하고 커피 가공 시설을 고쳤다. 과테말라에서는 영국의 생활 협동조합에 공정 무역 커피를 공급하는 페데코카구아Fedecocagua 협동조합이 황폐화된 농장과 가공 공장, 도로, 다리, 학교를 복구하기 위해 국제 구호 기금을 사용했다.

태풍 미치가 지나간 지 7년 후인 2005년 10월에 불어 닥친 태풍 스탄은 미치보다는 덜하고 사망자도 적었지만 멕시코와 중앙아메리카 남부를 가로질러 파괴의 흔적을 남겨 놓았다. 과테말라에서 커피 수확의 손실은 전년 대비 적게는 30퍼센트에서 많게는 80퍼센트까지 이른다고 추산되었다.

카페디렉트는 다시 행동을 개시했다. 멕시코 남부 치아파스에 있는 농촌을 지원하기 위해 인터넷에 온라인 상점을 개설하고 팔렝케 Palenque 상표의 공정 무역 커피 한 봉지를 팔 때마다 추가 기부금을 냈다. 2006년 2월 팔렝케 농민들의 세스마치Cesmach 협동조합의 대표가 영국을 방문해서 자신들의 커피를 팔아 주어 구호 기금을 마련해 준 사람들에게 감사의 인사를 전했다.

미국의 공정 무역 커피 수입업자들도 기금을 모금하여 멕시코와 과테말라에서 태풍 피해를 입은 농민 협동조합에 보냈다. 이 기금들은 구호가 시급한 농촌으로 보내져 식량과 의약품, 필수품들을 조달하고 가공 공장의 수리와 파괴된 커피 농장의 복구에 쓰였다.

공정 무역 웹 사이트들은 쉬지 않고 구호 활동에 대한 소식을 전달했다. 한 사이트에서는 "실제로 주요 도시와 농촌 지역을 연결하는 모든 도로가 끊겼다."고 알리면서 "가장 걱정되는 곳은 더 멀리 떨어져 있고 지형이 더 험준한 지역들인데 그곳은 산에서 토사가 흘러내렸을지도 모르기 때문이다. 이 지역들은 가장 가난한 사람들이 살고 있는 곳이다."라고 전했다.

또 다른 웹 사이트는 "현재 가장 시급한 문제는 전염병과 관련한 질병과 위험들이다. 많은 사람이 장염과 독감, 폐렴, 피부병으로 고통받고 있다."고 전했다. 또 다른 사이트에서는 이렇게 설명했다.

지금은 수확기이다. 따라서 우리가 해야 할 일은 여러 가지가 있다. 물론 최우선적으로는 도움이 필요한 곳에 구호품을 보내는 것이고 그 다음에는 생산 지역의 하부 구조를 복구하도록 지원해야 하며 마지막으로 수확과 수출을 도와서 생산 농가들이 제때에 수입을 얻도록 하는 것이다.

미국의 공정 무역 업체인 이퀄 익스체인지는 구호와 재건을 위한 기금을 모금하면서 이렇게 말했다.

> 공정 무역은 거래 상대방과 직접적이고 장기적인 관계를 유지하는 것이다. 우리는 농민들이 생산한 농산물을 공정 가격으로 구입하는 것 말고도 이들이 성공을 이루든 시련을 겪든 조합원들과 함께하려고 노력한다. ……지금 이 순간 이 같은 동반자 관계가 뜻하는 것은 태풍 스탄으로 모든 것이 파괴된 조합원들을 지원하는 것이다.

다른 단체들도 "우리가 해야 할 일은 공정 무역 커피를 사는 것으로 끝나지 않는다. 그 가족들에게는…… 지금 이 순간 우리가 여태까지 했던 것보다 더 많은 도움이 필요하다."고 동의했다.

33

다국적 기업의 무역이 공정해지다

공정 무역은 국제 무역을 어떻게 할 수 있는지, 그리고 어떻게
해야 하는지 그 모범 답안을 보여 준다. 거대 기업들은 그동안
자사가 저질러 온 행실을 고쳐야 한다는 압력을 받고 있으며 그
것을 알리는 신호들이 여기저기서 나타나고 있다.

영국의 슈퍼마켓에서 고객들이 공정 무역 제품을 사기 시작하면
서 일어나는 변화는 혁명이라는 단어를 써도 무색하지 않을 정도다.

1990년대 말까지만 해도 슈퍼마켓에서 공정 무역 제품을 사기는
어려웠다. 공정 무역 제품은 주로 특정한 가게에서만 팔거나 우편으
로 주문해서 샀다. 그러나 공정 무역은 대기업들이 무시하기에는 품
질이 너무 좋다는 것이 입증되었다. 슈퍼마켓들은 이제 공정 무역
제품을 들여놓지 않으면 매출이 줄어들 것을 안다. 이들은 공정 무
역 제품으로 거둔 성공이 자기들에게 돌아오기를 바란다. 세인즈베
리스Sainsbury's, 코옵Co-op, 웨이트로즈Waitrose, 테스코Tesco, 아스다Asda,
버긴스Budgens, 스파Spar, 서머필드Somerfield, 부스Booths, 모리슨스
Morrisons 등 영국의 주요 슈퍼마켓들은 점점 더 많은 종류의 공정 무
역 제품을 사들이고 있다. 식료품만이 아니다. 2006년 3월 마크스
앤드 스펜서는 번화가에서는 처음으로 자체 상표를 붙인 공정 무역
면직물과 티셔츠, 양말 들을 파는 소매업체가 되었다.

혁명은 번화가를 벗어나 다른 곳으로도 퍼져 나갔다. 기차 여행객

들도 점점 공정 무역 제품을 쓰는 사람들이 많아지고 있다. 버진트 레인Virgin Train 사는 기차 안에서 파는 차와 커피, 핫초콜릿, 설탕과 초콜릿을 잘게 뿌린 스프링클 과자를 모두 공정 무역 제품으로 바꾸었다. 그리고 몇몇 기차역의 특별 대합실에 공정 무역 제품을 가져다 놓았다. 영국의 기차역 100여 곳에 테이크아웃 커피 판매점을 두고 있는 에이엠티 커피AMT Coffee 회사도 공정 무역 커피만을 판다. 소비자들의 반응은 공정 무역 커피를 선호한다는 것을 보여 주었다. 스타벅스와 코스타 커피Costa Coffee, 프레타망제Pret a Manger(영국의 샌드위치 체인점 – 옮긴이) 등 대형 체인점도 이러한 커피 소비자 반응에 주목하기 시작했다.

주식회사의 법적 의무는 회사의 지분을 소유한 주주들에게 이익을 만들어 주는 것이다. 그런데 공정 무역 제품을 더 많이 팔면 회사가 이 의무를 충실히 이행하는 것을 도와준다. 소비자들의 요구에 맞게 반응하지 않으면 주주들의 기대를 저버리는 것이 될 것이다. 그러므로 공정 무역의 규모를 더 키우고 대기업들에 영향력을 미칠 기회를 갖는 것은 진지하게 고려해야 할 사항이다.

그러나 모든 것이 그렇게 달콤하고 쉬운 것은 아니다. 주식회사는 자사의 힘을 남용해서 아무런 통제도 받지 않고 사람과 환경 자원을 착취하면서 이익만을 추구할 수 있다. 대형 슈퍼마켓들은 개발도상국의 생산자들에게 가격을 낮추도록 압력을 행사한다는 이유로 비난을 받아 왔다. 그리고 이들 슈퍼마켓은 한편으로 공정 무역을 받아들이면서 다른 한편으로 다시 생산자들에게 피해를 주는 '가격 전쟁'에 돌입한다. 예를 들면 2006년 3월 아스다는 바나나에 대해 '야만적인 가격 전쟁'을 시작했다. 바나나 링크Banana Link의 활동가들은 아스다가 "경쟁자들을 따돌리기 위한 필사적인 노력의 일환으로"

이미 싸게 팔리고 있는 바나나 가격을 25퍼센트 인하했다고 말한다. 이들은 다음과 같이 지적한다.

이런 행위는 서아프리카와 라틴 아메리카에서 바나나를 수출하는 지역 사회의 농민들과 자연환경을 크게 망치는 결과를 초래할 전쟁입니다. 심각한 피해를 줄 겁니다. 바나나를 재배하는 농민들은 아이들을 학교에 보내지 못하게 될 것입니다.

영국의 소비자들은 현재 공정 무역 바나나만을 고집하면서 슈퍼마켓들에 자신들의 의지를 알리고 있으며 이것은 그 같은 파멸을 초래하는 가격 전쟁을 멈추게 할 수 있다.

네슬레 논쟁

주요 다국적 기업들이 공정 무역에 참여하면서 여러 논쟁이 일어날 수 있다. 이 같은 논쟁은 2005년 파트너스 블렌드 커피라는 네슬레 제품이 공정 무역 재단의 인증을 받으면서 첨예하게 불거졌다.

네슬레는 영국에서 가장 많이 불매 운동의 대상이 되는 기업이다. 운동가들은 네슬레가 "유아 식품을 공격적으로 판매하고" "노동조합을 탄압하며 미성년자 노동에 개입하고 생수 사업으로 환경을 파괴하며 유전자 조작 기술을 사용하고……" 있다는 점을 꾸준히 지적해 왔다.

파트너스 블렌드 커피는 엘살바도르와 에티오피아에 있는 영세 농민들의 협동조합에서 공급하며 공정 무역 인증 기준을 따르고 있다. 공정 무역 재단의 이사인 해리엇 램은 말한다. "이것은 우리와 커피 재배 농민들 모두에게 중요한 전환점입니다. 그리고 공정 무역을 지원해주었던 사람들과 주요 대기업들에 공정 무역 커피를 쓰도록 압력을 넣었던 사람들에게도 전환점이에요. 이것은 우리 일반 대중이 성취할 수 있는 것이 무엇인지 명확하게 보여 줍니다. 여기 한 다국적 기업이 사람들의 말에 귀를 기울이고 그들이 원하는 것—공정 무역 제품을 그들에게 주고 있는 겁니다."

네슬레는 8,500가지의 제품을 생산하는, 세계에서 가장 큰 식품 회사이다. 파트너스 블렌드와는 별개로 이들 제품은 이전 방식대로 거래되고 있다. 네슬레는 과거에 공정 무역을 비판했지만 지금은 시장의 힘 앞에서 그 같은 생각을 바꾸게 되었다고 말했다. 파트너스 블렌드의 대표를 맡고 있는 힐러리 파슨스는 말한다. "우리는 지금은 공정 무역 제품을 사지 않지만 후진국의 개발 지원에 매우 관심이 많은 소비자들이 시장에 있다는 것을 발견했지요. 우리는 이들을 네스카페 상표의 힘으로 이 시장에 끌어들일 겁니다."

공정 무역 재단 회원 단체인 옥스팜과 영국 여성 협회Women's Institute(WI), 사람과 지구는 이런 움직임을 환영하면서 또 한편으로는 경계를 늦추지 않았다. 옥스팜은 파트너스 블렌드가 "작은 첫걸음"이며 "네슬레가 공정 무역 운동의 압력을 받아들인 것에 만족"한다고 말했다. 그러나 네슬레를 비롯한 주요 커피 회사들이 "커피 산업의 위기를 해결하기 위해서는 갈 길이 멀다."고 덧붙였다.

영국 여성 협회는 "네슬레에 부여한 공정 무역 인증은 에티오피아와 엘살바도르에 사는 가난한 농민들에게 많은 혜택을 가져다줄 것이다. 우리는 이 제품이 성공하기를 바라며 또한 공정 무역의 개념을 널리 알려 새로운 지지자들이 늘어나길 바란다."고 말하며 만족스러워했다. 그리고 "네슬레가 하고 있는 더 많은 사업에 대해서는 여전히 심각하게 우려"하고 있다고 덧붙였다.

학생들의 공정 무역 단체인 사람과 지구는 "공정 무역 제품이 시장에 더 널리 알려지게 된 것은 인정하지만 그렇다고 우리가 네슬레 불매 운동에 대한 지지를 거두어야 할 이유는 없다고 본다."고 말했다.

그러나 이 밖의 운동가들은 네슬레 제품이 공정 무역 인증을 받은 것에 대해 강하게 반발하고 있다. 콜롬비아 식품 노동자 연합Colombian Food Workers' Union의 조사에 따르면, 네슬레의 기업 정책 때문에 15만 명의 커피 재배 농민이 생계를 잃었다. 이 연합은 네슬레의 제품에 공정 무역 인증을 해 준 것은 "대단히 우스운 일"이라고 말했다.

세계 개발 운동World Development Movement의 이사이자 공정 무역 재단의 창립 회원인 베네딕트 사우스워스는 이렇게 말한다.

네슬레가 파트너스 블렌드 커피를 시장에 내놓은 것은 네슬레의 사업 모델이 근본적으로 변화하기 시작했다기보다는 새로 성장하는 시장에 자본을 투입하는 시도이거나 새로운 제품의 판매를 시험 삼아 해 보는 것으로 생각해요. 만일 네슬레가 공정 무역 커피에 정말로 확신이 있다면 자사의 사업을 전면 재정비하여 커피 재배 농민들이 일한 대가를 공정하게 받아 갈 수 있을 거예요. 그때까지 네슬레는 여전히 해답이 아니라 우리가 풀어야 할 문제입니다.

액션에이드의 줄리안 오램은 말한다. "네슬레 같은 회사들이 원료 공급자들과 더 공정한 관계를 가지도록 이끄는 것은 무엇이든 좋아요. 그러나 공정 무역 상표가 아직 풀리지 않은 문제들에 대한 우리의 관심을 다른 데로 돌리는 책략으로 악용될 수도 있어요."

크라프트 사

대기업이 공정 무역 제품처럼 보이지만 실제로는 기준 미달인 제품을 출시하는 또 다른 새로운 문제가 일어날 수 있다. 예를 들면 세계에서 두 번째로 큰 식품 회사이며 켄코Kenco와 맥스웰하우스 Maxwell House를 소유하고 있는 크라프트Kraft는 '켄코 지속 가능한 개발'이라고 부르는 커피 제품을 시장에 내놓았다.

크라프트는 이 커피가 공정 무역 인증을 받은 지속 가능한 농법으로 생산한 커피 열매로 만든 것이고 비영리 기관인 열대 우림 연합이 독립적으로 인증한 커피라고 말한다. 이 단체가 인증한 농장에 있는 숲과 야생 환경은 잘 보존되고 있으며 농장 노동자들은 인간다운 대접을 받고 깨끗한 물과 의료 혜택을 받으며 아이들도 학교 교육을 받고 있다고 주장한다.

크라프트는 이런 윤리 기준을 고수하는 농민들에게 일반 시장에서 팔리는 볶지 않은 커피 열매 가격에 추가로 20퍼센트의 초과 이익을 지불한다. 세계 시장 가격이 1파운드에 100센트 미만으로 떨어지면—2000년에서 2006년 8월까지는 일반적인 가격이 그랬다—공정 무역 체계에서는 126센트를 받지만 크라프트에서는 이보다 덜 받는다.

공정 무역 재단은 이 같은 유사 인증 제도가 확산되면 "사람들이 혼동할" 수밖에 없다고 말한다. 재단의 부대표인 이안 브레트만은 "사람들이 이런 시도를 '공정 무역과 같은 것'이라고 주장하면 우리는 그것이 실제로는 공정 무역이 아니라고 지적해 주어야 합니다." 라고 말한다.

공정 무역 제품을 사는 것은 대기업들의 상관습을 개선하는 데 기여할 수 있었다. 그러나 거기서 끝나는 것이 아니라 대기업들이 공정거래 체계 안으로 들어오게 해야 한다.

트레이드크라프트의 대표 이사인 폴 챈들러는 '공정 무역 제품의 성장'에 주목하는 '주류' 영리 회사들이 공정 무역에 참여할 것이라고 예견한다. 그러나 그는 누구보다 열성으로 공정 무역 제품을 쓰는 소비자들은 "공정 무역 실현을 목적으로 하는 단체들이 파는 제품을 더 선호할 것"이라고 생각한다.

다국적 기업들은 '기업의 책임성'에 대해 얘기하곤 한다. 그러나 이들은 말로만이 아니라 실제로 보여 주어야 한다. 소비자들이 공정 무역 제품을 많이 사면 다국적 기업들은 개발도상국의 가난한 사람들을 생각하는 윤리 경영을 하게 되고 거래 기준도 공정하게 개선하는 압박 요인으로 작용할 것이다.

폴 챈들러는 기업들이 사회에 책임 있는 행동을 해야 한다는 요구는 "과거 어느 때보다 더욱 거세지고 있습니다."라고 말한다. 그는 이런 인식이 확산되는 것은 "공정한 무역 거래 방식에 대한 소비자들의 지지가 늘어나는 데서 한 원인을 찾을 수 있습니다."라고 설명한다.

34

인간다운 노동 환경을 보장하다

세계 여러 나라에서 직물 및 의류 산업에서 일하는 노동자들을 착취하는 행태는 아직도 여전하다. 공정 무역 옷을 사 입는 것은 노동자들에게 인간다운 노동 환경을 보장하는 진정한 대안을 지원하는 것이다.

세계는 옷에다 한 해에 수천억 달러의 돈을 쓴다. 이 가운데 서유럽이 전체 시장의 3분의 1을 차지한다. 우리가 사는 옷들은 대부분 개발도상국에서 수입하는데, 노동 비용이 가장 싸고 대개 국가의 규제가 거의 없는 '자유 무역 지대'에서 만든다. 2004년 유럽 연합이 수입한 전체 의류 가운데 절반 이상이 중국, 터키, 루마니아, 방글라데시, 튀니지에서 만든 옷이다.

옷은 노동 집약적인 저기술 제품이다. 노동 비용은 대개 소매가격 가운데 5센트 이하 또는 1퍼센트 이하를 차지한다. 의류 산업은 '노동자를 착취하는 일터'로 악명이 높은데, 미국 노동부가 규정한 바에 따르면 적어도 최저 임금제, 미성년자 노동과 부당 해고 금지 등 두 가지 기초 노동법을 어기는 제조 작업장을 이렇게 부른다. 우리가 번화가의 상점에서 사 입는 유명 상표의 옷들은 모두 열악한 임금과 초과 근무의 강요, 위험하고 건강에 해로운 작업 환경, 모성 보호 결여와 노동조합의 금지를 바탕으로 만들어진 것들이다. 영국의 노동자 착취 반대No Sweat 운동가들은 말한다. "노동자들은 다른 대안을 찾을 수 없기 때문에 이런 일터에서 일합니다. 인도네시아의 의류 노동자들은 한 달에 60달러를 벌어요. ……이 나라에서 이 일 말고는 전혀 일거리가 없는 수천만 명의 실업자 속에 들어가는 것밖에 다른 방법이 없어요. 거기서는 기본적인 생활 보호 장치도 없어요."

의류 산업에서 일하는 노동자들 대다수는 여성이다. 그리고 대개 농촌에서 올라온 미혼 여성이다. 방글라데시는 의류 노동자의 85퍼센트가, 콜롬비아는 90퍼센트가 여성이다. 비숙련 여성 노동자들은 대개 임금도 낮고 아무 때나 해고할 수 있다. 옥스팜의 추정에 따르면, 방글라데시의 방직 의류 수출업체에서 일하는 여성 가운데 절반 이상이 계약을 하지 않고 일한다. 대부분은 모성 보호나 건강 관리를 받지 못한다. 이들은 한 달에 평균 80시간의 초과 근무를 하고 정당한 급여의 60~80퍼센트만 받는다. 이곳에서 성희롱은 다반사다. 불평하는 사람은 곧바로 해고를 당한다.

또한 여성 노동자들은 대체로 사람들이 밀집한 비위생적인 기숙사에서 생활한다. 그래서 심각한 병에 걸린 사람들이 많다. 이곳에서 몇 년 이상을 견뎌 내는 사람은 거의 없다.

공장에서도 사고가 자주 일어난다. 2005년 4월 방글라데시에 있던 9층짜리 스펙트럼 스웨터Spectrum Sweater 공장이 한밤중에 무너졌다. 건축 허가도 받지 않은 건물이었다. 이 사고로 64명의 교대 근무자들이 죽었다. 생존자들은 이전부터 위험한 상태에 대해 우려를 표했지만 공장 관리자들이 자신들의 말을 무시했다고 울분을 토했다.

권리를 지키려는 사람들은 협박을 받는다. 방글라데시 다카의 산업 단지에 있는 의류 노동자들이 2003년 11월 밀린 임금을 달라고 요구하면서 벌어진 경찰과의 싸움에서 한 명이 죽고 다섯 명이 실종

되었으며 200명이 다쳤다. 실종자들은 죽은 것으로 추정되었다. 2006년 5월에 일어난 임금 투쟁으로 또 다른 충돌이 발생했는데 여기서도 한 명이 죽고 80명이 다쳤다. 경찰은 총을 쏘기도 했다.

이런 문제는 개발도상국에만 한정되는 것이 아니다. 미국 노동부에 따르면, 로스앤젤레스에 있는 의류 공장의 67퍼센트와 뉴욕의 63퍼센트가 최저 임금과 초과 근무에 관련된 법을 어겼다.

의류 산업에서 노동자 착취는 공장들이 주문을 받으려고 치열하게 경쟁하면서 발생한다. 대형 수입업자와 판매업체들은 제조업체들끼리 경쟁을 붙여 자기들에게 유리한 계약을 맺는다. '역경매' 방식은 가격을 떨어뜨린다. 주문은 일정하지 않고 납기일은 짧다. 공장들은 작업량 계획을 세워 꾸준하게 유지할 수 없다. 노동자들은 납기일을 맞추기 위해 야간 근무를 계속해야 한다. 생산 원가가 삭감된 제조업체는 하청업체와 계약해서 임시직과 가내 노동자를 쓴다. 이들의 작업 조건은 더욱 열악해서 노동권에 대한 보장이 별로 없다.

1990년대 이후 의류 산업 연구 결과, 널리 알려진 유명 제품들이 가혹하고 악랄한 작업 환경 속에서 만들어졌다는 사실이 밝혀졌다. 영국 아카디아 그룹UK's Arcadia Group(톱숍, 도로시 퍼킨스, 버튼, 미스 셀프리지)과 슈퍼마켓 체인 테스코, 나이키와 아디다스 같은 세계적인 스포츠 의류업체들은 이들에게 옷을 공급하는 제조업체에서 노동자들을 착취한 것으로 밝혀져 비난을 받았다.

이에 영향을 받은 유명 상표와 소매업체들은 노동자들의 임금과 작업 환경 개선을 요구하는 행동 규범을 채택했다. 영국 정부가 지원하는 윤리 무역 기구Ethical Trading Initiative는 이 같은 계획을 적극적으로 지원한다. 그러나 개선을 위한 노력에도 전 세계 수백만 명의 방직 의류 노동자들에게 유리하게 바뀐 것은 아무것도 없다. 이들이 채택한 행동 규범은 제조업체에 큰 구속력이 없다. 특히 슈퍼마켓과 할인 판매점, 우편 주문 판매 회사와 스포츠 의류업체에 옷을 공급하는 제조 공장들은 이런 규범을 거의 지키지 않는다.

옥스팜은 2006년 「오프사이드 반칙! 아시아의 노동권과 스포츠 의류 생산」이라는 보고서에서 세계적 상표의 축구화와 스포츠용품을 생산하는 아시아 노동자들에 가해진 착취와 폭압을 폭로했다. 필라는 그중에서도 최악의 제품으로 밝혀졌다. 옥스팜은 2006년 월드컵 기간에 아디다스가 자사에 제품을 공급하는 인도네시아의 제조 공장에서 1일 파업으로 해고당한 33명의 노동자를 복직시키지 않았다며 비난했다. 인도네시아 인권 위원회는 1일 파업으로 해고하는 것은 불법이라고 규정했다.

대안은 무엇인가

공정 무역 인증을 받은 면화로 만든 옷을 사는 것은 면화 재배 농민들이 공정한 임금을 받고 과도한 농약 사용을 피할 수 있기 때문에 의류 산업에서 일하는 사람들에게 도움을 준다(사례 10 참조). 그러나 면화 생산은 의류 공급망의 첫 번째 단계일 뿐이다. 마크스 앤드 스펜서 같은 영국의 주요한 의류업체들이 공정 무역 인증 면화로 만든 의류를 팔기 시작했지만 방적공과 직조공 등 의류 공급망의 다른 단계에 있는 사람들에게까지 공정 무역 최소 가격과 사회적 초과 이익이 적용되지는 못한다.

공정 무역 운동이 다른 공정 과정에 있는 의류 노동자들에게도 더 좋은 대우를 보장할 수 있는 새로운 산업 표준을 만들려고 하는 이유가 바로 여기에 있다. 그러나 아직까지도 합의에 이르지 못했다.

그동안 우리가 할 수 있는 가장 좋은 방법은 국제 공정 무역 협회의 행동 규범에 서명한, 소규모의 공정 무역을 전문으로 하는 대안 무역 회사들의 제품을 사는 것이다(사례 3 참조). 100퍼센트 공정 무역 의류를 공급하는 영국 업체는 비숍스톤 트레이딩, 챈드니 초크, 에포나, 에시컬 스레드, 가네샤, 고시피움, 하우이스, 허그, 내추럴 컬렉션, 파차쿠티, 피플트리, 트레이드크라프트 등이다. 이들은 자사에서 파는 제품이 어느 제조업체에서 만드는지 알기 때문에 보통 대기업들보다 제조업체의 임금 수준과 노동 조건, 지역 사회의 복지 상태를 자세하게 확인할 수 있다.

예를 들면 피플트리는 "생산자와 판매자와 소비자 사이의 상호 존중을 바탕으로 한 공정 무역 사업의 사례를 만드는 것"이 목표이다. 이 회사의 정책은 생산자에게 공정한 가격을 제때에 지급하며 남녀 사이에 임금 차별이 없다. 그리고 안전하고 위생적인 작업 환경을 만들고 미성년자의 노동을 착취하지 않으며 혜택 받지 못한 사람들에게도 기회를 준다. 전통 기술을 보존하고 생산과 포장, 수송 과정에서 환경을 우선으로 생각한다. 또한 의류 산업의 변화를 요구하는 '깨끗한 옷 운동Clean Clothes Campaign' 같은 사회 활동에도 참여한다. 피플트리에 의류를 공급하는 업자들은 방글라데시, 인도, 케냐, 네팔, 페루의 소규모 생산자와 협동조합이다. 이곳에서는 장애를 가진 사람들(사례 49 참조), 저소득층 여성, 농촌 사회 구성원, 전통 수공예 장인들이 고용되어 일하고 있다.

영국에서 유명한 또 다른 윤리 의류 회사인 가네샤는 인도에서 지리적으로 고립되어 있고 사회적으로 하층 계급이며 종교적 소수 집단의 사람들과 함께 일한다. 대부분의 공정 무역 전문 의류 공급 업체들도 이와 비슷한 방식으로 일한다. 그리고 페어딜트레이딩은 현재 영국에서 공정 무역 스포츠용품을 공급하는 유일한 업체이다.

공정 무역 의류 사업은 노동자를 착취하는 세계 주요 의류업체들과 비교할 때 아직 규모가 작지만 '노동자들을 착취하지 않고' 만드는 의류 산업의 진정한 대안으로서 그 범위를 넓히면서 성장해 간다.

35

장기 계약을 맺어 시장이 안정되다

공정 무역 수입업자들은 공급자들과 장기 계약을 맺고 농민들이
성공하도록 돕기 위해 지식과 의무를 함께 나눈다.

오늘날 주류를 이루고 있는 국제 무역은 국가의 경계를 벗어난 기
업체들 사이에 격렬한 싸움이 벌어지는 전장이다. 기업은 국제 무역
이 소비자들에게 자사의 제품을 팔 수 있는 좋은 판로라고 생각한
다. 그러나 경쟁자가 있게 마련이고 따라서 경쟁자는 제품 가격을
약간 낮춘다. 가격은 점점 낮아지고 시장 상황은 모두 바뀐다. 그러
면 사업은 망할 수도 있다. 여기서는 장기 계약을 보장하지 않으며
시장의 안정성이 전혀 없다.

가난한 생산자들이 제품을 수출하려면 더욱 시장의 안정성이 필
요하다. 공정 무역은 수입업자들이 협동조합과 장기 공급 계약을
체결하고 미리 제품을 주문하도록 요구한다. 그래야 생산자들이 안
정성을 갖고 생산 계획을 세울 수 있기 때문이다. 공정 무역 수입업
자들은 제품 공급 업체들과 장기 계약을 체결한다. 그 덕에 아주 가
난한 나라의 생산자들도 선진국 시장에 제품을 판매할 수 있다.

국제 공정 무역 상표 기구의 교역 기준에 따르면, 무역업자들은
"장기 사업 계획과 지속 가능한 생산 실행 계획을 세울 수 있는 계

약을 체결"해야 하며 "생산자가 요구하면 일부를 미리 지불"해야 한다고 명문화되어 있다.

타이 북부 지방의 치앙마이에 있는 YMCA(Y 개발 협동조합 회사Y Development Co-operative Co. Ltd.)는 1982년부터 공정 무역 기구에 수공품을 수출해 왔다. 물론 국내에서도 판매했다. YMCA는 타이의 북부, 북동부, 남부 지방에 있는 50개 이상의 생산자 단체들과 함께 일하고 있다.

생산자들 가운데 대다수가 부업으로 수공예를 하며 돈벌이를 하는 여성들이다. YMCA는 점점 사라질 위험에 있는 전통 수공예 기술을 보존하기 위해 애쓰며 환경 보호에도 남다른 노력을 기울인다. 공정 무역은 YMCA에 연결된 일부 생산자들에게는 중요한 시장을 열어 준다. 예를 들면 도자기나 보석 공예가 같은 생산자들은 선불을 받고 주문 생산을 하며 디자인의 도움을 받기도 한다.

수출할 제품을 만들려면 자금이 필요하지만 일부 영세 생산자들은 자금을 구하기 어렵고 대개 높은 이자를 물어야 한다. 그러나 공정 무역 체계 아래에서 생산자들은 제품을 배송하기 전에 주문 금액의 일부를 미리 요구할 수 있다. 수입업자들은 공정한 통상 비용을 부담해야 한다.

YMCA의 수출 담당 관리자 날리니 푸사테바는 말한다. "공정 무역의 장기 계약 관계는 중요해요." 트레이드크라프트는 장기 무역계약 관계에서 오는 안정성에 힘입어 생산자들은 "더 넓은 시장에서 더 많은 소비자 단체들을 만날 수 있다."고 말한다. 트레이드크라프트가 목표로 삼는 다섯 가지 가운데 하나는 "단기 이익을 얻는 것보다 장기 무역 관계를 수립하는 것"이다.

장기 무역 관계의 가치는 공정 무역을 하는 기업들이 서로 강조하는 점은 다르지만 모두 중요하게 생각하는 것이다. 공정 무역을 전문으로 하며 유기농 면화 제품을 수입하는 고시피움은 신뢰와 이해를 강조한다.

우리는 제품을 공급하는 사람들과 머리를 맞대고 협의하는 과정에서 서로 존중하며 일합니다. 우리는 믿고 장기 무역 관계를 수립하는데 이로써 서로 필요한 것과 부족한 것을 잘 이해할 수 있게 됩니다. 또한 상호 신뢰도 커지고 제품의 품질과 제품 기술에 대한 윤리적, 환경적 평가도 끊임없이 높일 수 있게 됩니다. 이것은 합당하고 바람직한 작업 환경을 마련하는 방향으로 발전하지요.

장기 무역 관계를 맺으면 구매자들은 생산자들과 정보를 공유하고 시야를 더 넓힐 수 있어서 시장에서 거래할 때 유익하다. 그리고 일정 기간 재원이 보장된다면 생산자들은 사업에 더 많이 투자할 수 있다. 막스 하벨라르 커피의 개발에 대한 보고에 따르면 다음과 같다.

예컨대 수입이 불안정하면 농민들과 단체들은 토양 보존이나 최고의 커피 재배 관리를 위해 돈을 쓰는 것을 꺼리게 된다. 따라서 수입업자들은 시장 개발을 위해 필요한 한도까지 장기 계약을 체결해야 한다.

이것은 한쪽 편만 위한 것이 아니다. 이 보고서는 "공급자들과 직접 장기 계약을 맺음으로써 커피 판매업자들은 상표의 연속성을 유지할 수 있게 된다."고 말한다.

장기 계약 기간

공정 무역의 장기 계약은 얼마나 오랜 기간을 말하는가? 국제 공정 무역 상표 기구는 '장기 계약 기간'을 구체적으로 정의하지 않는다. 바나나 재배 농민들이 제안한 장기 계약 기준을 검토해 보면 이들은 수입업자들이 모든 공정 무역 바나나 생산자·수출업자들과 '적어도 1년 이상' 구매 계약을 맺어야 한다고 말한다. 레지나 조지프 같은 공정 무역 인증 바나나 생산자들은(사례 23 참조) 테스코와 12개월 계약만 맺는다.

국제 공정 무역 상표 기구의 기준에는 코코아와 커피의 장기 계약 기간에 대한 언급이 없다. 이들은 코코아에 대해 구매자와 판매자가 "농사철이 시작될 때 양쪽의 권리와 이익을 보장하면서 장기적이고 안정적인 계약을 맺는다."고 제시한다. 영세 커피 재배 농민들에 대해서는 구매자와 판매자가 "농사철이 시작될 때 계약서를 쓰고 수확기에 양해 각서를 체결하여 구매 계약을 승인한다."고 제시한다.

일부 기업은 농민들과 오랜 기간 관계를 유지해 왔다. 예를 들면 그린 앤드 블랙스Green & Black's는 마야 골드 초콜릿을 만들기 위해 1994년부터 마야 지역의 농민들에게 코코아 열매를 수입했다(사례 44 참조). 그린 앤드 블랙스는 말한다. "우리는 지금 이 지역 농민들이 생산하는 코코아의 전량 구매를 보장하는 장기 계약을 맺고 있어요. 장기 계약을 체결한 농민들은 안정되게 삶의 질이 향상되고 가족에게 더 좋은 교육을 제공할 수 있어요."

장기 계약 중에는 기간이 지금보다 길고 더 자세해야 할 경우도 있다. 현재의 장기 계약은 농민들이 생산 계획을 세우고 안정성을 얻기에는 충분하지 않을 수 있다. 소매업자들이 '장기 계약'이라고 생각하는 것도 생산자마다 다르게 느낄 수 있다.

소비자들도 공정 무역 제품과 지금보다 더 장기적인 관계를 맺고 물건을 살 수 있다. 그리고 그 기간을 우리가 선택할 수 있다. 하나의 제품을 오랫동안 계속해서 사게 되면—물론 품질이 보장된다는 것을 전제로 해서—소매업자들도 그 제품을 계속해서 상점에 들여 놓게 된다. 이들은 공정 무역 제품이 팔리지 않는다면 곧바로 매장 진열대에서 치워 버린다.

앞에서 얘기한 것처럼 막스 하벨라르 보고서는 "공정 무역 기구들의 전체 운영과 진행 과정이 힘을 얻어 가면서 공정 무역이 점점 발전하지요. 공정 무역의 효과는 장기 계약의 효과이며 이것은 다른 요소나 영향력과 따로 떨어져서 작용할 수 없어요."라고 강조한다.

공정 무역은 장기 무역이다. 우리가 공정 무역 제품을 살 때 하나의 제품을 오랫동안 계속해서 산다면 그것은 농민들에게 안정감을 주고 그들의 소득과 생계를 보장한다.

36

팔레스타인 농민들과 연대하다

팔레스타인과 이스라엘 민중들은 중동 분쟁으로 엄청난 시련을 겪고 있다. 특히 팔레스타인 농촌은 최악의 경제 상황을 맞고 있다. 이들과 함께 연대하면서 맛좋은 음식을 즐길 수 있는 방법이 여기에 있다.

올리브 경작은 지중해 동부 지역에서 수천 년 전에 시작되었다. 그리고 세계에서 가장 오래된 올리브 숲 가운데 일부가 팔레스타인에 있다. 팔레스타인의 올리브는 그 재배 역사와 지역의 기후, 기름진 토양, 전통 유기 농법이 어우러져 특별한 품질을 지니게 되었다.

이 지역에 살고 있는 팔레스타인 가구의 3분의 2에 해당하는 주민들에게 농업은 지역 경제의 중심이다. 올리브 생산은 7만 명이 넘는 팔레스타인 농가에 필수 소득원이다. 그러나 이스라엘이 요르단 강 서안 지구를 점령하고 이스라엘 사람들을 정착시키자 팔레스타인 사람들이 인티파다intifada(봉기)를 일으키며 반발했다. 최근에는 이스라엘이 자국민 보호를 위해 '보안 장벽' 또는 '분리 장벽'을 건설하면서 현재 팔레스타인의 올리브 생산은 위기에 직면해 있다.

농민들은 땅을 몰수당했고 올리브 숲은 망가졌다. 팔레스타인 사람들은 자신들이 재배하는 올리브에 쉽게 다가갈 수 없고 나무를 돌보러 갈 때에도 이스라엘 군인들에게 허가를 받아야 한다. 관개용수는 끊어졌고 농민들은 올리브를 수확하는 동안 그 지역에 거주하는 이스라엘 사람들에게 때때로 공격을 받았다. 예루살렘 응용 연구소 Jerusalem's Applied Research Institute에 따르면, 2000년 이후로 이스라엘 군인들과 거주민들은 50만 그루 이상의 올리브를 뿌리째 뽑고 불도저로 밀고 불태웠다.

고품질의 올리브기름을 얻으려면 올리브 열매를 딴 후 몇 시간 안에 기름을 짜야 한다. 사람과 물건의 이동이 극도로 제한되었기 때문에 팔레스타인 농민들은 올리브기름을 가공하고 파는 일이 점점 힘들어졌다. 서안 지구와 가자 지역의 경제적 어려움으로 국내 시장은 움츠러들었고 가격은 큰 폭으로 떨어졌다. 서안 지구에서 생산되는 올리브기름의 절반 이상이 판매할 곳이 없어서 버려진다고 한다. 그럼에도 팔레스타인 농민들은 올리브를 재배해야 한다. 농사를 짓지 않는 땅은 이스라엘 정부에서 몰수하기 때문이다.

올리브 재배 농민인 37세의 나제 하산 살라비는 일곱 아이의 아버지이다. 그는 대대로 그의 가족이 소유했던, 400그루의 올리브가 자라고 있는 땅에 갈 수 없다. 이동 허가권을 받지 못한 그는 대신에 집 근처에 있는 땅을 빌려서 240그루의 나무를 재배한다. 그는 "우리는 매우 많은 곳에 올리브기름을 써요. 요리와 피부 치료용 비누에도 쓰고 올리브 숲에서는 더위를 피하지요. 올리브기름은 우리 지역 사회의 가슴속에 있어요."라고 말한다.

나제의 아내 이남은 "우리 아이들에게 사 주고 싶은 것이 많아요. 옷 같은 것 말이에요. 그러나 지금은 살 수 없지요. 그냥 평범하게 사는 것이 내 꿈이에요." 하고 한마디 덧붙인다. 팔레스타인 학생인 렘 이마이드는 이렇게 말한다.

지금 이 땅에는 가난만이 남아 있어요. 과거 어느 때보다 심각해요.

이곳 사람들은 절망에 빠져 있지요. 팔레스타인 농민들은 올리브기름을 포함해서 가진 것은 무엇이든 팔려고 해요. 값이 얼마가 됐든 팔아야 식탁에 음식을 올려놓을 수 있으니까요.

공정 무역을 향해서

팔레스타인 올리브기름이 정식으로 공정 무역 인증을 받지는 못했지만 이스라엘과 유럽, 북미에 있는 연대 기구들과 단체들은 그동안 공정 무역 조건으로 이것을 판매했다. 이 단체들 가운데 팔레스타인 공정 무역 협회와 팔레스타인 농업 구호 위원회, 그린액션 이스라엘, 올리브 협동조합(영국), 국제 옥스팜, 자토운Zatoun 캐나다, 자이토운Zaytoun 영국, 팔레스타인 정의를 위한 유대인들, 알터 에코 프랑스가 있다.

텔아비브에 본부가 있고 옥스팜이 후원하는 그린액션은 팔레스타인 올리브기름을 이스라엘에서 판다. 이 기름은 생산지의 품질을 최대로 보장하기 위해 서안 지구에서 곧바로 병에 밀봉한다. 그린액션의 책임자 아비 레비는 말한다. "우리는 팔레스타인과 이스라엘 모두에 최대의 경제적 이익을 가져다주기를 바랍니다. 그럼으로써 우리는 양쪽이 서로를 더 잘 이해하는 것을 보기 시작할 거예요."

자이토운은 헤더 가드너와 캐시 데이비스가 2003년에 세운 영국의 유명한 공급 업체로 에든버러 공정 무역 협동조합 이퀄 익스체인지와 트리오도스Triodos 은행의 지원을 받고 있다. 자이토운(아랍 어로 '올리브'를 뜻함)은 비영리 기관으로 요르단 강 서안 지구에 있는 수천 개의 농장을 대표하는 80개의 농민 협동조합과 아랍계 이스라엘 농민들을 회원으로 하고 여성이 대표인 이스라엘 공정 무역 공급 업체 신디아나Sindyanna가 생산한 올리브기름을 공정 무역 가격으로 산다. 여기서 발생한 수익은 생산자 단체로 되돌아간다.

자이토운의 캐시 데이비스는 말한다. "공정 무역의 원칙 가운데 하나는 생산자들에게 판매 수입을 조기 지불하는 것입니다. 트리오도스 은행은 현재 빠르게 성장해 가는 영국의 올리브기름 수요에 맞추어 생산을 더 늘릴 수 있도록 팔레스타인 농민들에게 수입 금액을 조기 지불하는 일을 허용하고 있어요."

2004년에는 영국의 크리스마스에 맞춰 선적된 올리브기름이 이탈리아로 잘못 가는 바람에 영국에 3개월 늦게 도착하는 실수도 있었다. 그러나 자이토운은 2005년에 전년보다 세 배를 더 팔았다. 자이토운은 공정 무역 상점과 세계 상점, 교회, 사회단체, 연대 기구, 올리브 코옵Olive Co-op 등 유통 협력 업체들을 통해 올리브기름을 팔았다. 또한 올리브 코옵은 팔레스타인과 이스라엘에서 교육 및 연대 사업을 하면서 올리브 수확기에 맞춰 책임 있는 관광 사업(사례 26 참조)을 추진했다.

자이토운과 올리브 코옵은 공동으로 '생명을 위한 나무Trees for Life'—팔레스타인에 평화 심기—라는 주제로 올리브 다시 심기와 후원 사업을 시작했다. 팔레스타인 공정 무역 협회는 이 나무들을 농민들에게 나누어 주고 농가에 더 높은 소득을 가져다주는 공정 무역 지침을 따르게 유도한다.

서안 지구 알자이토우나Al-Zaytouna 농민 협동조합의 대표인 제하드 아브도는 말한다. "우리 조상들은 올리브를 여기 심어 우리들이 먹을 수 있게 했어요. 우리는 이 나무들을 지켜야 해요. 그래야 우리가 살 수 있어요. 이것이 바로 우리가 과거를 기억하는 방법이고 우리의 앞날을 안전하게 지키는 방법입니다."

자이토운은 또한 생산자 단체들이 농산물 수급 과정과 기반 시설을 개선하려고 애쓰는 것을 지원하고, 올리브기름이 코옵과 영국의 슈퍼마켓에 곧바로 전달되기를 바란다. 그리고 이 밖에 팔레스타인에서 생산되는 대추야자 열매와 아몬드, 쿠스쿠스 등 다른 농산물도 수출하기 시작했다.

팔레스타인 올리브 재배 농가를 지원하는 또 다른 방법은 가네샤가 영국에서 판매하는 팔레스타인 전통의 천연 올리브기름 비누를 사는 것으로, 이것은 가자와 서안 지구의 여성들이 만들었다.

37

새 천년 개발 목표는 어디까지 이루어졌나

유엔은 2015년까지 지금의 가난을 절반 수준으로 낮추는 거대한
목표를 세웠다. 공정 무역은 우리의 구매력으로 이 목표를 달성
하도록 도와줄 것이다.

매우 어렵고 역사적으로 중요한 약속. 2000년 9월 새 천년 유엔
정상 회의에서 189개 나라의 지도자들이 대담하고 역사적이며 희망
을 좇는 목표에 만장일치로 합의했다. 이 목표들은 새 천년의 시작
을 나타내기에 알맞은 방침이었다.

세계 지도자들은 인류가 모두 가난에서 벗어나서 더 좋은 삶을 누
릴 수 있도록 하기 위해 여덟 가지 새 천년 개발 목표Millenium
Development Goals(MDGs)를 천명했다. 18개의 실천 목표와 48개의 지표
로 구성된 이 목표들은 가난과 굶주림, 질병을 줄이기 위한 분명하
고 명백한 계획을 제시한다.

- 첫 번째 목표는 극심한 가난과 굶주림을 뿌리째 뽑는 것이다. "하
루에 1달러 이하로 사는 사람들의 비율을 반으로 줄인다. 배고파 고
통받는 사람들의 비율을 반으로 줄인다."
- 두 번째 목표는 누구나 초등 교육을 받을 수 있게 하는 것이다. "모
든 소년과 소녀가 초등 교육 과정을 마칠 수 있도록 보장한다."

• 세 번째 목표는 성차별을 없애고 여성의 권리를 인정하는 것이다. "2005년까지 우선 초등과 중등 교육에서, 그리고 2015년까지 전체 차원에서 남녀 사이의 격차를 없앤다."

• 네 번째 목표는 어린이 사망률을 줄이는 것이다. "다섯 살 미만의 어린이 사망률을 3분의 2까지 줄인다."

• 다섯 번째 목표는 산모의 건강을 향상시키는 것이다. "산모의 사망률을 4분의 3까지 줄인다."

• 여섯 번째 목표는 에이즈, 말라리아 같은 질병들과 싸우는 일과 관련이 있다. "에이즈의 확산을 억제하고 줄여 나간다. 말라리아와 주요 전염병의 발생을 억제하고 줄여 나간다."

• 일곱 번째 목표는 "자연환경 자원의 손실을 막고 안전한 식수를 지속적으로 공급받지 못하는 사람들의 비율을 반으로 줄인다. 2020년까지 빈민촌에 사는, 적어도 1억 명의 생활을 개선시킨다".

• 그리고 마지막으로 여덟 번째 목표는 "개발을 위한 전 세계의 협력 관계를 발전"시키는 것이다.

그러나 합의한 시간이 벌써 절반이나 지났지만 목표를 달성해 가는 진척 정도는 매우 느리다. 목표 달성을 위한 우선권도 충분한 자원도 지원받지 못하고 있다. 현재 속도로는 대부분의 개발도상국에서 목표를 하나도 달성하지 못할 것이다.

가난하게 살아가는 사람들의 수는 거의 줄어들지 않았다. 2005년 유엔 식량 농업 기구의 사무총장 자크 디우프 박사는 말했다. "개발도상국에서 굶주리는 사람들의 수를 2015년까지 반으로 줄이자는 목표는 지금까지 매우 느리게 진행되어 왔어요. 그리고 국제 사회의 지원은 새 천년 개발 목표에서 세운 실천 목표나 약속과는 거리가 멀어요." 전 세계에서 굶주리는 사람은 아직도 8억 명이 넘는다.

세계은행의 보고서에 따르면, 1992년에서 2000년 사이에 아프리카 사하라 사막 이남 지역에서는 영양실조에 걸린 사람들이 더 늘어났다. 10억 명 이상이 지금도 하루에 1달러도 안 되는 돈으로 그날그날 겨우 살아가고 있다. 일부 개발도상국의 경우 현재의 진행 속도로는 목표한 대로 가난을 줄이는 데 10년이 아니라 100년도 넘게 걸릴 것이다.

세계은행은 어린이 사망률을 3분의 2로 줄이는 목표가 일부 지역에서 큰 진전이 있었다고 말한다. 예를 들면 아시아와 라틴 아메리카, 중동, 북아프리카 지역이 그렇다.

초등 교육에 대해서는 51개 나라가 목표를 달성했지만 아프리카와 아시아 일부 지역에서는 그 진행 속도가 느리다. 여전히 전 세계 학령기 어린이 가운데 1억 명 이상이 학교를 다니지 못하는데 이 가운데 약 60퍼센트가 여자 아이들이다.

새 천년 개발 목표는 여러 가지 방식의 실천 작업이 없으면 달성되기 어렵다. 지금보다 더 많은 자원이 투입되어야 한다.

2005년 7월에 열린 G8 정상 회담을 마무리하면서 참석자들은 "2015년까지 새 천년 개발 목표를 달성하기 위해서는 공식 개발 지원금을 크게 늘려야 한다."고 말했다. 그러나 이들은 실제로 그만한 재원을 제공하지 않는다. 경제 협력 개발 기구는 개발 지원금이 2004년 790억 달러에서 2010년에는 500억 달러가 늘어난 약 1,300억 달러까지 가능할 것이라고 예측한다. 옥스팜은 유엔이 이 목표들을 달성하려면 2010년에는 1,800억 달러가 필요할 것이라고 예상한다. 따라서 한 해 500억 달러가 아니라 1,000억 달러가 추가로 들어간다는 얘기다.

옥스팜의 조 리드비터는 "부유한 나라들이 합의하여 국민 총소득의 0.7퍼센트를 내놓는다면 2010년에는 2,500억 달러의 개발 지원금을 모을 수 있어요."라고 말한다.

새 천년 개발 목표를 달성하기 위해서는 앞서 분석한 대로 개발 지원금이 2010년 한 해에 최소 1,300억 달러에서 1,800억 달러까지 증가해야 할 것이다. 그러나 여전히 0.7퍼센트의 실천 목표에는 미치지 못한다. 현실이 이런데도 2005년 9월 유엔의 세계 정상 회담은 이 목표들을 진전시키기 위해 아무것도 한 것이 없었다. 추가 의무나 약속도 물론 없었다.

개발 지원금의 증액은 중요한 진전일 수 있지만 목표를 달성하기에는 부족하다. 이 목표들은 무역 정의(사례 43 참조), 부채 탕감(사례 29 참조), 바른 국가 통치와 기후 변화가 따르지 않는다면 이루기 어렵다.

바른 국가 통치 부분은 어느 정도 진전이 있어서 민주주의 국가들이 늘어나는 추세이다. 2005년 유엔 아프리카 경제 위원회는 아프리카에서 통치 구조가 개선되고 있다고 보고했다. 그러나 기후 변화는 상황이 매우 악화되고 있다. 2006년 5월 크리스천 에이드의 보고서는 "금세기 말이면 아프리카 사하라 사막 이남 지역에서만 1억 8,200만 명이 기후 변화로 죽을지도 모른다."고 지적했다. 홍수와 가뭄을 동반한 기상 이변은 점점 일상화되어 간다. 그리고 기후 변화로 인해 농사를 지을 수 있는 땅은 점점 줄어들고 있다.

공정 무역과 새 천년 개발 목표 달성

전 세계의 가난한 민중은 지금보다 더 좋은 삶을 누려야 마땅하다. 우리는 정부를 압박해야 한다. 그들이 어떻게 해 주기를 기다리면 안 된다. 이런 행동이 소비자들에게 필요하다. 공정 무역 제품의 구매를 늘리는 것은 수백만 명이 가난을 극복하고 더 많은 나라에서 새 천년 개발 목표를 달성할 수 있도록 돕는 길이다.

공정 무역은 생산자들에게 공정한 거래를 하고 적절하고 안정된 제품 가격을 받아 소득을 높이고 가난을 벗어나는 기회를 제공한다. 더 많은 어린이들이 학교에 갈 수 있고 사회에서 더 좋은 대접을 받을 수 있도록 해 준다(사례 14 참조). 예를 들면 공정 무역 운동은 커피 및 바나나 회사들이 강제 노동과 미성년자 노동을 없애고 자신들의 사업 방식을 되돌아보도록 소비자들이 압력을 넣는 방법으로 그 역할을 잘해 왔다.

또한 공정 무역은 남녀평등을 촉진하고 여성들의 권리를 신장하는 데 도움을 준다(사례 8 참조). 공정 무역은 사람들의 건강을 향상시키고 환경을 지속 가능하게 보존한다. 그리고 "저개발국의 개발을 위한 국제 동반 관계를 발전"시키는 데 크게 기여한다.

공정 무역과 새 천년 개발 목표를 연결하는 단체들 가운데 여성 개혁 유대교Women of Reform Judaism가 있다. 이 단체의 이사회는 2006년 "공정 무역 기준은 새 천년 개발 목표를 달성하기 위해 필요하다."고 선언했다.

재정 원조와 부채 탕감, 무역 정의, 기후 변화에 대한 조치와 다른 구호 조치들 말고도 공정 무역은 새 천년 개발 목표를 달성하기 위해 필요하다. 공정 무역 재단의 대표 이사 해리엇 램은 이렇게 말한다.

우리가 가난이라는 대재앙의 흐름을 바꾸고 새 천년 개발 목표를 달성하려면 완전히 새로운 세계 경제 체제가 등장해야 해요. 개발 지원금 공급을 늘리고 부채를 더 많이 탕감하고 무엇보다도 세계 무역 체제의 중심이 자유주의가 아니라 지속 가능한 개발을 목적으로 하는 체제로 이동해야 합니다.

새 천년 개발 목표는 반드시 이루어야 할 시급한 과제이다.

38

커피 재배 농민들이 지분을 소유하다

영국의 번화가에 가면 커피 판매점이 많다. 대부분의 커피 판매 체인점은 공정 무역 커피를 판다. 그리고 그중 한 곳은 커피 재배 농민들이 공동으로 소유하고 있다. 프로그레소가 바로 그곳이다.

세계 커피 시장 가격의 폭락은 전 세계 2,500만 명의 커피 재배 농민 대다수의 수입을 1960년 구매력의 4분의 1 수준으로 떨어뜨렸다. 생산지 출하 가격은 생산 원가도 맞추지 못한다(사례 2와 9 참조). 소득이 떨어지면 가족을 먹여 살리기 어려워지고 건강 관리도 힘들어지며 아이들을 학교에 보내기 어려워진다. 콜롬비아에서는 일부 농민들이 불법으로 마약을 재배하기도 한다. 그리고 농촌을 떠나 도시로 이주하면서 사회 문제들이 생겨난다.

그럼에도 가격 폭락은 다국적 기업의 커피 제품이나 소매업자들에게는 큰 피해를 주지 않는다. 오히려 그 반대이다. 이들은 해마다 시장 지배력이 커지면서 이익도 점점 증가했다. 커피 시장은 선진국에서 스타벅스와 커피 리퍼블릭, 코스타 같은 커피 전문점이 널리 퍼지면서 완전히 새로운 모습으로 변했다. 우리가 이 같은 커피 전문점에서 비공정 무역 커피를 한 잔 마실 때 커피 재배 농민들이 이들에게 받는 수입은 커피 가격의 1퍼센트에도 못 미친다.

적어도 이제 우리는 대체로 (영국의) 어디서든 공정 무역 커피를 살 수 있다. 그리고 마크스 앤드 스펜서가 운영하는 커피 전문점 같은 곳에서는 공정 무역 커피만을 판다. 이는 커피 재배 농민들에게 좀 더 좋은 몫을 분배하는 정도이지만 분명 발전한 것이다. 이것을 흠잡지는 말자.

그러나 세계에서 가장 큰 커피 전문점인 스타벅스는 자신들이 파는 커피 가운데 아주 일부만 공정 무역 커피를 판다. 2005년 스타벅스가 판매한 공정 무역 커피는 전체 커피의 4퍼센트도 안 된다. 스타벅스는 나름대로 커피 생산자들을 지원하는 계획을 가지고 있다. 그리고 해마다 사고파는 공정 무역 커피의 비율을 늘려 간다. 공정 무역 재단의 해리엇 램은 "스타벅스가 공정 무역 커피로 일으킬 수 있는 거대한 변화와 비교할 때 현재 스타벅스가 기울이는 노력은 아주 미미해요."라고 평가한다.

공정 무역 커피의 발전

프로그레소 카페Progreso Café Ltd.는 일반 커피 체인점과 조금 다르다. 현재 이 가게는 영국에 두 곳이 있다. 하나는 런던 포토벨로 로드 Portobello Road에 있고 또 하나는 2004년 말 문을 연 코벤트 가든Covent Garden에 있다. 그러나 프로그레소는 커피 재배 농민들을 위해 운영하는 커피 전문점이지 부자들의 배를 더 불리려는 것이 아니다.

프로그레소는 100퍼센트 고품질의 공정 무역 커피와 차, 초콜릿 음료와 더불어 공정 무역 바나나 스무디와 케이크, 세이버리, 수프, 샐러드, 샌드위치 들을 팔고 몇몇 곳에서는 공정 무역 유기농 식품도 판다.

그러나 일반 커피 체인점과 가장 큰 차이점은 커피 재배 농민들이 프로그레소를 공동으로 소유하고 있고 이익이 발생하면 함께 나눈다는 것이다. 이 같은 발상은 옥스팜과 온두라스의 라센트랄La Central 커피 생산자 협동조합이 함께 생각해 냈다. 그 개념은 간단하다. 프로그레소의 지분 가운데 25퍼센트가 커피를 공급하는 생산자 협동조합의 몫이다. 또 다른 25퍼센트는 가난한 커피 생산자 지역 사회에서 개발 사업을 지원하는 신용 기금이 소유하고 있다. 그리고 1960년대부터 영세 커피 재배 농민들과 함께 일해 온 옥스팜이 지분의 절반을 가지고 있다.

지금 당장은 여기서 발생되는 이익을 모두 사업에 재투자한다. 될수 있으면 빨리 프로그레소 지점을 20군데로 늘리는 것이 목표이다. 런던과 영국 남동부, 스코틀랜드 중부 지역의 '자유분방한 도시 마을'에 지점을 두려고 한다. 사업이 성장하면 주주들에게 배당금을 나누어 줄 생각이다.

현재 프로그레소에 커피를 공급하는 세 곳 가운데 두 곳은 회사의 지분을 가지고 있다. 온두라스의 라센트랄은 90군데의 협동조합에 1만 명이 넘는 조합원을 거느린 전국 조직이며, 에티오피아의 오로미아 커피 농민 협동조합은 35군데 협동조합에 2만 3,000명의 조합원과 10만 가구를 대표한다. 나머지 세 번째 공급자는 인도네시아 아체에 있는 가요 유기농 커피 농민 조합인데 이들은 아직 회사의 지분이 없다. 그러나 이들도 곧 주주로 참여할 생각이다.

프로그레소는 또 하나의 중요한 협력 회사가 있는데, 바로 영국에서 가장 큰 독립 원두커피 회사로 글래스고에 본사를 둔 매튜알지 Matthew Algie & Co.이다.

액터 콜린 퍼스는 프로그레소 이사회의 한 사람으로 프로그레소 체인점을 지원하고 홍보하기 위해 열심히 일했다. 2005년 한 해 동안 그는 에티오피아에 있는 오로미아 협동조합도 방문하고 커피 볶는 것을 보려고 글래스고도 찾아가고 포토벨로 로드에 있는 체인점의 계산대에 서 보기도 하면서 커피 생산의 모든 단계를 배웠다. 퍼스는 에티오피아에서 만난 사람들에게 깊은 감명을 받았다. "그들은 믿기 어려울 정도로 유기적으로 일하고 모든 것을 직접 해 본 경험이 있어요. 그들은 할 말을 하는 주관이 뚜렷한 사람들이지 명령을 받는 사람들이 아닙니다."

프로그레소는 또 다른 큰 사업을 지원한다. 바로 여러분이 프로그레소 카페에서 원워터One Water를 한 병 사면 거기서 발생하는 모든 이익은 라운드어바웃Roundabout이라고 부르는 남아프리카 자선기금으로 간다. 라운드어바웃은 아프리카 마을에 '라운드어바웃 놀이 펌프'를 설치한다.—아이들이 손으로 펌프질을 해서 지하에서 맑은 물을 퍼 올려 지하수 저장소에 모아 두는 일을 할 때 놀이처럼 재미있게 펌프질을 한다고 해서 붙인 이름이다. 지금까지 설치된 라운드어바웃 펌프는 650개가 넘는데 대개 학교 근처나 탁아소 옆에 있다. 그곳에는 계속해서 펌프질을 할 수 있는 젊은 일꾼들이 많기 때문이다.

프로그레소는 매우 경쟁력 있는 지역에 자리 잡고 있다. 이사회의 일원인 데이비드 윌리엄슨은 2005년에 이렇게 말했다. "코벤트 가든에 있는 우리 카페는 스타벅스가 있었던 자리예요. 흥미롭게도 우리는 스타벅스가 있었을 때보다 더 바쁘죠. 포토벨로 지점도 점점 바빠지고 있어요. 프로그레소는 커피의 품질과 일하는 사람들, 그리고 분위기 때문에 반드시 성공해야 합니다. 그리고 지금 그렇게 되고 있어요."

39

가난한 나라에 희망을 보내다

공정 무역 인증 망고는 서아프리카 사람들의 삶을 얼마나 크게
변화시켰는가.

　부르키나파소는 아프리카 사하라 사막 이남에 있는, 세계에서 가
장 가난하고 굶주리는 나라이다. 부르키나파소의 남서부 지방에 사
는 이사카 솜만데는 5헥타르의 땅에서 망고를 재배하고 있다. 그는
어소시에이션 톤Association Ton으로 알려진 협동조합의 조합원이다. 이
조합은 코트디부아르와 국경을 이루고 있는 니안골로코Niangoloko에
있는데 1991년에 설립되었다. 조합원이 2,000명이고 모두 이 지역의
마을에서 살고 있으며 규모가 꽤 큰 협동조합이다.

　남녀 모두 망고 생산과 관련된 일을 한다. 남자들은 망고의 가지
를 치고 열매를 수확하고 새로 심는 일을 하며 여자들은 열매를 잘
라서 말리는 일을 한다. 이 지역의 농민들은 기장과 옥수수, 사탕수
수, 콩 같은 곡물을 망고와 사이짓기한다. 이곳에서 농민들에게 돈
이 되는 작물은 말린 망고뿐이다.

　주마다 마을 하나씩 신선한 유기농 망고를 조합에 있는 중앙 건조
장으로 가져온다. 이곳에서는 마을에 사는 여자들이 100명씩 한 조
를 이루어 일하며, 모두 조합원이다. 이곳에서 여자들은 망고를 자

르고 말려서 수출할 제품을 만든다.

어소시에이션 톤은 2003년 국제 공정 무역 상표 기구의 인증을 받았다. 이 조합은 이미 민주적이고 훌륭한 조합 운영 정신이 있고 이것이 공정 무역 상표 기구의 인증을 받는 데 도움이 되었다. 이사카는 말한다. "공정 무역 인증을 받은 뒤로 우리 삶은 향상되었어요. 우리는 가격을 더 많이 받게 되었는데 1킬로그램에 과거보다 30퍼센트 오른 3.5파운드를 받았고 훨씬 큰 시장을 만날 수 있었지요." 시장은 옛날보다 훨씬 컸다. "공정 무역 인증을 받기 전의 두 배나 되는 시장이에요." 따라서 그도 30퍼센트가 오른 가격에 두 배 이상을 팔게 되었다.

이사카는 공정 무역 인증을 받기 전에는 생산자가 모두 시장을 찾을 수는 없었기 때문에 망고들이 팔리지 않아 무수히 버려졌다고 말한다.

이사카는 망고를 재배하는 일 말고도 협동조합에서 프로젝트 관리자로 일하게 되었다. 그는 농민들에게 글을 가르치고 에이즈 예방 교육을 시키고 말라리아에 대처하는 법을 가르친다. 조합은 현재 조합원들을 대상으로 문맹 퇴치 운동과 나무 심기 운동을 하고 좋은 농법을 보급하기 위해 애쓰고 있다. 나무는 인접한 사막이 더는 확장되지 않도록 막아 주는 중요한 구실을 한다.

어소시에이션 톤의 조합원들은 모두 완전한 유기농 농사를 짓기 때문에 뿌리를 덮어 주고 퇴비를 주어야 한다. 이들은 현재 망고로 벌어들이는 수입이 점점 늘어나서 새로운 나무를 더 많이 사서 심을 수 있다. 그리고 새로 심은 망고는 예전에 심은 나무보다 더 많은 수확을 농민들에게 안겨 준다.

어소시에이션 우올 협동조합

아르세네 소우라비에는 부르키나파소에 있는 또 다른 협동조합, 어소시에이션 우올Association Wouol의 조합원으로 7헥타르의 땅에 망고를 재배하고 있다. 이 조합은 1975년에 만들어졌으며 평균 5헥타르의 땅을 가진 1,300명의 농민들이 조합원으로 있다.

모든 조합원이 망고를 재배하는 것은 아니다. 일부는 조합에 있는 망고를 자르고 말리는 저장소에서 일하는데 170명의 여성이 이곳에 있다. 우올 조합원의 약 70퍼센트는 여성이다. 아르세네도 조합의 건조 저장소에서 품질 관리 책임을 맡고 있다. 그는 말한다. "공정무역 덕분에 시장에 대한 희망을 갖게 되었어요. 그래서 나는 망고와 관련된 다른 영역의 일도 하게 되었어요."

우올은 조합원들에게 좋은 농사법을 보급하는 일에 앞장서고 유기농 농법을 열성으로 가르친다. 또한 조합원들이 불상화와 캐슈너트, 참깨 같은 새 작물을 재배하여 농사를 다양화하도록 장려한다. 우올의 대표를 맡고 있는 안토이네 솜비에는 조합의 사명을 "생산자들과 함께 일하며 그들의 생활 조건을 상승"시키는 것이라고 설명한다.

이사카와 아르세네는 공정 무역이 생산자 개인뿐만 아니라 그들이 사는 지역 사회 전체에 큰 변화를 가져다준다고 말한다. 지금은 더 많은 아이들이 학교에 갈 수 있으며 영양실조에 걸린 아이들의 비율도 매우 낮은 수준으로 떨어졌다.

두 협동조합이 공정 무역 초과 이익을 받기 시작한 지는 얼마 되지 않았다. 초과 이익을 쓰는 방식은 두 조합 모두 조합원 총회에서 조합원들이 민주적인 투표로 결정한다.

최근 코트디부아르의 내전과 정국 불안정이 계속되어 조합이 관리하는 지역에서 왕래가 어렵게 되자 이 지역의 모든 음식점과 상점이 화물차나 자동차를 타고 오는 상인들과 거래를 할 수 없게 되었다. 이렇게 곤경에 빠진 데다 코트디부아르에서 국경을 넘어 부르키나파소에 살고 있는 친척들에게 도움을 청하러 온 난민들이 이 지역으로 모여들었다. 특히 이처럼 어려운 상황에서 공정 무역 인증을 받은 망고는 사람들에게 생명줄이나 마찬가지다.

톤과 우올에서 생산한 망고는 모두 공정 무역 및 유기농(토양 조합) 인증을 받았고 방부제를 전혀 쓰지 않았다. 두 조합은 영국에서 열대 식품을 수입하는 회사인 트로피컬 홀푸즈Tropical Wholefoods에 건조 망고를 판다. 이 회사는 이미 15년 전부터 공정 무역을 해 왔다. 트로피컬 홀푸즈의 이사인 케이트 시벡은 말한다. "우리는 영국의 공정 무역 단체인 트윈 트레이딩을 통해서 부르키나파소의 망고 생산자들에 대해 들었어요. 공정 무역은 생산자들에게 제품을 팔 수 있는 시장이 있다는 것을 믿게 해서 자신감을 심어 줍니다."

트로피컬 홀푸즈는 영국 전역에 있는 건강식품 가게와 공정 무역 상점, 옥스팜 상점에서 망고를 팔고 있으며 우편 주문으로도 판매한다. 또한 건조한 과일로 트로피컬 홀푸즈 시리얼 바를 만드는 제과점도 운영한다.

공정 무역 인증 제도가 있어 이사카와 아르세네를 비롯하여 3,000명이 넘는 조합원들이 땀 흘린 노동의 결실을 맛볼 수 있다. 그러나 여전히 부르키나파소에서 생산되는 망고들 가운데 대부분은 공정 무역으로 팔리지 않는다. 대부분의 생산자들은 마을까지 찾아와서 과일을 사 가는 중간 상인들의 착취에 무방비로 당한다. 이 나라는 여전히 굶주림과 영양실조로 가득하다. 이는 톤과 우올 조합이 있는 지역과 뚜렷하게 대비된다.

공정 무역 인증 망고의 판매를 늘리는 것은 더 많은 생산자들에게 공정 무역 체계로 들어오는 계기를 마련해 주는 것이고 이들에게 더 좋은 삶을 누릴 수 있는 기회를 주는 것이다.

40 공정 무역의 미래, 청소년 협동조합

협동조합과 공정 무역은 한 몸이다.

오늘날의 국제 협동조합 운동은 1844년 랭커셔 지방에서 저임금의 면직물 직조공들이 맞벌이 가정에 식료품을 팔기 위해 협동조합 상점을 설립한 로치데일 파이어니어스Rochdale Pioneers가 시초였다. 파이어니어스라는 이름은 이들의 일이 국내의 다른 상점들처럼 자신들을 등쳐 먹지 않는다는 것을 뜻했다. 상점의 고객은 투표권을 가진 회원들로 상점 운영에 대해 발언권이 있었다. 상점에서 이익이 발생하면 회원들에게 배당금을 나누어 주었다. 로치데일 협동조합은 최초는 아니지만 다른 많은 노동자 단체들이 본보기로 삼았다.

물론 협동조합 일이 19세기 영국에서 '발명'된 것은 아니었다. 개발도상국에서는 먼 옛날부터 전통 사회가 집단적으로 자연 자원을 관리하고 필요한 것들을 얻었다.

오늘날 전 세계에 있는 크고 작은 수백만 개의 협동조합은 회원이 8억 명 정도이고 그곳에서 일하는 사람이 1억 명 정도로 추산된다. 캐나다에서는 세 명에 한 명, 싱가포르는 네 명에 한 명, 케냐는 다섯 명에 한 명, 콜롬비아에서는 열 명에 한 명꼴로 협동조합의 회원이라고 한다. 협동조합은 농업, 어업, 주택, 금융에서 제조업, 수공업, 탁아, 의료까지, 그리고 교육, 스포츠, 급수에서 대중교통까지 모든 영역에서 활동하고 있다.

협동조합과 공정 무역

협동조합의 근간을 이루는 원칙은 공정 무역의 원칙과 비슷하다. 협동조합은 공유하는 요구 사항을 만족시키기 위해 설립되었고 회원들 소유이며 민주적으로 운영하고 이익은 공정하게 분배하며 공정한 가격으로 품질 좋은 제품과 서비스를 제공하는 것을 목적으로 한다. 국제 노동 기구는 "협동조합은…… 회원들에게 시장과 서비스에 대한 평등한 접근을 보장하여 경제적 공정성을 육성한다. 누구나 자유롭게 회원이 될 수 있다."고 말한다. 따라서 공정 무역이 시작될 때부터 협동조합이 관계를 맺었다는 사실은 놀라운 일이 아니다. 대부분은 아니지만 많은 공정 무역 생산자들이 협동조합 회원이다.

영국에서 코옵Co-operative Group은 공정 무역을 처음 시작할 때 많은 도움을 주었다. 코옵은 "공정 무역이 지금 서 있는 위치는 …… 협동조합 사업이 성공하는 데 필요한 요소들을 한데 모을 수 있는 잠재력을 가지고 있어요. 공정 무역은 분명 사업이지만(자선이 아니다) 협동조합 운동의 가치와 원칙을 반영한 협동조합 정신이 깃든 사업을 하는 것이지요."라고 말한다.

코옵은 "우리 회원들과 고객들 가운데 많은 사람이 세계 무역 체계의 영향과 개발도상국에서 제품을 생산하는 사람들에게 관심을 가지고 있기" 때문에 공정 무역에 참여했다. 코옵은 영국에서 공정 무역 식품과 음료의 소매점 사업을 선도했다. 카페디렉트 커피를 판매하는 첫 번째 주요 체인점을 열었고 영국에 공정 무역 바나나와 파인애플을 최초로 들여왔으며 슈퍼마켓에서 처음으로 공정 무역 포도주를 팔았다.

2003년 코옵 자체 상표가 붙은 공정 무역 커피를 일반 상업용 제품보다 싼값으로 팔기 시작했다. 이것은 아주 중요한 사건이었다. 이때까지 공정 무역 커피는 대개 일반 커피들보다 값이 비쌌다. 코옵의 이 같은 변화 덕분에 가격 부담 때문에 사지 못했던 고객들도 공정 무역 커피를 사게 되었고 따라서 더 많은 사람들이 공정 무역 커피에 다가갈 수 있었다.

다수의 힘

공정 무역 생산자들은 대개 협동조합과 연계해서 일한다. 최초의 공정 무역 커피는 1973년 과테말라 농민 협동조합이 네덜란드에 수출한 것이다. 오늘날 전 세계에는 약 200개의 커피 협동조합이 있으며 여기에 속한 67만 5,000명의 농민이 공정 무역 커피를 생산하고 있다.

커피 생산국 가운데 많은 나라에서 협동조합이 지키는 원칙은 거개가 전통문화를 바탕으로 나왔다. 예를 들면 멕시코의 치아파스 지역에서 커피를 재배하는 가난한 생산자들은 대대로 이곳에서 살아온 토착 마야 인의 후손인데 이들은 1991년 쿨라크티크Kulaktik 협동조합을 만들었고 지금은 공정 무역 시장에 자신들이 재배한 커피를 판다. 협동조합은 이들에게 매우 중요하다. "우리는 이 조직 덕분에 하나로 뭉칠 수 있었어요. ……조합은 우리가 이 지역에서 발생하는 문제점들을 이겨 내고 독립할 수 있도록 도와줍니다."

다른 협동조합과 협력하는 것은 중요한 전략이다. 쿨라크티크 조합의 대표 후안 기론 로페스는 말한다. "우리는 여섯 곳의 다른 원주민 커피 협동조합과 협력하고 있어요. 이보다 더 작은 규모로는 대출을 신청할 수 없지요. 우리는 수확기 동안 대출받은 돈으로 살아요."

공정 무역에 종사하는 많은 생산자 협동조합은 대개 더 작은 여러 개의 협동조합을 산하에 거느리고 있다. 예를 들면 니카라과의 북부 지역 커피 협동조합 단체(세코카펜Cecocafen)는 11개의 소규모 협동조합으로 구성되어 있다. 그리고 최초의 공정 무역 커피 생산자 협동조합 가운데 하나인 코스타리카의 쿠카페Coocafé는 9개의 소규모 협동조합을 대표한다.

잘 조직된 협동조합은 변화가 필요할 때 큰 힘을 발휘한다. 페루의 커피 재배 농민 협동조합은 전국 단위의 조합을 만들어 정부에 커피 산업에 대한 지원을 요청하고, 안데스 지역 국가들 사이에서 커피 산업에 대한 지역 정책의 개발을 이끌었다.

공정 무역으로 많은 이익을 올리는 협동조합으로 가나에 있는 쿠아파 코쿠를 들 수 있다. 쿠아파 코쿠('좋은 코코아 농민 회사'라는 뜻이다)는 지역 사회 단체에서 선출한 대표들이 운영하는 농민 연합과 무역 회사, 신용 조합으로 구성되어 있는데 공정 무역 초과 이익을 지역 사회 발전을 위한 사업과 농민 대출 사업, 금융 사업에 분배하여 사용한다.

쿠아파는 2005년 코코아를 재배하는 농민 조합원이 4만 5,000명이었다. 이 가운데 3분의 1 정도가 여성이었고 1,000개가 넘는 마을에서 모여 일했다. 이 조합은 회의나 위원회에서 여성들의 발언권이 강하게 작용한다. 쿠아파 코쿠 조합원이며 일곱 자녀를 둔 53세의 미망인 메리는 이렇게 말한다.

농민 협동조합이 만들어지기 전까지 우리 생활은 매우 어려웠어요. ……사람들은 내가 돈이 있다는 것을 믿지 못해요. ……쿠아파에 가입하기 전에는 내 의견을 말해 본 적이 없어요. 나는 지금 출납 일을 하고 있고 기꺼이 내 의견을 말할 수 있지요.

쿠아파의 생산량은 전 세계 코코아 판매의 약 8퍼센트를 차지한다. 이 조합은 가나에서 유일하게 농민들이 소유하고 운영하는, 정식 허가를 받은 코코아 구매 회사이다.

이 조합은 또 한 가지 유명한 것이 있다. 쿠아파는 디바인이라는 공정 무역 초콜릿(사례 44 참조)을 생산하기 위해 1998년 트윈 트레이딩과 함께 설립한 영국 회사 데이 초콜릿 컴퍼니의 지분을 47퍼센트 가지고 있다. 데이 초콜릿은 보디숍, 크리스천 에이드, 코믹 릴리프, 영국 국제 개발 원조부, 나트웨스트NatWest 은행의 지원을 받고 있다.

데이 초콜릿은 어린이용 공정 무역 초콜릿 바인 더블Dubble을 만든다. 또한 코옵의 자체 상표가 붙은 제품에도 초콜릿을 공급한다.

청소년 협동조합

영국에서 협동조합과 공정 무역 운동을 기발하게 연결한 프로그램을 시작했는데 청소년 협동조합이 바로 그것이다. 14세에서 17세 사이의 청소년들이 트레이드크라프트와 코옵의 지원을 받아 운영하며 이들이 스스로 민주적 협동조합을 관리하고 사업 기술을 익히고 공정 무역에 대해 배울 수 있도록 하는 프로그램이다.

청소년 협동조합은 최소 두 명에서 30명까지 조합원을 둔다. 어른의 감독을 받아 자기들끼리 사업 계획을 세우고 제품을 고르고 가격과 재고, 시장 조사, 판촉 계획을 짠다. 그런 다음 공정 무역 제품을 학교 매점이나 교회, 쇼핑센터에 팔고 판촉 행사도 연다. 그리고 수입과 지출을 관리하고 여러 가지 조합 활동에 참여한다.

청소년 협동조합은 국가에서 인정한 교육 수료증을 발급한다. 이 프로그램을 성공적으로 마친 청소년들에게 영국 국영 방송 대학에서 발급한 협동조합 및 공정 무역 기업 교육 수료증을 준다. 이것은 아마도 영국에서 청소년들에게 주는 최초의 공정 무역 자격증일 것이다.

현재 영국에는 200개가 넘는 청소년 협동조합이 등록되어 있다. 〈가디언〉지의 언론인 존 비달은 말한다. "청소년 협동조합은 스스로 이것이 전 세계의 사회 변혁에 앞장서는 일이라는 걸 인식하는지 모르겠지만 실제로는 눈에 띄지 않게 이 일을 하고 있는 겁니다."

41

자유 무역주의자들에 대한 공정 무역의 대답

일부 자유 무역 경제학자들은 공정 무역에 동의하지 않는다. 이
들은 공정 무역이 세계 시장을 왜곡해서 모든 사람이 장기적으로
는 손해를 볼 것이라고 말한다. 그 말이 왜 틀렸는지 여기에 그
해답이 있다.

공정 무역은 우리 시대 이루어 낸 가장 위대한 성공이다. 2002년
에는 영국에서 약 100종의 공정 무역 제품을 살 수 있었다. 2006년
에는 그 종류가 2,000종이 되었다. 개발도상국에 사는 영세 농민과
생산자들 수천 명이 공정 무역 체계에서 가난에서 벗어나 일하고
있다.

그러나 소수의 몇몇 사람은 공정 무역을 좋아하지 않는다. 이들은
주로 모든 경제 활동이 시장의 자유로운 힘에 따라야 한다고 철저하
게 믿는 경제학자들이다. 이들은 애덤 스미스Adam Smith와 데이비드
리카도David Ricardo 같은 경제학자들이 시장 경제를 가로막지 않는다
면 모든 것이 더 좋아질 것이라고 주장한 18세기 경제 이론을 거스
르는 것은 무엇이든 싫어한다.

'비교 우위'라고 알려진 이론을 개발한 사람은 리카도였다. 이것은
모든 나라가 자국에 유리한, 그러니까 다른 나라보다 원가가 낮은
제품과 용역만을 생산한다면 모든 사람이 이익을 얻을 것이라고 주
장한다. 그런 다음 이들은 똑같은 원칙을 갖고 생산한 다른 나라의

제품과 자국의 제품을 교환한다. 달리 말하면 아무 제한이나 왜곡 없이 자유롭게 거래한다.

이론적으로는 맞는 말이다. 그러나 여기에는 적어도 세 가지 큰 문제점이 있다.

첫째, 자유 무역은 가난한 사람들을 저버린다.

이 이론은 만일 동등한 수준의 경제 개발 단계에 있는 나라들끼리 거래한다면 제대로 작동할 수 있을 것이다. 그러나 공산품을 파는 부유한 나라와 커피나 차 같은 1차 산업 제품을 파는 아주 가난한 나라 사이에 거래가 일어난다면 이 이론은 무너진다. 부자는 더 배부르고 가난한 자는 더 굶주린다. 이런 현상은 이 이론이 언제나 적용되었으나 결국에는 실패한 20세기에도 여전히 그랬다. 이 이론은 특히 가난한 사람과 굶주린 사람들을 저버렸다.

자유 무역은 가격표를 가지고 있다. 그리고 가격표에 씌어진 가격은 가난한 사람들이 지불한다. 자유 무역은 수백만 명을 궁핍과 파산으로 내몰았다. 특히 1980년대 이후로 무역 자유화의 속도가 빨라지면서 수백만 명의 농민과 산업 노동자들의 희생을 대가로 매우 값싼, 대개는 가격을 내린 제품들이 개발도상국으로 밀려들었다.

자유 무역을 옹호하는 사람들은 모든 나라에서 식품 무역을 늘려야 하며 수출로 벌어들인 돈으로 자신들이 직접 생산할 때보다 더 많은 식량을 살 수 있다고 믿는다. 그러나 이것은 사실이 아니다. 환경 운동가이자 세계 여성 인권 운동가인 인도의 반다나 시바는 이렇게 말한다.

우리는 꽃을 팔아서 우리가 직접 식량을 재배할 때보다 더 많은 양을 살 수 있을 거라고 들었어요. 그러나 여러분이 꽃을 팔면 식량을 안전하게 확보할 수 없어요.—기껏해야 여러분이 직접 생산할 때의 4분의 1 정도밖에 살 수 없어요. 여러분이 새우를 수출해서 1달러를 벌어들일 때마다 국내에서는 식량 확보를 위해 10달러 이상을 써야 해요.

둘째, 자유 무역 이론은 다국적 기업의 힘을 고려하지 않는다.

다국적 기업은 국제 무역 체계를 효과적으로 장악하고 있다. 국제 무역 체계를 왜곡하는 것은 공정 무역이 아니라 다국적 기업이다. 이들은 국제 무역 체계를 자기들의 형상에 맞게 본뜨고 자기들의 목적에 맞게 조정했다. 이들은 자신들의 목적에 따라 어떤 때는 자유 무역을 주장하고 어떤 때는 보호 무역을 주장한다. 또한 국제 무역 체계를 왜곡하는 것은 다국적 기업이 요구하고 서구 정부들이 지급하는 국가 보조금이다. 이들은 자신들이 원하는 규율을 지키기 위해 세계 무역 기구에 부당한 영향력을 행사하고 이 기구가 정한 국제 규제에도 전혀 구애받지 않는다(사례 5 참조).

오랫동안 공정 무역 운동을 해 온 폴린 티펜은 자유 무역을 다음과 같이 설명한다.

근거 없는 믿음, 자기기만 행위, 거짓말. 무역의 역사는 조직화된 상인들이 자신들의 이익을 보호하고 특혜를 받기 위해 집단으로 공모하고 압력을 행사한 역사였어요. ……무역을 규제하고 통제하는 것은 대개 부자와 특권층만이 누릴 수 있는 권한이었죠.

비정부 기구 운동가인 페기 앤트로버스는 이렇게 말한다.

힘센 나라와 힘없는 나라 사이의 불공정한 거래를 지지하는 '자유' 무역은 절대로 자유롭지 않지요. 자유 무역은 거대한 기업과 부자들이 마음대로 세계 금융을 쥐고 흔드는 것을 규제하지 못하면서 스스로 '원칙에 입각한' 무역 체계라고 주장합니다. 또한 점점 많은 사람이 가난 속으로 빠져드는데도 가난이 줄어든다고 주장해요. 자유 무역은 국가들 간에 존재하는 정치, 경제, 기술력의 중요한 구조적 불균형을 부인하면서 '공평한 경쟁의 장'을 창조한다고 주장합니다.

셋째, 자유 무역은 환경을 망치고 있다.

자유 무역의 원리는 비슷한 제품들(예를 들면 사과)을 수천 킬로미터 떨어진 곳에서 탄산가스를 배출하고 지구 온난화를 부추기면서 비행기로 운반해 오는 것이다. 자유 무역은 지속 가능한 개발과 양립하지 못한다.

자유 무역은 때때로 심각한 지역 환경 파괴를 초래한다. 예를 들어 아시아 국가들의 해안 지역에서 참새우를 집중적으로 양식하는 경우를 살펴보자. 참새우 양식은 추가로 외화를 벌어들일 수 있기 때문에 국제 통화 기금과 세계은행이 적극 장려했던 사업이었다. 아시아 국가들은 참새우 양식장으로 가는 길을 만들기 위해 해안가의 맹그로브 숲을 파괴했다. 맹그로브 숲은 해안선을 보호하는 구실을 한다. 2004년 12월 아시아 해안 지역에 해일이 밀려들었을 때 맹그로브 숲의 자연 보호림을 없앤 지역은 더 큰 피해를 입었다.

공정 무역에 씌운 혐의

공정 무역에 씌운 혐의는(특히 커피에 대해서) 2004년 애덤 스미스 연구소에서 발표한 보고서에 이렇게 나와 있다.

시장 가격보다 가격을 더 올리기 위해 그럴듯하게 의도된 간섭주의자의 음모는 시장의 현실을 무시한다. 따라서 이들은 결국 실패로 끝나거나 질병을 더 악화시키는 치료법이 되고 말 것이다. 발버둥치는 커피 농민들의 어려움을 덜어 줄 수 있는 건설적인 조치들이 많지만 이것들은 시장의 효율성을 향상하려고 노력해야지 방해하거나 악의로 대하지 않아야 한다. ……공정 무역 운동이 성취한 것처럼 보이는 것들은 상징적인 승리일 뿐이다.

가난한 농민들에게 그들이 재배한 곡식에 대한 공정한 대가를 보장하는 체계가 어떻게 커피 재배 농민들의 상태를 더욱 악화시킬 수 있다고 생각하는지 참으로 이해하기 어렵다.

공정 무역에 씌운 혐의는 네슬레가 발표한 보고서에서 발전되어 나타났다. 네슬레의 제품 가운데 하나가 공정 무역 상표를 얻기 전의 일이다(사례 33 참조).

만일 커피 재배 농민들이 시장 가격보다 높은 공정 가격을 받는다면 농민들은 커피 생산을 더 늘릴 것이고 이는 수요와 공급의 불균형을 더 왜곡하여 커피 생두의 가격을 떨어뜨릴 것이다.

실제로 전 세계에서 커피가 너무 많이 생산되는 것은 사실이다. 그러나 모든 커피가 공정하게 거래되는 상황이 온다면 수백만 명의 생산자들은 지금보다 훨씬 살기 좋아질 것이다.

〈가디언〉지의 존 비달이 애덤 스미스 연구소에서 나온 문서를 인용한 것을 보자.

연구소는 일반 대중이 가난한 나라의 사람들을 위해 아무것도 도와주지 말라고 권고하며 개발도상국은 세계 무역 시장에 더 많이 개방하고 소작 농민들을 다각화하라고 충고한다. 영국 정부와 세계은행, 유엔에 모두 구속받지 않는 무역은 인류에게 끔찍한 대가를 가져올 수 있다는 사실을 인정하는데도 이렇게 주장하는 것은 특히 어리석은 일 같이 보인다.

자유 무역주의 경제학자들은 자유 무역이 장기적으로는 사람들의 행복에 기여할 것이라고 주장한다. 그러나 그들의 주장은 현재의 자유 무역이 이끌고 있는 세상, 좌절한 영세 농민들의 세상을 간과한다. 이 세상은 다국적 기업들이 모든 생산 수단을 소유하고 있으며 가난한 농민들의 생명을 쥐고 흔들 수 있는 경제적 통제권도 가지고 있다. 이 같은 상황에서 가난은 거의 해결될 수 없을 것처럼 보인다. 가난한 사람들은 국제 무역 체계가 단기간에 만들어 놓은 문제들을 풀기 위해 장기간을 기다릴 수 없다.

서유럽 선진국은 자유 무역의 힘으로만 발전한 것이 아니라 공개 시장과 보호 무역주의가 적절히 조화를 이루어 발전한 것이다. 19세기와 20세기에 영국은 어떤 제품은 시장을 공개했지만 경쟁을 피할 수 없는 경제 분야는 정부가 보호했다. 양면 전술을 구사한 것이다.

공정 무역은 다음에 올 새 천년을 위해 발전할 수 있는 경제 모델이다. 공정 무역은 가난한 사람들이 함께 발전할 수 있는 무역 방식이라는 것을 이미 입증했다. 공정 무역 재단은 이렇게 말한다.

자유 무역은 농민들의 근심과 사회 및 환경 문제를 계속해서 만들어내고 가격은 내리지만 시장 독점은 더 강화하지요. 공정 무역은 시장

밖이 아니라 시장 안에서 새로운 무역 기법을 이용해서 움직입니다. 공정 무역은 농민과 지역 사회와 환경을 먼저 생각하고 생산자에게 기본 가격을 보장하며 가난한 사람들에게도 시장에 접근할 수 있게 하고 생산자들이 더 많은 결정을 내릴 수 있게 하지요.

공정 무역은 시장을 왜곡하지 않는다. 시장이 가난한 사람에게 불리하게 움직이지 않도록 애쓴다(사례 46 참조). 오늘날 국제 경제에서 자유 무역은 공정하지 못한 것으로 통한다. 자유 무역을 옹호하는 경제학자들은 공정 무역을 공격하면서 이미 공정 무역으로 생활이 변화된 수천 명을 모욕하는 독단적 주장을 여전히 고집하고 있다.

그러나 성경의 잠언에 나오는 말처럼 "지혜로운 사람은 모욕을 못 본 체한다".

42

미래의 전망 있는 사업

미래의 좋은 회사는 나중에 지금의 냉혹하고 근시안적인 사업들을 공룡처럼 몸집만 불렸다고 평가할 것이다. 공정 무역은 지금의 자본주의를 새롭고 더욱 차원 높게 발전시킬 수 있는 가장 좋은 경제 모델이다.

기업 세계의 중심에서 격렬한 투쟁이 벌어지고 있다. 과거와 미래가 겨루고 있다. 엔론Enron의 경영자 같은 과거의 남자들은 너무 오랫동안 승자의 자리를 독차지했다. 이제 미래를 이끌어 나갈 사람들이 기업계에 떠오르고 있다. 이들 가운데 많은 사람이 공정 무역에서 일한다.

과거의 기업관이 틀린 이유는 사회적 책임 기업의 전도사 테리 몰너Terry Mollner가 쓴 글에 잘 요약되어 있다. "자본주의는 역사의 종착점이 아니다. 더 성숙한 사고는 마침내 더 성숙한 경제적 합의를 이끌어 낼 것이다."

몰너는 세계 자유 시장 경제와 자본주의의 대의를 설교하는 잡지 〈이코노미스트〉를 비판한다. 〈이코노미스트〉는 시장에 공개된 기업의 경영자들은 기업 소유자들의 자산 가치를 최대로 높여야 하는 오직 한 가지 의무만 있을 뿐이라고 주장한다. 몰너는 "한때 노예를 부리는 것이 윤리적이라고 생각한 적이 있었어요. 그리고 승진할 때 여성과 소수자들을 차별하는 것이 윤리를 거스르지 않는다고 생각하기도 했고 강 아래쪽에 사는 사람들이 강물 오염으로 죽는 것을 아무렇지도 않게 생각한 적도 있었어요."

시대는 바뀐다. 그리고 기업 활동에서 중요한 것이 무엇인지에 대한 인식도 바뀐다. 몰너는 "자연에서는 경쟁이 아니라 협력이 근본 원리지요. 최고의 진정한 자기 이익은 모두가 하나하나 잘되는 것이라는 뜻이지요."라고 주장한다. 그러나 오늘날 기업의 세계는 여전히 과거의 덫에서 헤어나지 못하고 있다.

세상에서 가장 힘센 조직은 사람이 움직이는 것이 아니라 전체를 하나로 보지 않는 계약 관계들이 움직이지요. 우리는 아이들이 이런 식으로 레모네이드 장사를 하는 것을 지지하지 않을 거예요. 그런데 우리가 지금 이 세상을 이런 방식으로 움직이고 있다고 생각하면 섬뜩해져요.

"아이가 가난을 안고 태어나는 시대는 끝났다."고 하는 몰너의 견해는 오늘날 가장 진보적인 기업 사상가들 대부분과 공유하는 생각이다. 예를 들면 영국 기업 윤리 연구소UK's Institute of Business Ethics는 이렇게 말한다.

사람들은 기업이 직원들을 잘 돌보고 고객에게 진실을 말해 주기를 기대합니다. 또한 기업이 환경에 끼치는 영향을 잘 살피고 제품을 생산하는 사람들을 공정하게 대해 주기를 바랍니다.

윤리 경영을 하려면 오랜 시간이 걸린다. 대개 윤리 규범이 있는 회사가 없는 회사보다 실적이 더 앞선다는 연구 결과도 있다.

협동조합 은행Co-operative Bank은 2005년에 거래 기업 가운데 기업 윤리에 문제가 있는 기업과 거래를 중단했으며 이 때문에 1,000만 파운드에 해당하는 가치를 가진 잠재 사업을 날려 버렸다고 한다. 그러나 이것은 같은 해에 세전 이익 9,650만 파운드 가운데 34퍼센트를 자사의 기업 윤리와 지속 가능한 환경 관련 정책 덕분에 벌었으므로 손해를 보전하고도 남는 장사였다.

미래의 기업 형태

오늘날 떠오르는 미래의 사업 모델은 공정 무역을 닮은 것이 많다. 2000년에 열린 사회 개발 국제 대회에서 코스타리카 대표는 이렇게 말했다.

공정 무역 운동은 새로운 국제 경제 질서를 찾는 도구가 되었습니다. 이것은 선진 산업 국가와 개발도상국 간의 무역 관계에 균형을 확대하고 사회적 평등에 도달하고자 하는 열망을 표현한 것입니다. ……
그리고 개발도상국에 불리하고 점점 이들 국가들을 피폐하게 하는 불공정 교환을 줄이게 도와줍니다.

그는 말을 이어 갔다.

공정 무역 운동은 오늘날 세계화 과정에서 강력한 배타주의를 파생시킨 가난을 줄이기 위해 사회적 실험을 모색하는 분명한 사례입니다. 이 운동은 민간의 투자 전략이 바뀌면 가난한 사람들에게 어떻게 더 많은 도움을 줄 수 있는지를 보여 줍니다. ……가난한 사람들은 공정무역을 통해 정치와 경제의 변화 과정에서 더 큰 구실을 하며 더 안전한 자연환경을 창조하고 인권을 강화하며 문화 다양성을 촉진할 수 있는 기회를 더 많이 얻습니다.

기업의 사회적 책임을 강조하는 시사 해설가 앨리스 오웬은 공정 무역을 미래의 기업 형태로 보는 또 다른 공정 무역 지지자이다. 오 웬은 "기업 활동과 가난 사이에 연관성이 있는 것은 분명한 것 같다. 그러나 기업이 현재 의사를 결정하는 방법은 분명하지 않다. ……이런 불분명한 의사 결정을 지지하는 기업 형태는 옳지 않다." 고 쓴다. 오웬의 생각은 이렇다.

사람은 저마다 맡은 일이 있다. ……또 복잡한 세상을 반영해서 나름 대로 의사를 결정한다. 우리는 모두 조각조각 나뉜 생각들을 뛰어넘 어 다른 사람들과 다른 지역의 무수한 생활 방식을 연결하기 위해 노 력해야 한다. ……이 통합된 세계에 연결된 소비자로서 행동하는 것 은 공정 무역 운동의 기초이다.

오웬은 공정 무역을 재생 에너지 시장 같은 새로운 영역으로 확대 하려고 생각한다.

어떤 에너지를 쓸지 선택하는 것은 에너지 비용 효과가 얼마나 나는 지, 기상 이변에 미치는 영향은 얼마나 큰지, 이 같은 것을 훨씬 뛰어 넘는 영향력을 가지고 있다. ……제3세계 국가와 선진국이 화석 연료 를 사용하기 위해 소비하는 금액 사이에는 중요한 연관성이 있다. ……여러분이 재생 에너지를 선택한다면 세상을 크게 변화시킬 것이 다. 소규모 재생 에너지 생산의 성장은 개발도상국이 선진국이 만들어 놓은 에너지 시장 체계에 종속되지 않고 자체 에너지 정책을 수립할 수 있도록 고무할 것이다.

오웬은 "사물을 연결해서 생각하면 우리는 더 좋은 결정을 내릴 수 있다."고 결론을 내린다.

공정 무역 기업가들이 개발한 새로운 기업 방식들이 점점 인정받기 시작했다. 영국의 주요 공정 무역 기업인 트레이드크라프트는 2006년 영국 여왕이 수여하는 훌륭한 기업상을 받았다. 트레이드크라프트의 임무는 무역으로 가난을 퇴치하고 기업들이 일하는 방식을 변화시키는 것이다.

트레이드크라프트의 관리 이사 폴 챈들러는 수상 소감으로 이렇게 말했다. "트레이드크라프트는 사반세기 동안 공정하고 지속 가능한 사업을 영위하기 위해 주류 기업들이 그 효과를 의문시하는 사업 방식을 개척해 왔습니다. 트레이드크라프트 같은 작은 조직이 그 일을 할 수 있고 거기서 이익을 낼 수 있다면 여러분도 그 일을 할 수 있습니다."

기업 활동이 환경과 사회에 끼치는 영향에 대해 말할 때 고려하는 것은 기업의 재무 실적과 함께 지속 가능한 경영을 평가하는 세 가지 요소Triple Bottom Line(TBL)이다. 미래를 내다보는 기업은 손익 계산서에서 맨 마지막 줄에 나오는 당기 순이익만을 생각하지 않고 두 가지 요소를 더 고려한다. 인간과 사회에 대한 영향, 환경에 대한 영향을 함께 평가해야 한다.

기업들이 너도나도 TBL을 말한다. 그러나 트레이드크라프트처럼 진지하게 실천하는 기업은 거의 없다. 트레이드크라프트는 1990년대 초부터 해마다 「사회적 회계 보고서」를 발간한다. 이런 활동을 하는 주식회사로는 트레이드크라프트가 최초일 것이다. 이 회사가 발간하는 「사회적 회계 보고서」는 기업 활동이 가난을 얼마만큼 줄이고 "공정 무역을 지지하는 일반 대중의 의견을 어떻게 결집"하며 "민간 기업과 정부 기관이 무역에 대해 생각하는 방식과 개발도상국에 끼친 영향"이 얼마나 큰지를 설명한다. 또한 트레이드크라프트가 "제품 생산자들의 생계를 얼마나 지속 가능할 수 있게" 기여했는지, 그리고 환경 보전 목표를 실천하고 환경 감시를 개선하려고 애쓴 결과에 대해서도 보고한다.

트레이드크라프트는 앞으로 아프리카와 아시아에 지역 사무소를 개설하고 그 지역의 가난을 줄이기 위한 노력을 배가할 계획이다. 그리고 개발 지원 자선 행사인 트레이드크라프트 교환 행사는 영국에서 가장 혁신적인 자선 행사로 선정되었다.

43

정의로운 무역을 지지한다

정의로운 무역 운동은 전 세계적으로 성장해 간다. 공정 무역은
그 해결책의 일부이다.

이제 전 세계의 사람들이 공정 무역 제품과 서비스를 사서 쓰고
있다. 그리고 이들은 국제 무역 체계가 공정해지기를 바란다. 이들
은 생산자들이 공정한 대가를 받기를 기대한다. 경제 성장은 세계에
서 가장 부유한 캐나다, 프랑스, 독일, 이탈리아, 일본, 영국, 미국
등 G7 국가에서만 두드러지게 나타난다. 해리엇 램 공정 무역 재단
이사는 이렇게 말한다.

G7 국가의 대중들은 공정 무역에 매우 호감이 많은 것처럼 보여요.
공정 무역 재단과 국제 공정 무역 상표 기구 소속 단체들은 공정 무역
의 규모를 더 늘리고 제품 종류도 다양화해서 이들의 수요를 충족시
키려고 애쓰고 있어요. 일반인들은 이런 방식으로 자신들이 무역에
관심이 있다는 것을 보여 주고 있으며 이것은 이들에게 중요해요. 그
리고 이들은 정의로운 무역을 바라지요. 이들은 정의로운 무역에 대
한 자신들의 요구를 실제로 보여 주는 방법으로 공정 무역 제품을 삽
니다. G7 국가의 정부는 이들의 모범을 따라야 해요. 그리고 정의로

운 무역을 국제 무역의 중심에 두어야 합니다.

우리가 공정 무역 제품을 사는 것은 정의로운 무역을 지지하는 행동이다. 공정 무역은 정의로운 무역으로 가는 길을 알려 주기 때문이다. 공정 무역의 원칙이 주류 무역 체계를 위한 모델이 될 수 있다.

미국의 농업 무역 정책 연구소Institute for Agriculture and Trade Policy에서 일하는 마크 리치는 말한다. "우리는 공정 무역이 진정으로 지속 가능한 개발과 빈곤 퇴치에 기여할 수 있는 올바른 무역 원칙을 가진 교역 모델로 무엇을 할 수 있는지 무역 전문가들과 협의하기 시작했어요."

그러면 현재 G8 국가(G7 + 러시아)의 정부들이 정의로운 무역을 국제 무역의 중심에 두고 있을까? 아니다. 이들 정부는 계속해서 무역 자유화를 밀어붙이며 무역 '정의'와는 거리가 먼 자유 무역을 지속해 나간다. 이들 정부는 이런 소리에 귀 기울이는 것도 늦지만 행동하는 것은 더 느리다.

공정 무역 운동가들은 정의로운 무역 실현을 위해 이들 정부에 다양한 방법으로 압력을 행사하는데 그 가운데서도 정의로운 무역 운동Trade Justice Movement(TJM)이 가장 많이 활동한다. 정의로운 무역 운동은 2000년에 영국에서 70개가 넘는 단체의 900만 명 회원들이 모여 처음 시작했다. 그리고 지금도 "새로운 단체들이 매달 이 모임에 가입하고 있다."고 한다. 이 운동에는 노동조합, 원조 구호 기관, 환경과 인권 운동 기관, 공정 무역 기구, 사회단체, 소비자 모임 들이 참여하고 있다. 정의로운 무역 운동은 국제 무역의 규범을 근본부터 바꾸기를 바란다. 그래서 이 운동은 무역 활동을 이렇게 정의한다.

가난한 사람들에게 이익을 주고 환경을 해치지 않도록 원칙을 정한다. 우리는 모든 사람이 가족을 부양하고 인간다운 삶을 누리고 환경을 보호할 권리가 있다고 믿는다. 그러나 부유한 사람들과 권력자들은 인간과 지구에 필요한 것보다 경제 이익을 더 중요하게 생각하는 무역 정책을 추구한다. 가난을 끝내고 환경을 보호하기 위해서는 자유 무역이 아니라 정의로운 무역이 필요하다.

무엇보다도 먼저 이 운동은 서방 선진국의 정부들에 다음과 같은 내용이 이루어질 수 있도록 촉구한다.

- 가난한 나라들이 가난을 퇴치하고 환경을 보호하는 가장 좋은 해결책을 찾을 수 있게 보장한다.
- 전 세계 가난한 공동체의 삶을 앗아 가는 덤핑 수출을 중단한다.
- 거대한 기업 이익을 얻기 위해 사람과 환경을 희생하는 행위를 중단시키는 법률을 제정한다.

이것들을 하나씩 짚어 보자.

개발도상국이 스스로 해결책을 찾도록 보장하는 것은 무역 정의에서 가장 기본이 되는 문제이다. 2005년 G8 정상 회담에서 서방 선진국의 정부들은 이 권리를 인정했다. 이들 정부는 "우리는 가난한 나라들이 스스로 개발 전략과 경제 정책을 수립해서 이끌고 가야 한다는 점에 합의했다."고 말했다.

그러나 서방 선진국들은 여전히 개발도상국이 무역 체계를 자유화하는 것을 전제로 국제 통화 기금과 세계은행을 통해 돈을 빌려주고 부채를 탕감한다. 이것이 바로 자유 무역이 빈곤에 대한 해답이라는 근거 없는 믿음의 실체이다. 전 세계의 가난한 나라들은 외국 기업들과 값싼 수입품—대개 서방 선진국의 정부 보조금을 받아—에 자국 시장을 개방하고 취약한 생산자들에 대한 정부의 지원을 중단하고 필수 공익 서비스를 민영화하도록 압력을 받고 있다. 결과는 대재앙이며 그 대가는 엄청나게 크다.

크리스천 에이드가 보고한 것에 따르면, 아프리카 사하라 사막 이남 지역의 국가들은 원조와 부채 탕감을 전제로 강요된 자유 무역 정책 때문에 2억 7,200만 달러 규모만큼 경제 사정이 더 나빠졌다. 이 수치는 지난 20년 동안 가난한 나라들이 서방 선진국의 수입품에 시장을 개방한 대가로 손해를 본 소득액을 말한다. 이 보고서는 "이 것은 수만 명이 생계를 잃고 몇 년 동안 기회를 박탈당했다는 것을 뜻한다. 20년 동안의 무역 자유화 과정은 아프리카 사하라 사막 이남 국가들이 같은 기간 원조받은 것에 대한 대가로 지불한 것이었다."고 비판한다.

유럽 연합은 아프리카, 카리브, 태평양 인접 국가들(ACP)과 자유 무역 경제 동반자 협정Economic Partnership Agreements(EPAs)을 체결하기를 바란다. 이를 통해 유럽 연합과 ACP 국가들 사이에서 이루어지는 교역의 90퍼센트 정도에 대해 모든 무역 장벽을 철폐하려고 한다. 이것은 ACP 국가들의 유럽 농산물 산업 제품에 대한 모든 관세와 규제가 해체되는 것을 뜻한다. 그야말로 적자생존, 부유한 나라만이 살아남을 것이다. 유럽 연합 국가들은 새로운 시장 기회를 약탈하는 데 필요한 기금들을 가지고 있다. 이들 국가는 가난한 나라들보다 더 많은 이익을 가져갈 준비가 되어 있다. 이것은 가난한 나라를 빈곤에서 구해 내는 것과는 정반대의 행위이며 정의로운 무역과 정면으로 배치되는 구도이다.

농산물을 덤핑으로 수출하는 것은 가난한 나라의 농촌을 망가뜨리는 것이며 당장 중단해야 한다. 물건을 생산 원가보다 싸게 파는 덤핑 무역은 서방 선진국들이 자국 농민들에게 주는 거대한 정부 지원금 때문에 발생한다. 지원금은 과잉 생산을 조장한다. 이들 국가는 과잉 생산된 잉여 농산물을 개발도상국에 싸게 팔아 그 나라의 농민들을 시장에서 퇴출한다.

이들은 덤핑 무역을 근절하는 방법으로 자국의 농업 보조금 지원 제도를 개혁하려고 하지만 그 속도는 매우 느리다. 2005년 12월 홍콩에서 열린 세계 무역 기구 재무 장관 회담에서 2013년까지 농업 수출 보조금 지원을 중단한다고 합의했다. 그러나 수출 보조금은 자국의 농업을 지원하는 제도 가운데 하나일 뿐이다. 수출 보조금은 전체 농업 지원 규모의 5퍼센트도 안 될 것으로 추정한다. 수출 보조금을 중단한다고 대부분의 덤핑 무역이 사라지는 것은 아니다. 다른 형태의 지원은 계속 남아 있기 때문이다. 불공평은 계속된다.

2006년에 정의로운 무역 운동이 주목한 것은 사람과 환경을 희생해서 기업의 이익을 챙기는 행위를 중단시키기 위해 법률을 제정하는 운동을 전개하는 것이었다. 이 운동은 회사법 개혁 법안을 만들어 영국 의회에서 토의하도록 압력을 넣었다. 처음에 초안한 개혁 법안은 허점이 너무 많았다. 그 뒤를 이은 2006 (영국)회사법(사례 5 참조)은 이 운동의 모든 요구 사항을 충족하지는 않았지만 이사들에게 새로운 규제를 가하는, 전례 없는 규제 장치를 마련했다.

점점 많은 사람이 공정 무역과 정의로운 무역을 지지한다. 이 운동들은 지금까지 가난한 사람들을 저버린 무역 체계를 바꾸는 것이다. 해리엇 램은 말한다. "공정 무역 모델의 성공은 아프리카의 가

장 가난한 나라 사람들을 명백히 수탈해 온 자유 무역을 지지하는
신자유주의 인식 체계에 도전장을 던지는 것이지요."

정의로운 무역은 모든 사람에게 혜택이 골고루 돌아가는 무역을
하자는 것이다. 공정 무역은 바로 이 정의로운 무역을 보장하는 중
요한 노력의 한 부분이다.

44

더욱 향기로운 공정 무역 코코아

여러분이 초콜릿을 어쩌다 한 입 먹는 사람이든 날마다 먹는 사람이든 공정 무역 초콜릿을 먹은 입가에는 더욱 향기로운 맛이 감돈다.

코코아 또는 카카오나무(학명 테오브로마 카카오*Theobroma cacao*)는 남아메리카가 원산지이다. 마야 인들과 아스텍 인들은 그 열매를 발효해서 씁쓸하고 향긋한 음료로 만들어 마셨다. 아스텍 인들은 이것을 최음제로 사용했다. 아스테카의 마지막 왕인 몬테수마Montezuma는 코코아를 하루에 50번씩 마셨다고 한다.

남아메리카를 정복한 에스파냐의 에르난 코르테스Hernan Cortés가 초콜릿—마야 어로는 호코아틀xocoatl('쓴 물'이라는 뜻 – 옮긴이)이라고 부름—을 유럽에 처음 가져왔는데 여기에 설탕과 바닐라를 섞어 음료수로 즐겨 마셨다. 유럽의 식민 지배자들은 카리브 지역과 남아메리카에서 노예 노동을 이용해서 코코아 플랜테이션을 시작했다. 19세기 들어서는 서아프리카에서도 대규모로 코코아를 생산하기 시작했다.

영국에서는 한 해에 50만 톤에 이르는 초콜릿을 먹고 마신다. 주마다 한 사람이 평균 1.2파운드, 한 해에 40억 파운드를 소비하는 셈이다. 유럽과 북미에서 전 세계 소비량의 절반 이상을 차지한다.

코코아 열매 꼬투리를 떼어 낸 다음 열매를 꼬투리에서 까내고 발효한다. 그런 다음 그것을 말리고 볶고 섞으면 코코아 열매가 초콜릿으로 바뀐다.

서아프리카에서 전 세계 코코아의 3분의 2 이상을 생산한다. 이 가운데 코트디부아르가 가장 많이 생산하고 그다음이 가나이다. 전 세계에서 약 1,400만 명이 코코아를 생산하기 위해 일하고 있으며 주로 소규모의 가족 단위로 농사를 짓는다.

네슬레, 마르스Mars, 캐드베리 스윕스Cadbury Schweppes 등 다국적 기업들이 세계 초콜릿 시장을 지배하면서 거대한 수익을 올리고 있다. 국제 선물 시장에서 활약하는 기업들도 코코아 투기 거래로 급격한 가격 변동을 일으켜 결국 영세 코코아 재배 농민들에게 큰 피해를 입히고 자신들만 막대한 이익을 챙긴다.

생산 농민들의 수입은 1980년대 중반 이후로 급격하게 떨어져서 지금은 소매가격의 6퍼센트밖에 되지 않는다. 이것은 가나의 코코아 재배 농민이 한 해에 평균 200파운드도 못 번다는 얘기이다. 코트디부아르에서는 코코아 농장이 불법으로 미성년자 노동을 착취하는 것이 보통이다(사례 28 참조).

다행히도 지금은 시장에 그린 앤드 블랙스, 디바인, 더블, 코옵 자체 상표, 트레이드크라프트, 초카이드Chocaid 등 공정 무역 초콜릿이 많이 나와 있다. 코코아는 벨리즈, 볼리비아, 카메룬, 코스타리카, 도미니카 공화국, 에콰도르, 가나, 니카라과에 있는 농민 협동조합들이 생산하는 공정 무역 작물이다.

이제 문제가 풀렸는가? 절대 아니다. 공정 무역 제품에 대한 수요는 계속해서 빠르게 성장하고 있지만 아직까지는 전체 초콜릿 시장 가운데 아주 작은 일부분일 뿐이다. 그래서 생산자들은 지금도 여전히 자신들이 생산한 코코아 대부분을 예측이 어렵고 대개 말도 안 되는 낮은 가격으로 일반 시장에 팔아야 한다.

최초의 공정 무역 제품

1994년 그린 앤드 블랙스의 마야 골드 유기농 초콜릿은 영국에서 최초로 공정 무역 인증을 받은 제품이 되었다. 홀어스푸즈Whole Earth Foods의 설립자 크레이그 샘스가 가난한 사람들이 모여 사는 벨리즈의 톨레도 지역을 방문해서 마야 원주민들이 이 지역에서 재배한 코코아로 만든 향긋한 차를 마신 다음부터 이 초콜릿을 생산하기 시작했다. 이 지역은 코코아를 많이 생산할 수 있었지만 공정한 가격으로 파는 것은 전혀 기대하지 않았다. 샘스는 이 지역의 농민 조합에서 직접 코코아를 사겠다고 제안했다. 그리고 향후 5년간 공정하고 안정된 가격을 약속했다.

그린 앤드 블랙스에 코코아를 공급하는 농민들은 코코아나무와 함께 자라면서 그늘을 만들어 주는 나무를 경작지 주변에 심고 코코아나무 사이사이에 다른 곡물들을 함께 재배하면서 유기농으로 농사를 짓는다(사례 27 참조). 그린 앤드 블랙스는 톨레도 농민 조합이 생산하는 코코아를 넉넉한 최소 가격에다 사회적 초과 이익을 더하고 거기에 유기농 인증 비용까지 얹어서 모두 사들인다. 그리고 그린 앤드 블랙스는 이 지역 발전을 위해 농업 경제와 정보 통신, 경영 관리 분야의 관리들을 양성하는 일을 돕는다. 이 지역 아이들의 중학교 입학은 그린 앤드 블랙스와 거래하기 전과 비교해서 일곱 배가 늘었고 농가 주택도 개선되어 단단한 마룻바닥을 깐, 나무로 지은 방갈로로 바뀌었다. 2001년 태풍 아이리스가 벨리즈 남부 지방을 휩쓸었을 때 그린 앤드 블랙스와 영국 정부는 다 망가진 코코아나무를 복구하는 데 드는 비용을 대신 부담했다.

이 지역 사회는 지금 원주민 토착어 라디오 방송국을 설립할 준비를 하고 있으며 또한 25만 에이커에 이르는 열대 우림이 벌목되는 것을 막아 내기 위해 생산자 협동조합을 중심으로 마야 인들의 정치력을 모으고 있다.

샘스가 2005년에 그린 앤드 블랙스를 다국적 기업 캐드베리 스윕스에 팔았을 때 아무도 찬성하지 않았다. 시티 대학의 식품 정책학 교수인 팀 랭은 그린 앤드 블랙스 같은 작은 윤리 기업과 다국적 기업의 소유주 사이에 있는 '긴장과 모순'을 주목했다. 그러나 캐드베리는 앞으로도 벨리즈의 코코아 재배 농민들과 함께 공정 무역을 계속할 것이며 그린 앤드 블랙스는 회사 내에서 별개의 사업으로 진행할 것이라고 약속했다.

샘스는 모든 그린 앤드 블랙스 제품이 공정 무역 인증 상표를 받은 것은 아니지만 "우리가 실천한 무역 활동은 모두 처음부터 공정했고 윤리적이었지요."라고 말한다. 그는 캐드베리와 합병한 것은 "영세 농민들이 급속하게 증가하는 코코아 수요를 맞추기 위해서는 거의 100만 그루의 새 유기농 코코아나무를 심어야 하는데 이를 순조롭게 진행하기 위한 일이었습니다."라고 말한다.

최고 중의 최고

또 다른 공정 무역 초콜릿 성공 사례로 쿠아파 코쿠를 빼놓을 수 없다. 1993년 가나의 정부 대표는 공정 무역 기업인 트윈 트레이딩에 말했다. "아주 멋진 생각입니다. 그러나 그렇게 될 수는 없을 겁니다." 이들의 목표는 가나의 영세 코코아 재배 농민들이 직접 회사를 세우고 공정 무역 시장에다 여기서 재배한 코코아를 판매하도록 돕는 것이었다.

쿠아파 코쿠는 트윈이 22개의 창업 마을에 저울과 필요한 물품들을 사도록 창업 자금을 대출해 주면서 탄생했다. 쿠아파는 회사의 구호를 '파파파Pa Pa Pa'('최고 중의 최고')라고 정했다. 쿠아파에 합류한 농민들 대부분은 그 당시 1년에 한 명당 코코아 20가마니도 생산하지 못했다.

쿠아파는 현재 1,000개의 마을 조직과 수만 명의 농민들로 구성된 민주적 협동조합이 되었다. 조직 단위는 마을, 지역, 전국의 세 단위로 구성되어 있으며 무역 회사와 신용 조합, 사회 개발 기금, 이동 건강 진료소를 운영하고 있다. 쿠아파는 상하수도 위생 시설 사업과 소득 유발 사업, 학교 시설과 제분소 등을 설치하는 데 돈을 댔다.

쿠아파는 해마다 공정 무역 시장에 코코아를 650톤 정도 판다. 트레이드크라프트는 이 코코아를 사서 지오바 초콜릿 과자와 선물용으로 포장된 벨기에 초콜릿을 만드는 데 쓴다.

또한 쿠아파의 조합원들은 독특하게도 영국에 있는 데이 초콜릿 컴퍼니의 지분을 47퍼센트 가지고 있다. 데이는 디바인 초콜릿(1998년 출시)과 더블 초콜릿(2000년 코믹 릴리프와 함께 출시)을 만드는 회사이다. 디바인과 더블은 판매량이 빠르게 성장하고 있으며 이제는 거대 초콜릿 제품들과 어깨를 겨루는 유명한 공정 무역 제품이 되었다.

더블—초콜릿과 곡물을 섞은 초콜릿 시리얼—은 제품을 사면 혜택이 두 배가 된다고 하여 이름을 그렇게 붙였다. 구매자는 좋은 초콜릿을 먹고 코코아 재배 농민은 좋은 값을 받는다는 뜻이다. 쿠아파 코쿠의 관리 이사이며 데이 초콜릿 이사이기도 한 콰베나 오에멩 틴야세는 말한다. "코코아 재배 농민들은 정말 자랑스럽게 생각해요." 데이의 관리 이사인 소피 트랜첼은 공정 무역 초콜릿이 산업 전체의 표준을 높일 수 있다고 믿는다.

> 공정 무역 초콜릿을 지켜본 다른 회사들은 자사의 공급망을 다시 점
> 검하곤 했어요. ……우리는 모든 회사가 공정 무역 기업으로 바뀔 거
> 라고 기대하지 않아요. 그러나 우리는 그들이 사업을 더 잘하길……
> 바랍니다. 우리는 환경을 생각하며 일해요.—사람들은 기업들에 압력
> 을 넣었지요. 그리고 기업들은 변해야 했어요.

2006년 중반 더블, 코믹 릴리프와 교육 자선 단체 트레이딩 비전
스Trading Visions는 젊은이들을 대상으로 "우리 모두가 즐겨 먹는 초콜
릿과 개발도상국에서 코코아를 재배하는 농민들이 맞닥뜨린 전혀
달콤하지 않은 문제들 사이에 어떤 연관성이 있는지 생생하게 알려
주기 위해" 영국 전역을 돌며 '코코아 정상 회담'이라는 이름의 행
사를 개최했다. 참석자 가운데 가나계 영국인 청소년 대표가 영국
국제 개발 원조부 장관인 힐러리 벤에게 세계의 모든 코코아 재배
농민들이 더 좋은 거래 대가를 받을 수 있게 해 달라고 요청하면서
'초콜릿 항의 성명서Chocolate Challenge Manifesto'를 제출했다. 13세의 아
이작 오우수는 힐러리 벤에게 이렇게 말했다.

> 우리는 영국 정부가 계속해서 공정 무역을 지지해 주기를 바랍니다.
> ……우리 할아버지는 코코아를 재배하는 농민입니다. 오랫동안 그 일
> 을 해 오셨지요. 예전에 우리 가족의 삶은 힘들었어요. 그때 삼촌이
> 공정 무역에 대한 책을 읽었지요. 이제 할아버지는 당신이 재배한 코
> 코아 열매를 쿠아파 코쿠 같은 공정 무역 회사에 팔고 공정한 가격을
> 받습니다.

힐러리 벤은 성명서를 받아들이면서 이렇게 말했다.

공정 무역 제품을 사는 것은 가난한 나라에 살고 있는 사람들의 삶에 큰 도움을 줄 수 있는 한 가지 방법입니다. 그러나 우리는 더 많은 것을 할 수 있습니다. 우리는 사람들에게 공정 무역에 대해 계속 일깨우고 그것을 끊임없이 얘기하도록 해야 합니다.

45

3월의 공정 무역 포트나이트, 5월의 세계 공정 무역의 날

해마다 3월의 처음 두 주와 5월의 두 번째 토요일에 공정 무역
단체들과 활동가들, 상인들이 함께 모여 공정 무역을 축하한다.

2006년 3월은 대단한 축제였다. 전통적으로 해마다 영국에서 3월
의 처음 두 주 동안 열리는 공정 무역 포트나이트 행사는 영국 전역
에 있는 9,000개에서 1만 개의, 공정 무역 활동과 관계 있는 곳에서
공정 무역을 축하했다. 사람들은 일터와 조합, 대학, 카페, 음식점,
가게, 슈퍼마켓, 교회, 모임 장소에서 음식을 맛보고 제품을 살펴보
고 포도주와 과일 주스를 마셨다. 그리고 갖가지 특별한 행사가 있
었다. 공정 무역 축하 행진, 음악회, 토론회, 다과회, 춤, 축제와 가
족의 날 행사 등 다양한 축하 행사를 열었다. 공정 무역 활동가들은
소비자의 사소한 구매 습관의 변화가 개발도상국에 사는 농민들과
그들의 지역 사회를 얼마나 크게 변화시키는지 설명했다.

공정 무역 포트나이트는 공정 무역 재단이 생각해 낸 행사이다. 그
러나 실제 행사는 전국의 개별 지역에서 준비하고 조직한다. 해마다
행사의 주제가 다르다. 2006년의 주제는 "공정 무역을 당신의 습관
으로 만들어라"였다. 이 목표는 일반인들의 마음에 '조용한 혁명'을
불러일으켜서 그해 영국에서 공정 무역은 매우 큰 성공을 거두었다.

그리고 다양한 공정 무역 제품이 시장에 나옴으로써 많은 소비자들이 공정 무역 상표를 붙인 제품을 더 많이 살 수 있도록 유도했다.

공정 무역 재단은 말한다. "이제는 영국에서 매우 많은 사람들이 공정 무역을 생각해요. 그리고 물건을 살 때 고마운 생각을 합니다. 이제 우리가 할 일은 소비자들이 공정 무역 제품을 사는 습관을 들이도록 도와주고 공정 무역 제품으로 바꾸는 것을 편안하게 할 수 있도록 이끄는 것입니다."

공정 무역 활동이 가장 집중되는 곳은 150개의 공정 무역 마을이다. 이곳에서는 지방 자치 단체 시의원들에서 초중고 학생들, 소매업자, 시민 단체들까지 공정 무역을 지지하는 사람들이 모두 연결되어 있다(사례 16 참조). 20개가 넘는 도시와 자치구, 마을들이 2006년 공정 무역 포트나이트 마지막 날 공정 무역 마을로 인정받았다.

공정 무역 농민들 가운데 일부가 2주간의 행사 동안 영국의 초청을 받아 영국 전역을 여행하고 여러 행사에 참여한다. 공정 무역 재단의 해리엇 램은 이렇게 말한다.

공정 무역 포트나이트 기간에 열리는 수천 가지 행사는 사람들이 공정 무역의 혜택을 누리는 농민과 노동자들에게 직접 경험담을 들을 수 있고 그전까지 경험해 보지 못했던 음식과 제품을 직접 맛보고 시험할 수 있기 때문에 공정 무역을 아주 생생하게 느낄 수 있어요. 사람들이 직접 공정 무역이 만드는 차이를 이해하고 특히 그 제품들이 얼마나 좋은지 실감할 때 비로소 공정 무역 제품을 기꺼이 선택한다는 것이 우리가 경험으로 내린 결론입니다.

2007년 공정 무역 포트나이트의 주제는 "오늘 바꿔라, 공정 무역을 선택하라"이었다.

세계 공정 무역의 날

세계 공정 무역의 날은 전 세계가 공정 무역을 축하하는 행사로 해마다 5월 두 번째 토요일에 열린다. 전 세계에서 여러 가지 행사가 열리고 일부는 5월 내내 계속되기도 한다.

세계 공정 무역의 날은 유럽 세계 상점 네트워크에 가입한 2,000개 이상의 세계 상점과 공정 무역 상점들이 한날한시에 공정 무역을 축하하고 여기에 합류한 일본과 미국에서 공정 무역을 알리기 위해 유럽에서 시작한 운동이다. 피플트리의 창립자 사피아 미니가 처음 제안했으며 2001년 국제 공정 무역 협회의 회의에서 공식으로 채택되었다.

해마다 이날은 지금까지 공정 무역이 해 온 일들을 발표한다. 전 세계 공정 무역 상점 및 네트워크들과 국제 공정 무역 협회 소속 70개 나라의 기구들은 공정 무역 아침 식사, 좌담회, 음악회, 패션쇼, 공정 무역과 정의로운 무역 운동을 알리는 활동 등의 행사를 주최한다. 커피와 차, 옷, 보석, 수공품처럼 가난한 나라의 지역 사회에서 만든 공정 무역 제품들을 전통적으로 이날 사람들 앞에 선보인다.

국제 공인의 공정 무역 기준을 개발하는 것은 공정 무역 상점들과 단체들에 중요한 일이었다. 이들은 자신들의 공정 무역 지식과 공급망 관계를 활용해서 새로운 제품의 출시 방법을 이끌어 왔다.

세계 공정 무역의 날은 공정 무역 포트나이트처럼 해마다 주제를 다르게 정한다. 2006년 주제는 "공정 무역 단체들이여, 지금!"이었다.

이날은 생산자 단체와 공정 무역 회사에서 소매상들과 공정 무역 네트워크까지 공정 무역 단체들이 특별히 맡아서 해야 할 일에 논의를 집중했다. 생산자 협동조합과 소비자 협동조합, 일반 상점, 집단 농장, 지원 단체, 노동조합, 생산자 단체, 영세 가족 작업장, 공정 무역 상점, 인터넷 상점, 통신 판매 회사, 종교 단체, 비정부 기구, 지역 조직, 전국 조직과 같이 방대한 조직들로 구성된 방대한 시장에서 이들이 해야 할 일은 이제 어마어마하다.

이날을 축하하는 행사는 전통적으로 기업들이 공정 무역 제품을 더 많이 팔도록 장려할 수 있는 기회이다. 국제 공정 무역 협회는 2006년 행사에서 이렇게 말했다.

우리는 65개 나라에 공정 무역을 가장 중요한 정치적 의제로 상정할 것을 요청합니다. 올해 세계 공정 무역의 날은 국제 공정 무역 협회가 전 세계 공정 무역 단체들의 역동적인 연합체라는 사실을 보여 주고 이 단체들이 얼마나 뛰어난 지속 가능한 기업의 역할 모델인지 입증하며 이들이 무역을 통해 가난을 줄여 나가는 선구자라는 사실을 강조할 것입니다.

개발도상국이 가격 폭락과 선진국의 정부 보조금 및 덤핑 수출, 빈곤의 증가와 소득 불평등, 그리고 부유한 나라들이 만든 세계화 규범으로 인한 위기와 마주하고 있는 현실에 대해 국제 공정 무역 협회는 이렇게 말한다. "지금 우리는 무역을 통해 가난을 줄이고 개발도상국에도 공평한 기회의 장을 마련할 수 있도록 요구하는 운동을 해야 합니다. 공정 무역 단체들은 이 국제 운동에 앞장설 것입니다."

2006 세계 공정 무역의 날에 페루 생산자 단체 밍카 공정 무역 Minka Fair Trade의 이사 노르마 벨라스케스 트라베르소가 제출한 성명서에는 이렇게 씌어 있다.

우리 개발도상국의 가난한 생산자들은 제품을 더 좋은 가격으로 파는 것도 필요하지만 그것보다 더 중요한 것이 있습니다. 우리는 공정한 계약 조건을 바랍니다. 동등한 동반자 관계를 바랍니다. 서로를 신뢰할 수 있는 친구가 필요합니다. 우리는 지금의 불공정한 상태를 바꾸기 위해 더 큰 책임을 지고 참여하려고 합니다. 우리 모두가 단결된 행동을 할 때 더 좋은 세상을 만들 수 있다는 것을 압니다. 우리는 그 길을 압니다. 다만 여러분이 우리 편에 있어야 합니다.

해마다 3월과 5월에 열리는 행사들은 공정 무역의 지난 실적을 발표하면서 개발도상국에 사는 가난한 생산자들에게 힘을 준다.

46

가난한 사람들을 위해 시장이 움직이다

공정 무역 단체들은 시장이 가난한 사람들에게 끼치는 영향을 잘
알고 있다. 그래서 이들은 가난한 사람들에게 가장 필요한 후원
과 도움을 잘 안다.

　MMW4P는 'Making Markets Work for the Poor'의 약자로 '시장
이 가난한 사람들을 위해 움직이도록 만들기'라는 뜻의 전문 용어이
다. 마침내 여러 나라의 정부들도 이렇게 해야 하는 필요성에 대해
인정하기 시작했다. 영국의 국제 개발 원조부와 스웨덴의 국제 개발
협력부 등 정부 원조 부처들은 오늘날 세계화된 시장이 가난한 사
람들과 환경에 매우 불리하게 움직인다는 것을 인정한다. 그래서 이
들 나라는 MMW4P 정책을 공식으로 채택하고 있다. MMW4P 정책
은 '불완전한 시장'을 개혁하고 '가난한 사람들을 위한 성장'을 이룩
하는 방법을 찾는 것이다.

　이들 정부와 유럽 연합, 세계은행, 국제 금융 기금, 세계 무역 기
구 등 국제기구들이 그동안 세계 시장에서 거대 기업들을 위해 가난
한 사람들을 착취하는 국제 무역 정책을 밀어붙이지 않았다면 상황
이 좀 더 나았을 것이다.

　서방 선진국 정부들은 세계화된 시장이 마치 꽤 '불완전'하지만
잘 고치면 쓸 만한 건강한 기반을 가지고 있는 것처럼 말들을 한다.

그러나 가난 때문에 하루에 3만 명 이상이 죽어 가고 해를 거듭할수록 세계 여러 나라의 소득과 부의 불평등이 늘어만 가고 환경 문제는 악화 일로인 상황에서 세계화된 시장의 문제점들은 분명히 점점 심각해진다.

노벨 경제학상 수상자인 조지프 스티글리츠Joseph Stiglitz의 말을 인용하면 "세계화를 비판하는 사람들은 서방 선진국을 위선자라고 비난한다. 이는 맞는 말이다".

해결 방법

위선자들이 내놓아야 할 해결책은 말이 아니라 행동이다. 공정 무역 운동은 여러 가지 방법으로 이 일을 한다. 예를 들면 트레이드크라프트는 매우 성공적인 국제 개발 지원 계획을 운영하고 있는데 트레이드크라프트 익스체인지라는 자선기금이다. 이것은 "무역 활동으로 가난한 사람들을 지원하는, 영국에서 하나뿐인 전문 자선기금"이다.

트레이드크라프트가 벌이는 두 가지 일은 서로 보완적이지만 독립적으로 자금을 조달한다. 트레이드크라프트 회사는 대부분의 잉여 이익을 기업 성장을 위해 다시 투자하지만 트레이드크라프트 익스체인지는 주로 보조금이나 기부금으로 쓰인다. 트레이드크라프트 익스체인지는 가난한 사람들을 위한 무역 거래 방식과 더 공정한 계약 조건, 더 공정한 시장 접근을 널리 장려한다. 또한 익스체인지는 공정 무역 구매자와 공급자를 연결해 주고 세계에서 가장 가난한 나라에서 저임금으로 일하는 사람들과 함께하는 지역 사회 단체들이 필요한 사업 실무 기술과 능력을 익힐 수 있도록 도와준다.

개발 모델

트레이드크라프트 익스체인지의 '개발 모델'은 25년 동안의 경험을 살려 세계에서 가난과 수탈이 일상화된 네 지역, 동아프리카와 남아프리카, 남아시아, 동남아시아 지역에 있는 중소 규모의 기업들과 협력하는 일에 집중한다.

약 8만 명이 목공으로 생계를 이어 가는 케냐를 살펴보자. 시장이 가난한 사람들에게 유리하게 작용하지 않기 때문에 케냐의 목공예는 소비자의 취향이 바뀌고 제품의 마감 품질이 떨어지고 새로운 디자인을 따라가지 못하고 국제 시장의 경쟁이 심화되면서 세계 시장의 구매력을 대부분 잃고 말았다. 그래서 트레이드크라프트 익스체인지는 케냐의 목공업자들이 수출 시장에 더욱 알맞은 제품을 개발하는 것을 돕기 위해 제품 개발 지원 프로그램을 지금까지 운영해 오고 있다.

이웃의 탄자니아에서는 양봉과 유기농 꿀을 생산하며 열대림 중서부 타보라Tabora 지역에 사는, 토지가 없는 영세 가구들을 지원했다. 그러나 시장 상황의 악화로 그 지역의 양봉 협동조합이 망하자 트레이드크라프트 익스체인지는 탄자니아 비영리 단체들과 협력하여 900명의 양봉업자들에게 사업 지원과 고용 기회를 제공했다.

인도에서 가장 가난한 주 가운데 하나인 오리사Orissa에서는 대다수가 전통 수공품 생산으로 생계를 꾸리고 있지만 대개는 그 지역의 무역업자들에게 극심한 착취를 당한다. 트레이드크라프트 익스체인지는 협력 단체들과 함께 이 지역의 사업 지원 단체들을 위한 기술 능력 향상 프로그램을 운영하고 작업장들을 교육하고 여러 가지 조언과 도움을 주고 있다.

오리사 지역의 원주민들은 캐슈너트나 타마린드 열매와 그 약용

추출물 등 비목재 제품을 생산해서 생계를 꾸려 나간다. 이곳에서는 민간 무역업자들이 아무런 규제도 받지 않고 시장을 지배하고 있다. 트레이드크라프트 익스체인지가 운영하는 부족 공동체를 위한 정의로운 무역Trade Justice for Tribal Communities 사업은 이 지역의 생산자들에게 대안 시장을 마련해 주고 계약 조건을 개선하고 자신들의 삶에 영향을 미치는 결정에 직접 참여할 수 있도록 도움을 준다.

트레이드크라프트 익스체인지는 방글라데시에서도 활동하면서 브라마푸트라 강의 임시 모래 언덕 지역인 차스chars에 사는 가난한 마을 사람들이 돈벌이를 할 수 있는 사업을 개발하고 있다. 그리고 캄보디아, 라오스, 필리핀, 베트남 등 동남아시아에서도 여러 가지 지원 프로그램을 운영하고 있다.

맨발의 기술자들

이런 지역에 개발 프로그램을 지원하는 공정 무역 기구가 트레이드크라프트만 있는 것은 아니다. 옥스팜, 티어펀드, 그리고 여러 비정부 기구들도 공정 무역 초기부터 수십 년 동안 이 같은 일을 하는 데 아주 중요한 구실을 했다.

교육 훈련은 개인과 사회에 중요한 영향을 끼치는 주요소다. 엘비아 마르로킨 코레아는 온두라스의 코무캡COMUCAP 회원으로 옥스팜이 지원하는 개발 프로그램인 유기농 커피 생산 방법을 교육받았다.

우리는 1년 동안 교육을 받고 나서 추가 교육을 받았다. ……우리는 테크니카스 데스칼사스tecnicas descalzas(맨발의 기술자들)라는 명칭을 얻었다. 우리는 매우 열심히 일하려고 했고 그래서 신발도 신지 않고 일했기 때문에 맨발이라는 이름이 붙었다. 그들은 나와 두 명의 여성을 뽑았다. 첫해 그들은 우리를 다른 집단들과 함께 현장으로 보냈다. 그곳에서 그동안 우리가 배웠던 유기농 커피 생산 방법을 다른 여성들에게 가르쳤다. 토지를 측량하는 방법, 농토를 개간하고 구멍을 파고 퇴비를 만드는 방법 들을 가르쳤다. 우리는 배운 것을 실제로 적용하기 시작했고 또 실제로 하면서 더 많은 것을 배웠다. 그것이 우리가 배우는 방법이었다. 우리는 아주 적은 봉급을 받고 일했지만 나는 자그마한 땅을 살 수 있었고 작년에 5퀸틀(560파운드)의 체리 커피를 재배했다. 올해는 아직 수확하지 못했지만 얼마나 많이 거둘지 기대가 된다.

국제 공정 무역 상표 기구는 독일에 있는 산하 인증 기관으로 네덜란드의 국제 개발 기구 에스엔브이snv와 제휴 관계를 맺고 개발도상국의 가난한 노동자 및 생산자들과 함께 일하며 국제 시장에서 공정한 조건으로 거래할 수 있도록 지원한다.

네덜란드에서 공정 무역으로 열대 과일을 수입하고 영국을 포함해서 서유럽 국가에 판매하는 애그로페어는 자체 개발 지원 부문이 있다. 애그로페어 개발 지원 부문은 열대 과일 생산자들이 공정 무역으로 전환하고 유기농 생산, 인증, 수출 증진을 할 수 있도록 돕기 위해 해당 지역의 협력 단체들과 함께 일한다.

공정 무역 제품을 사는 것, 특히 공정 무역 전문 공급 업체에서 직접 사는 것은 공정 무역 운동을 더 강화한다. 공정 무역 운동이 강하면 강할수록 시장은 진실로 가난한 사람들에게 더 많은 혜택을 가져다 줄 것이다.

47

공정 무역 금융 기관의 자금 지원 원칙

공정 무역에 투자하는 것은 우리의 미래를 위해 투자하는 것이다.

공정 무역 제품을 사는 것은 단지 그 행위로 끝나는 것이 아니라 훨씬 많은 뜻이 담겨 있다. 여러분은 셰어드 인터레스트, 협동조합 은행, 트리오도스 은행 등 공정 무역 기금을 조달하는 기업에 투자함으로써 공정 무역 기업의 주주가 될 수 있다. 셰어드 인터레스트는 '세계에서 손꼽히는 공정 무역 금융 기관'이다. 이 회사는 협동조합 조직으로 전 세계의 가난한 나라에 공정하고 정당한 금융 서비스를 제공하여 가난을 줄이는 것을 목표로 한다. 셰어드 인터레스트는 1990년에 설립되었고 지금은 약 8,300명의 회원이 2,000만 파운드 이상을 투자했다. 이 회사는 회원들이 소유하고 관리하며 공동 출자하여 공정 무역을 활성화하는 데 쓰인다.

셰어드 인터레스트는 다음과 같은 곳에 자금을 제공한다.

- 공정 무역 원칙을 지키기로 약속한 생산자 또는 수입업자 단체들에 대출하고 함께 일한다.
- 남북 협력 관계를 증진한다.

264

- 영국의 투자자들이 투자 위험성을 공유하고 전 세계 가난한 지역에서 일하는 사람들에게 직접 대출하는 것을 적극 추진한다.
- 개발도상국의 목소리와 의견에 귀 기울이고 적극 검토한다.
- 공정 무역 운동을 강화해서 더 정의로운 무역 모델을 계속 만들어 간다.

셰어드 인터레스트는 생산자든 수입업체든 전 세계에서 공정 무역을 하는 기업들과 협력하며 생산자들이 미리 돈을 받을 수 있도록 대출해 주고 공정 무역이 발전하는 것을 돕는다. 2005년 셰어드 인터레스트는 25개 나라 43개 공정 무역 생산자 단체와 16개 나라 38개 공정 무역 수입업자 단체에 대출해 주었다.

셰어드 인터레스트는 국제 공정 무역 협회와 정의로운 무역, 공정 무역 재단의 회원 기관이다. 셰어드 인터레스트는 자체 어음 교환소를 통해서 야야산 미트라 발리Yayasan Mitra Bali(미트라 발리 재단) 같은 공정 무역 기구에 대출을 제공하기도 한다.

발리

야야산 미트라 발리는 1993년 발리의 옥스팜 대표부 지원을 받아 설립되었다. 이 재단은 공정 무역 원칙을 지키면서 시장 기능을 맡기도 하고 영세 수공품 생산자들을 위해 수출을 연결해 주는 구실도 한다. 영세 수공업자들은 발리 관광 사업으로 큰돈을 버는 거대 기업들에 시장 기회를 모조리 빼앗기고 있다.

생산자들은 관광 센터에 접근할 수 없기 때문에 수입업자에게 직접 주문을 받거나 심지어 국내에서 직접 거래하는 것도 어려웠다. 그러나 수공업자들이 발리 섬에 기여한 몫은 매우 크다. 이들이 만들어 낸 제품은 발리 문화를 보여 주는 얼굴이며 관광객들과 수입업체들을 발리로 끌어들이는 구실을 한다.

야야산 미트라 발리는 국제 공정 무역 협회의 회원 기관이며 약 100개의 생산자 단체에서 1,000명이 넘는 생산자들과 함께 일한다. 이 재단은 생산자들의 곤궁을 극복하기 위해 이들이 만든 제품을 국내 및 국제 시장에 판매하고 공정 무역 수입업체와 일반 수입업체에 수출한다. 셰어드 인터레스트와 야야산 미트라 발리는 2001년부터 함께 일하기 시작했다. 셰어드 인터레스트는 여러 곳의 대형 수입업체 단체가 주문한 물량을 생산하기 위해 무역 금융 지원 서비스를 제공한다.

발리는 2002년 10월에 발생한 폭탄 테러 때문에 관광 산업이 크게 악화되었고 이것은 곧바로 이 섬에 사는 수공업자들의 생계에 큰 영향을 미쳤다. 그러나 야야산 미트라 발리가 국제 공정 무역 수입업자들과 맺은 관계들 덕분에 이 수입업자들과 함께 일하는 영세 생산자들은 그 어려운 시기를 극복하고 살아남을 수 있었고 지금은 관광객들이 다시 서서히 증가하면서 거래가 늘어나길 고대하고 있다.

셰어드 인터레스트의 어음 교환소를 이용할 수 있는 자격은 국제 공정 무역 협회의 회원으로 생산자든 수입업체든 모두에게 열려 있으며 또한 대출 기준을 만족하고 국제 공정 무역 상표 기구가 인증한 생산자들도 이용할 수 있다.

투자자들은 셰어드 인터레스트에 출자하는 것 말고도 '홍보 대사'가 되어 지역의 여러 행사에 참가해서 얘기하고 언론 매체들에 출연하여 자신을 홍보하는 효과도 얻을 수 있다.

협동조합 은행은 "개발도상국에서 제품을 생산하고 공급하는 과정에서 공정 무역의 원칙을 지키고 노동권에 대해 책임을 지는" 기업들을 지지한다는 국제 노동 기구 총회의 지원을 옹호한다.

트리오도스 은행은 자선 단체와 공동체 집단, 사회사업과 환경 단체들에만 자금을 빌려 주는데 사회 복지와 풍력 발전, 건강 및 주택 사업, 유기농 식품에서 카페디렉트 같은 공정 무역 기관 사업까지 지원한다. 이 은행은 공동 계좌를 운영해서 사람들이 '가장 중요하게 생각하는 대의'에 돈을 적립할 수 있게 한다. 예를 들면 이 은행은 공정 무역 재단, 지구의 친구들, 영국 토양 협회, 국제 사면 위원회, 세계 개발 운동과 제휴하고 있다. 트리오도스는 공정 무역 저축 계좌Fairtrade Saver Account와 윤리적 개인 저축 계좌ethical Individual Savings Account(ISA ; 영국에서 세제 혜택을 주는 개인 저축 – 옮긴이)도 운영한다.

주피터 자산 관리Jupiter Asset Management는 주로 '유기농이나 공정 무역'으로 만든 용구들을 사용하는 회사들에 대한 투자를 선호한다.

여러분은 자신과 공통의 문제의식을 가진 공정 무역 기업에 투자할 수도 있다. 카페디렉트와 트레이드크라프트는 둘 다 이런 방식으로 투자했다. 은행과 기업체가 공정 무역 협동조합에 투자하는 것은 예금자들에게 낮은 이자를 줄 수 있지만 높은 만족감을 준다. 여러분의 투자가 공정 무역의 혜택을 더 많은 사람에게 널리 안겨 주기 때문이다.

또한 여러분의 담보 대출금과 연금을 어디에 넣을지 진단해 보는 것도 가치가 있다. 잡지 〈뉴컨슈머New Consumer〉는 "당신이 저축하는 금융 기관이 공정 무역 기업을 지원하는지 물어봐라. 당신이 가난한 나라의 민중들의 삶을 희생하지 않으면서 공정한 대가를 받기를 원한다고 알려 줘라."라고 제안한다.

정부도 공정 무역에 투자할 수 있다. 2005년 3월에 유엔 아프리카 경제 위원회가 발표한 보고서는 선진국에서 지원 자금 제공이 증가하고 있다고 말했다.

이것은 생산자 단체들이 '공정 무역'에 참여하는 것을 늘릴 것이다. '공정 무역' 상표를 붙인 제품에 대한 수요가 점점 늘어나고 있다. 그러나 선진국 시장의 수요를 정확하게 맞추기 위해서는 아프리카에 있는 생산자 단체들의 수용력을 늘리기 위한 투자가 필요하다.

각국의 정부들이 여기에 적극 참여하도록 촉구하되 또한 자기 자신의 저축 계좌를 다시 한번 점검해 보고 내가 저축한 돈이 어떻게 세상을 바꿀 수 있는지 자문해 보자.

48

가족과 공동체를 함께 지킨다

가족농과 농촌 공동체는 전 세계 모든 곳에서 거대한 국제 자본
의 위협에 직면해 있다. 공정 무역은 이들이 살아남아 잘 성장할
수 있도록 도와준다.

"내 땅을 떠나는 것은 너무나 가슴 아픈 일이다." 멕시코 서부의
치아파스 지역 출신 커피 재배 농민인 에두아르도 베르두고는 이렇
게 말한다.

고향을 떠나 도시로 가는 것이 기회를 찾아 선택한 행동일 수 있
지만 대개 고향에서도 제대로 생계를 꾸릴 수 없다면 이들에게 남겨
진 선택은 거의 없다. 유엔의 통계에 따르면, 많은 나라에서 하루에
18만 명이 농촌을 떠나 도시로 이주한다고 한다. 전 세계로 치면
8,600만 명이 이주 노동자들이다. 이들 가운데 일부는 가족과 함께
이주한다. 수백만 명이 혼자서 일자리를 찾아 이주한다.

그 까닭은 복잡하다. 그러나 그 중심 고리에는 경제의 세계화가
있다. 2000년에 열린 인종주의 반대 세계 대회의 참석자들은 "다국
적 기업들과 국제 개발 금융 기관들은…… 국가들 사이에서, 그리고
국가 안에서 불평등을 고조시켜 고향을 버리고 도시로 이주하도록
압박을 가한다."고 결론을 내렸다.

농촌 공동체는 대개 단일 작물로 묶여 있기 때문에 일자리를 찾아

이주하는 것은 계절에 맞춰 일어날 수 있다. 히스파니올라 섬에서 커피를 재배하는 메르시우스 아리스틸은 옥스팜에 이렇게 말했다.

커피 수확 철이 끝나면 남자들은 국경을 넘어 떠나고 여자들은 집과 아이들에 대한 책임을 지고 고향에 남아요. 그러나 남자들이 집으로 보내 주는 돈은 이들이 떨어져 지내는 아픔을 보상하지 못하지요.

이들에게 현찰을 쥐어 주는 작물의 가격이 떨어지면 상황은 더 나빠진다. 1990년대 말 커피 가격이 폭락했을 때 아이티와 멕시코, 탄자니아, 그리고 남반구 국가들에 사는 수백만 명의 커피 재배 농민들은 심각한 타격을 입었고 이 가운데 대다수가 일자리를 찾아 떠나야만 했다.

옥스팜이 2002년에서 2004년 사이에 카리브 해 지역에서 바나나와 커피를 재배하는 농민들과 나눈 대화는 하나같이 똑같은 내용이었다.

- 세인트빈센트에서 바나나를 재배하는 니오카 아보트는 "현재 농민들은 농사일을 떠나고 있어요. ……사람들은 고향을 뜨거나 마약을 재배하지요."라고 말했다. 농촌에 남아 있는 농민들은 대부분 여성이었다.
- 도미니카에서 바나나를 재배하는 아모스 월트셔는 옥스팜에 하소연했다. "요즘은 농사를 지으러 오는 젊은이들을 보지 못해요. 아이들이 학교를 마치면 가족 농장에서 일하기를 원하지 않아요. 아이들은 농사일에 관심이 없지요. ……가족의 삶은 붕괴하기 시작했어요."
- 아이티의 커피 생산자인 소틴 진 뱁타이즈는 "젊은 여자들은 시골

에 남고 싶어 하지 않아요. 여기서 그들이 할 일이 별로 없거든요."
하고 말했다.

이주 노동자들이 겪는 삶의 질은 매우 나쁘다. 개발도상국에서 도
시로 새로운 삶을 찾아 이주한 수백만 명은 제대로 된 일자리를 찾
을 수 없고 대개는 도시 빈민가에서 범죄나 사기의 덫에 걸려든다.
코스타리카에서 파인애플을 재배하는 베르나르도 자엔은 말한다.
"농촌을 떠나 도시로 이주한 사람들은 실업, 약물 중독, 매춘 등 심
각한 사회 문제들과 맞닥뜨리지요. 이들은 일할 곳이 없고 이들을
도와줄 교육이나 훈련도 전혀 없어요."

전 세계 작물의 대부분은 대규모 농장과 플랜테이션에서 이주 노
동자를 고용하여 생산한다.

도시와 농촌 사이든 또는 나라와 나라 사이든 가난한 사람들의 이
주는 가족과 지역 공동체를 무너뜨리고 부부와 세대 사이를 갈라 놓
는다. 때로는 영원히 헤어지기도 한다.

남아 있을 권리

문제는 매우 심각하다. 하지만 공정 무역은 고통받는 개인과 가족
과 지역 사회를 크게 바꾼다.

개발도상국에 사는 농촌 사람들은 자신들의 의지에 따라 고향에
남아 있을 권리가 있다. 공정 무역은 가난한 지역에서 살아가는 사
람들이 어엿하게 살 수 있고 모멸과 좌절 속에서도 위엄과 희망을
잃지 않고 고향에서 살 수 있도록 생활 조건들을 제공한다.

영세 생산자들이 단일 품목 시장이나 단일 작물에 의존하지 않고
다양한 일거리로 돈을 벌 수 있도록 돕는 것도 중요한 전략이다. 사

람의 노동력이 많이 들어가는 유기농과 환경을 해치지 않는 생산 방법(사례 27 참조)은 새로운 일거리를 만들어 낸다. 그리고 이렇게 해서 더 높은 수익을 올린 농민들은 수확기 때 자기 땅이 없는 더 가난한 농촌의 일손들을 고용해서 또 다른 일자리를 만들 수 있다. 또한 공정 무역은 지역 사회의 민주화(사례 5 참조)와 발전을 지원해서 지역민들이 단결하고 공동의 의사 결정으로 함께 실천할 수 있는 해결 방안을 찾아내도록 도와준다.

마찬가지로 공정 무역 생산자들도 공정 무역을 이렇게 평가한다. 니카라과의 커피 재배 농민인 빈센트 에르난데스는 이렇게 말한다.

공정 무역 초과 이익은 우리가 지역 사회에 함께 살아남기 위해서 없어서는 안 될 매우 중요한 요소입니다. 이것이 없다면 우리는 실업 상태에 있는 2만 1,000명의 커피 노동자와 그 가족들과 함께 생계와 집을 잃고 길거리로 나앉을 거예요.

또 다른 니카라과 커피 재배 농민인 메를링 프레사는 말한다. "공정 무역 덕분에 우리 협동조합에 있는 2,400명의 가족들이 이 땅을 떠나지 않고 남아 있어요. ……이웃들이 굶주림에 시달릴 때도 우리는 먹을 것이 풍족하지요." 멕시코에 있는 협동조합 이스맘ISMAM의 조합원 조지 레이나 아길라도 같은 말을 한다. "공정 무역 커피를 많이 팔수록 우리가 사는 공동체는 더 안정되고 도시로 이주하는 사람들도 점점 줄어들지요." 세인트빈센트에서 바나나를 재배하는 데니스 서덜랜드는 "내가 공정 무역으로 바나나를 팔 수 있는 한 가족을 충분히 부양할 수 있어요. 우리가 공정 무역 바나나를 팔지 않는다면 빈곤의 악순환은 계속될 거예요."라고 말한다.

개발도상국의 영세 농가에서는 일할 수 있는 어른들과 아이들, 노부모들까지 대개 한 집당 6~8명을 부양한다. 아이티의 커피 재배 농민인 럭손 베스티엔이 지적하는 것처럼 공정 무역은 미래 세대에게도 희망을 준다.

> 협동조합에 가입한 젊은 사람들도 일부 있어요. ……우리는 이들이 공정 무역 교육에 참여하도록 자극을 주어 훈련시킵니다. ……나는 이들 다음 세대가 우리 협동조합을 계속 이어 나갈 거라고 생각해요.

트레이드크라프트는 인도에 있는 공정 무역 유기농 면화 재배 단체에 대한 보고서에서 단체의 농민들 소득이 증가하고 있을 뿐만 아니라 "이 지역의 젊은이들 가운데 일자리를 찾아 도시로 떠나는 대신에 이곳에서 농사를 짓겠다고 마음먹는 사람들이 점점 늘어나고 있다. 공정 무역 덕분에 도시로 이주하는 현상은 확실히 줄어들었다."고 기록했다.

더 나아가 공정 무역 협회가 인도에서 실시한 조사 연구에 따르면, 공정 무역 면화 생산 때문에 도시 중심부에서 농촌 마을로 역이동하는 현상이 처음으로 나타나기 시작한다. 대안 의류 회사인 비숍스톤 트레이딩은 방글라데시에서 이 같은 현상을 확인할 수 있다고 말한다.

> 공정 무역 의류 사업은 농촌 지역에서 손으로 옷감을 짜고 자수를 하는 사람들, 판목 인쇄공, 재단하는 사람 등 수천 명에게 일자리를 만들어 주었습니다. ……공정 무역을 한 뒤로 농촌 사람들이 도시로 이주하지 않고도 일자리를 찾을 수 있게 되어 이들이 다카의 빈민가에

서 고통스러운 나날을 보내지 않고 고향에서 가족과 함께 살 수 있게
되었어요.

공정 무역은 또한 여성의 사회적 중요성을 인정하여 가족과 지역
공동체가 함께 유지될 수 있도록 애쓴다(사례 8 참조).
공정 무역은 또 다른 상승 효과도 가져온다. 미국의 종교적 비정
부 기구 루터교 세계 구호 단체Lutheran World Relief는 이에 대해 다음과
같이 설득력 있게 설명한다.

북미 대륙의 어딘가에서 누군가가 공정 무역 제품을 산다. 그것은 공
정 무역 제품이기 때문에 구매 가격 가운데 많은 몫이 제품을 생산한
가족에게 돌아간다. 생산자 가족은 여기서 생긴 초과 소득으로 암탉
을 한 마리 산다. 이전에는 꿈도 못 꾸던 일이다. 암탉이 알을 낳으면
일부는 팔아 소득을 올리고 나머지는 영양을 보충한다. 또 일부는 키
워서 시장에 팔면 소득은 점점 늘어난다.
이 같은 과정이 반복되면서 생산자 가족은 전에는 불가능했던 아이들
수업료를 낸다. 따라서 이 집의 큰딸은 일자리를 찾아 도시로 떠나지
않고 학교에 다닐 수 있기 때문에 에이즈 같은 질병에 걸릴 위험도 줄
어든다. 아이가 학교에서 배운 글과 셈하는 법은 소규모 수공업을 창
업할 때 유용하게 작용할 수 있다. 아이는 가게를 차려 돈을 벌고 남
동생을 고용한다.
생산자 가족은 공정 무역 협동조합의 조합원이기 때문에 이 가족의
성공담 같은 사례는 작은 지역 공동체에서 숱하게 나온다. 협동조합
은 이익을 다시 투자하여 이 지역에 우물을 파고 위생 시설을 개선하
고 학교와 교회를 지어 주민들의 삶의 질을 향상시킨다. 다시 여러 곳

의 지역 공동체들이 경제 및 교육, 의료 체계를 개선하면서 그 효과가 지역을 넘어 나라 전체로 퍼져 나간다.

이 이야기는 실제로 일어날 수 있는, 그리고 현재 진행 중인 사실이다.

49
다른 세계는 가능하다

사람들은 오늘날 다양성을 지지한다. 공정 무역에 헌신하는 것은
이것을 더 깊이 뿌리내리게 한다.

1980년대 영국의 대처가 내건 "대안은 없다"는 구호는 강력한 신자유주의 정책으로 발생한 급격한 불평등과 사회적 혼란을 정당화하려는 시도였다. '철의 여인'은 이 문구를 아프리카에도 적용했다. 이것은 세계에서 가장 가난한 대륙이 경제 자유화를 완전하게 받아들이느냐 아니면 지도에서 사라지느냐를 선택해야 하는 문제였다.

무역과 개발의 문제는 한 가지 방법이 모든 문제를 해결할 수 없다. 이 책이 보여 주는 것처럼 대안들은 있다. 2001년 "다른 세계는 가능하다"는, 기업의 세계화에 반대하고 정의와 지속 가능성을 주장하는 세계 여러 나라의 사회 운동 단체들이 해마다 함께 모이는 세계 사회 포럼World Social Forum의 구호가 되었다.

공정 무역은 인간의 다양성을 찬양하고 대개 주류 경제가 거부하는 사람들, 개발도상국의 원주민들, 신체장애를 가진 사람들과 동반자 관계를 맺는 이런 대안의 전망을 공유한다. 이것은 서로 다른 공간의 세계에 사는 사람들이 하나의 세계를 꿈꾸는 것을 뜻한다.

신체장애를 가진 사람들

세상에서 가장 가난한 사람들 다섯 명 가운데 한 명은 장애를 가졌다. 가난은 이런 사람들이 우리가 사는 경제 체계에서 자리를 잡도록 허용한 적이 한 번도 없다.

영국에서 공정 무역 의류와 장신구, 선물을 공급하는 가네샤와 피플트리는 둘 다 장애인 생산자 단체들과 적극적으로 동반자 관계를 유지하고 있다. 피플트리에 제품을 공급하는 단체 가운데 인도의 아시시 의류Assisi Garments와 케냐의 봄블룰루 작업장Bomblulu Workshop이 있다. 아시시는 타밀나두에 사는 귀머거리와 벙어리 여성들을 고용해서 면화 옷을 만들어 공급하고 있으며 케냐에서 가장 큰 보석 제작소인 봄블룰루는 장님 또는 시력이 많이 손상된 사람들, 그리고 다른 장애를 가진 사람들을 고용해서 아름다운 보석을 만드는 곳으로 유명하다.

가네샤는 인도의 장애인 단체에서 만든 제품을 팔며 또한 네팔의 레프러시 트러스트Leprosy Trust에서 공급하는 가죽 제품과 펠트 가방, 수공예품도 판다. 레프러시 트러스트는 나병 환자들과 다른 장애를 가진 사람들을 보호하고 직업 훈련을 시키는 보호 작업장이다.

영국에 있는 공정 무역 가게와 세계 상점에 장애인들이 제품을 만들어 공급하는 또 다른 공정 무역 업체로 유명한 곳은 케냐의 자카란다Jacaranda와 베트남의 리칭아웃핸디크라프츠Reaching Out Handicrafts이다. 자카란다는 학습 장애를 가진 아이들을 가르치는 나이로비의 한 학교 졸업생들을 고용한다. 이곳은 주로 그 지역에서 나는 사기와 도자기 구슬, 황동을 이용해서 수출 및 국내 판매용 패션 보석을 생산한다. 이들이 받는 급여는 최저 생계비를 보장한다.

리칭아웃핸디크라프츠는 베트남 전국에 있는 장애인 장인들과 협력해서 호이안Hoi An의 작업장에 이들을 고용한다. 이들은 현재 영국의 실크우드 트레이더스Silkwood Traders와 캐나다의 글로벌빌리지Global Village에 제품을 공급하고 있으며 장애인 노동자들에게 기술 교육과 지원 프로그램을 제공한다. 리칭아웃은 베트남에 있는 여느 수공업체들과 달리 2003년 관광 산업을 침체에 빠뜨린 사스 발생 기간에도 공장 노동자들을 해고하지 않았다.

토착 원주민

전 세계 인구 가운데 약 300～400만 명이 토착 원주민이다. 이들은 조상들이 물려준 땅을 기반으로 하는 고유의 문화를 지니고 있으므로 다른 민족들보다 자연 자원에 훨씬 많이 의존한다. 이들은 주로 개발도상국에 사는 가난한 사람들이다.

공정 무역이 토착 원주민들과 협력해서 올린 우수한 실적은 유럽 의회의 찬사를 받았다. "공정 무역은 개발도상국의 토착 원주민들이 옛날부터 전해 내려온 전통의 생활 방식과 생산 방법을 유지하면서 유럽 시장에 자신들이 만든 제품을 팔 수 있게 함으로써 토착 원주민을 지원하는 유용한 도구 구실을 할 수 있다는 것을 입증했다."

공정 무역 유기농 커피를 판매한 최초의 농민은 멕시코 오악사카 지방의 토착 원주민들이었다. 1985년 네덜란드와 독일의 농업 경제학자들과 공정 무역업자들이 이곳을 방문하고 나서 멕시코 지협 토착 원주민 공동체 연합UCIRI은 커피 재배를 유기농으로 바꾸었고 독일의 게파와 네덜란드의 막스 하벨라르에 유기농 커피를 공급하기 시작했다.

2,000명이 넘는 이 원주민 단체 소속 농가의 소득은 그때 이후로 두 배가 되었다고 한다. 그리고 이곳 농민들은 이 지역에 최초로 버

스 도로를 신설했다. 이 단체의 웹 사이트에는 이렇게 씌어 있다. "우리는 전래의 문화와 지혜를 보존하려고 애쓴다. ……그리고 조상들이 물려준 좋은 것들을 소중하게 간직하려고 한다. 우리는 동포들이 우리말로 말하기를 권한다. 왜냐하면 그것은 우리 문화이기 때문이다."

온두라스에 있는 토착 원주민 여성 단체인 코무캡은 유럽에 공정무역 커피를 수출하는 또 다른 생산자 단체로 널리 알려져 있다. 이 단체의 실무자인 둘세 마를렌 콘트레라스는 이렇게 얘기한다.

> 이 지역에 사는 사람들은 대부분 렌카Lenca 족이죠. 렌카 족은 자신들의 말을 잃었어요. 에스파냐가 이곳에 와서 '인디언들'—그들은 우리를 이렇게 불렀어요.—을 발견하기 전에는 우리에게 훨씬 많은 문화가 있었다고 생각해요. 그 당시 큰 싸움이 있었을 거예요. 싸움에서 살아남은 인디언들은 산으로 이주한 사람들이었어요. 바로 오늘날의 우리들이죠. ……우리는 자연과 대지를 매우 특별하게 생각하고 깊이 존중해요. ……우리 조상들은 어쩔 수 없이 땅을 팔아야 했어요. 매우 가난했기 때문이죠. 여러 해가 지나 가난한 농민 단체들이 땅을 되찾기 위해 사람들을 모았어요. 갈등이 일어났지요. 1980년대에 많은 토착 원주민의 지도자들이 살해당했어요.

코무캡은 1993년 설립되었고 처음에는 여성의 권리를 신장하기 위해 활동했으며 지금은 소득을 창출하는 활동으로 영역을 넓혀 가고 있다.

> 커피는 이 지역에서 재배되는 가장 중요한 작물이에요. 여성들은 대

개 다른 사람의 핀카스fincas(농장)로 일하러 다녔어요. 우리는 이 여성들이 이미 커피에 대해 많은 것을 알고 있다는 사실을 발견했어요. 그래서 우리는 이들에게 유기농 커피 재배 방법을 가르치기 시작했어요. 그때가 1999년이었지요. ……우리는 이 여성들에게 토지를 측량하고 땅을 고르고 토양 보호와 퇴비 만들기, 구멍 만들기, 유기농 묘상 관리 등 유기농 기술을 가르쳤어요. 그런 다음 나무 모종과 나무 심기, 커피 열매 관리 기술을 전수했지요. ……옥스팜은 자신들이 투자한 만자나manzana(1.7헥타르 넓이의 토지)에서 우리가 거둔 성과를 보고 40만자나의 땅을 더 사라고 돈을 주었어요. ……우리는 작년에 처음으로 우리가 재배한 커피를 팔았어요. ……올해는 우리가 처음으로 진짜 수확을 하는 해가 될 거예요. 우리는 올해 400퀸틀(1퀸틀＝112파운드)을 생산하리라 기대하고 있어요.

마찬가지로 인도의 아디바시Adivasi(토착 원주민이라는 뜻)에게 공정 무역 차는 매우 중요한 생산물이다. 차 재배 플랜테이션 노동자들과 영세 농민들 가운데 대다수가 토착 원주민이다.

저스트 체인지Just Change는 아디바시 차 재배 농민들과 처음으로 다리를 놓은 단체이다. 이 단체는 스스로 '발전한 공정 무역'이라고 설명하는데, 사회 행동주의자이자 사회 기업가인 마리 테케카라와 스탠 테케카라Mari and Stan Thekaekara가 가난한 사람들의 공동체들을 연결하고 그들끼리 거래하도록 함으로써 '공정 무역을 더 확장'하겠다는 생각으로 설립했다.

저스트 체인지 인도 생산자 회사Just Change India Producer Company는 네 개의 원주민 여성 및 지역 사회 단체가 설립한 협동조합이다. 이 조합은 영국과 독일의 소비자 단체들과 닿아 있다. 현재는 영국과 독

일에 인도 남부에 있는 닐기리 힐스Nilgiri Hills의 구달루르Gudalur 계곡
에서 재배한 차만 거래하지만 인도 안에 있는 관련 공동체들끼리는
쌀, 코코넛기름, 꿀, 비누, 우산 등을 거래하고 있다.

　토착 원주민들은 또한 공정 무역으로 전통 수공예품을 만들어 판
다. 예를 들면 페루의 밍카 공정 무역은 농촌에서 수천 명의 원주민
이 만든 수공예품을 가져다 판다. 피플트리와 트레이드크라프트도
손으로 직접 짠 양털 옷과 수공품들을 판다. 밍카는 개발도상국 단
체로는 처음으로 국제 공정 무역 협회에 가입했다(사례 3 참조). 그
리고 지금은 지역 공동체들과 함께 윤리 관광 사업을 운영하고 있다
(사례 26 참조).

50

세상을 바꾼다!

하나씩 또 하나씩, 우리가 공정 무역 제품을 산다면 반드시 세상을 바꿀 수 있다.

이제 당신 인생에서 오늘 하루를 공정 무역과 함께 시작해 보라. 공정 무역 제품이 당신의 삶과 얼마나 멀리 떨어져 있는지 보자. 그리고 그 간극을 확인해 보라. 당신은 이제 그 간극을 메우기 위해 해야 할 중요한 일이 있다.

아침에 잠에서 깨어나 옷을 입는다. 당신의 머리끝에서 발끝까지 공정 무역 제품의 옷을 입지 않아야 할 까닭이 전혀 없다. 만일 의심이 간다면 피플트리와 트레이드크라프트의 통신 판매 광고지를 훑어 보라.

아침밥을 먹는다. 와! 뭘 먹을까? 과일 주스, 뮤즐리, 바나나, 망고, 파인애플, 기타 과일들, 견과 식품, 건포도, 커피, 차, 코코아, 마멀레이드, 이것 말고도 먹을거리는 많다. 그런데 이것들 가운데 공정 무역으로 수입하지 않는 식품이 있는가? 아마도 빵과 그것을 만드는 밀 정도일 것이다.

이제 일하러 직장에 간다. 당신이 신을 만한 공정 무역 운동화가 있다면 그것을 신고 갈 수 있다. 걸어서 회사에 간다면 그보다 더 좋을 수 없다. 그러나 대중교통이나 자전거 또는 자동차를 이용한다면 공정 무역은 별로 효과를 발휘하지 못한다.

사무실에서 일한다면 컴퓨터를 켤 수도 있다. 다시 문제가 있다. 컴퓨터는 공정 무역과 관련이 없다. 간식으로 맛있는 공정 무역 지오바 과자를 먹는다. 점심시간이 되면 다시 다양한 공정 무역 과일들 가운데 먹을 것을 고르고 쌀이나 파스타를 요리하고 빵에 잼이나 꿀을 좀 바를 수도 있다.

휴식 시간에 차를 마실 때 남아프리카에서 공정 무역으로 수입한 씨 없는 건포도를 넣은 케이크 한 조각을 함께 먹거나 차 속에 말라위에서 생산한 설탕을 넣을 수도 있다.

퇴근길에 누군가에게 선물하고 싶은 것이 있는가? 트레이드크라프트의 공정 무역 벨기에 초콜릿 한 상자는 어떨까? 아니면 초콜릿 러버 선물 세트는?

저녁 식사 때 쌀과 파스타 요리가 다시 구미를 돋운다. 그리고 맛좋은 공정 무역 포도주 한 잔을 곁들인다. 야채에는 후추를 치고 청대콩을 어우러지게 놓는다. 향긋한 허브와 양념을 넣고 처트니로 간을 맞춘다. 고기와 생선은 공정 무역 제품이 없다. 그러나 공정 무역 요구르트로 깔끔하게 마무리할 수 있을 것이다.

저녁때 공을 차는 취미가 있다면 공정 무역 축구공을 들고 나가라. 책을 읽거나 텔레비전을 보거나 라디오를 듣고 싶을 수도 있다. 다시 공정 무역과 간극이 생긴다. 내년에 관광할 계획이 있다면 공정 무역 관광 계획을 세워라.

이제 침대로 간다. 공정 무역 잠옷을 입고 공정 무역 면화로 만든 침대 시트를 깔고 깃이불을 덮는다. 마침내 당신은 공정 무역 베개를 베고 잠이 든다.

꿈을 꾼다. 당신이 사는 모든 것과 사용하는 모든 것이 공정하게 거래되는 꿈을 꾼다. 그 꿈은 실현될 수 있을까? 한번 물어보자.

왜 우리가 먹는 빵은 공정 무역으로 거래할 수 없을까? 트레이드 크라프트의 파스타는 듀럼밀durum wheat로 만든다. 빵은 물론 훨씬 상하기 쉽다. 그러나 공정 무역 빵이 거래될 수 있는 방법을 찾도록 우리 모두 힘을 합쳐 요구하자.

공정 무역 공산품? 공정 무역 부품까지?

공정 무역 재단의 해리엇 램은 말한다. "공정 무역의 이면에는 아주 강력하게 전달하고자 하는 뜻이 담겨 있어요. 여러분은 이제 시장에 개입할 수 있어요. 그렇다면 공정 무역 제품을 지금보다 훨씬 큰 규모로 시장에 내놓는 것은 어떨까요?" 램은 앞으로 개발도상국에서 생산한 공산품들이 공정 무역 상표를 더 많이 붙이기를 바란다. 그래서 가난한 사람들이 더 많은 소득을 올리기를 기대한다.

여기서 공정 무역이 맞닥뜨리는 가장 큰 어려움은 기계제품들에 대한 것이다. 자동차나 컴퓨터 같은 제품은 대개 여러 나라에서 생산하는 여러 가지 부품으로 만들기 때문에 이것들을 어떻게 공정하게 거래할지 문제가 생긴다. 따라서 현재 대부분의 공정 무역 제품처럼 완제품의 한계를 뛰어넘을 필요가 있다. 그리고 부품들을 하나하나 살펴보자. 그리고 왜 완제품을 구성하는 부품들은 공정거래를 할 수 없는지 생각해 보자.

이 제품들은 대개 그것들을 만드는 노동자의 권리와 정당한 대우를 빼앗긴 조건 속에서 생산된다. 컴퓨터를 예로 들어 보자. 전 세계 컴퓨터의 3분의 1 이상이 개발도상국에서 만들어진다. 가톨릭 구호 기관인 캐포드CAFOD는 타이, 멕시코, 중국에서 컴퓨터를 만드는 노동자들이 착취를 당하고 있다는 증거를 공개했다.

중국 노동자들은 한 달에 최저 생계비인 30파운드도 받지 못한다. 캐포드는 이들이 생계를 꾸리기 위해서는 불법으로 초과 근무를 해야 한다고 주장한다. "이들은 쉽게 고용하고 해고할 수 있어요. 이들은 식권이나 출산 휴가, 공휴일, 연금 같은 사회적 안전장치의 혜택을 받을 수 없어요."

이러한 상황은 분명히 개선되어야 한다. 공정 무역 공산품과 부품은 충분히 고려할 가치가 있다. 그렇지 않으면 너무나 많은 사람들이 불공정한 체계 속에 갇히고 가난에서 빠져나오지 못할 것이다.

우리가 답하기 어려운 질문을 하고 그동안 생각지 못했던 일들을 제기할수록 공정 무역은 더 성숙하고 크게 발전한다.

공정 무역 제품과 서비스 상품의 판매는 이미 성장 일로에 있다. 공정 무역 체계는 오늘날 주류 무역 체계와 비교할 때 여전히 작은 부분에 불과하다. 거인과 갓난아기 수준이다. "그러나 미래는 갓난아기에게 펼쳐져 있다."고 〈뉴인터내셔널리스트〉의 데이비드 랜섬은 말한다.

미래는 공정 무역의 세상이 될까? 공정 무역 체계가 제품을 거래하는 중심 체계로 현재의 주류 무역 체계를 대체할 수 있을까? 많은 사람이 그렇게 되길 바란다면, 그리고 많은 사람이 자신들이 사서 쓰는 모든 것이 그것을 만든 생산자들에게 공정한 대가를 주기를 바란다면 할 수 있다. 우리가 공정 무역 제품을 많이 살수록, 또한 공정 무역으로 살 수 있는 제품의 종류를 늘리라고 요구하면 할수록 공정 무역 세상은 더 빨리 앞당겨질 것이다. 해리엇 램은 이렇게 말한다.

나는 앞으로 5년 안에 공정 무역이 영국인들이 좋아하는 감자튀김을 곁들인 생선튀김 요리처럼 영국인의 생활에서 더 많은 부분을 차지하기를 바랍니다. 공정 무역 차도 한 잔 함께 마시면서요. 우리는 공정 무역이 표준이 될 거라고 기대해요. 매우 특별한 표준이긴 하지만. 그래서 공정 무역 상표가 붙지 않은 제품은 상점의 진열대 맨 아래칸에 먼지가 쌓인 채 놓여 있겠지요. 그리고 콜롬비아 금광에서 일하는 광부와 스리랑카에서 고무를 두드려 구두를 만드는 사람, 고기 잡는 가난한 어부와 누에를 키워 명주실을 뽑아내는 아낙네까지 점점 더 많은 개발도상국 사람들이 새롭고 흥미로운 공정 무역 사업을 펼칠 수 있는 기회를 잡게 될 거라고 믿어요.

트레이드크라프트의 폴 챈들러는 "공정 무역 식량과 다양한 식품의 급격한 판매 신장은 앞으로도 계속될 것"이라고 믿는다. 그는 개발도상국의 "공정 무역 생산자들이 단순히 공정 무역 원료를 공급하는 것에서 벗어나 더 넓은 영역의 완제품 시장에 접근해 가면서" 더 많은 부가 가치를 창출한다는 사실에 주목한다. 식료품이 아닌 제품들도 앞으로 점점 큰 규모로 주류 시장으로 흘러들 것이다. 그러나 이를 위해서는 "시장이 요구하는 대규모 물량과 고품질의 유지, 경쟁력 있는 가격 조건을 맞출 수 있는 새로운 공정 무역 생산 방식을 찾아야 합니다".

또한 앞으로는 개발도상국끼리 더 많은 공정 무역 제품을 교환할 수도 있다. 현재는 대부분의 공정 무역이 선진국과 개발도상국 사이에서 이루어진다. 그러나 최근 들어 개발도상국 간의 교역이 급격하게 늘어나고 있다. 공정 무역 제품들이 개발도상국 간의 거래에서 큰 몫을 차지하고 있다.

해리엇 램은 "우리는 여러분이 인도나 남아프리카 또는 브라질을 여행할 때 공정 무역 상표가 붙은 제품들을 만날 수 있을 거라고 기대합니다. 공정 무역 운동은 점점 확대되어 가지요."라고 하면서 말을 잇는다.

나는 우리가 공정 무역 제품을 사서 쓰는 습관을 아주 평범한 일상으로 생각하길 바랍니다. 우리가 일상생활에서 소비하는 차와 바나나, 설탕, 면화를 재배하는 사람들도 우리와 똑같이 자신들 삶의 기본적인 존엄성이 인정받기를 원하며 아이들을 안심하고 학교에 보내고 아플 때는 치료를 받고 깨끗한 물을 마시고 마음껏 배불리 먹을 수 있기를 바랍니다. 이들은 자신들이 만든 훌륭한 제품을 우리에게 팔면서 앞으로 공정 무역의 세상이 올 것이라는 믿음을 날마다 증명해 보이고 싶어 합니다.

폴 챈들러는 다가올 5년 동안 "점점 많은 일반 기업들이 공정 무역 제품을 팔게 될 것이며 따라서 소비자들이 지금까지 공정 무역에 전념하며 새로운 시장을 개척하고 또 앞으로도 선도해 나갈 공정 무역 전문 단체들이 파는 공정 무역 제품과 일반 영리 기업의 공정 무역 제품을 비교하고 그 차이점을 인식하는" 날이 올 거라고 믿는다.

이제 우리 모두 공정 무역 제품을 쓰는 습관을 생활화하자. 공정 무역은 소비자의 힘이다. 우리 소비자의 힘은 행동에 있다. 우리가 공정 무역 제품을 사려고 지갑을 열 때마다, 그리고 공정 무역을 널리 퍼뜨리려고 목소리를 높일 때마다 우리는 가난한 사람들을 위해 세상을 바꿀 수 있다. 그리고 우리는 그들이 가난에서 벗어나도록 도울 수 있다. 얼마나 멋진 기회인가!

주와 출전

아래의 주는 이 책에서 인용한 문장의 출전을 나타낸다. 일부 주는 추가 정보와 중요 출판물 또는 관련 웹 사이트의 주소를 표시했다.

머리말

마틴 루터 킹, 널리 인용함, 원전은 알려지지 않음.

샤 압두스 살람, "Only fair trade can", World Fair Trade Day, www.wftday.org/english/messages/sub/articles/index06.htm.

해리엇 램, "Better than fair", *Developments*(25), 2004, www.developments.org.uk/data/issue25/behind-fair-trade.htm.

공정 무역 재단 : www.fairtrade.org.uk.

1. 가난한 사람들을 위한 무역

레나토 루지에로, 1998년 1월 16일 런던 왕립 국제 문제 연구소에서 행한 연설.

장하준, in John Madeley, *A People's World*, 2003, London, Zed Books, 2003, 40~41쪽.

가난을 역사 속으로 : www.makepovertyhistory.org.

데이비드 코르텐, *When Corporations Rule the World*, 1995, London, Earthscan, 1995, 12쪽.

2. 영세 농민들이 공정 가격을 받다

옥스팜 영국, *Global Partners: Fairtrade and Local Authorities − How to Support Global Sustainable Development in your Locality*, 2001, www.fairtrade.org.uk/downloads/pdf/local_authorities_guide.pdf.

공정 무역 재단, "Fairtrade bananas impact study", 2004, www.fairtrade.org.uk/downloads/pdf/dominica_profile.pdf.

공정 무역 재단, *Spilling the Beans on the Coffee Trade*, 1997, 개정판 2002, www.fairtrade.org.uk/downloads/pdf/spilling.pdf.

3. 신뢰할 수 있는 공정 무역 제품

국제 공정 무역 상표 기구(FLO) : www.fairtrade.net.

국제 공정 무역 협회(IFAT) : www.ifat.org/joinifat.shtml.

트레이드크라프트(Traidcraft) : www.traidcraft.co.uk.

4. 생산자에게 돌아온 초과 이익

공정 무역 재단, *Highlights 2003*, www.fairtrade.org.uk/downloads/pdf/
Fairtrade_highlights_2003.pdf.

공정 무역 재단 : www.fairtrade.org.uk/suppliers_growers_tea_sivapackiam.htm.

국제 공정 무역 상표 기구, "Have a nice cup of tea!", www.fairtrade.net/sites/
impact/story2.html.

티어펀드, "Fairtrade bananas", www.tearfund.org/webdocs/Website/
Campaigning/Fairtrade%20bananas%20.pdf.

5. 지속 가능하고 민주적인 무역

World Investment Report, 2005, New York and Geneva, UNCTAD.

Institute for Policy Studies : www.ips-dc.org.

국제 공정 무역 상표 기구 : www.fairtrade.net/standards.html.

Right Corporate Wrongs : www.tjm.org.uk/action/corporate240106.shtml.

6. 인간의 얼굴을 한 개발

코아스바(COASBA : Cooperativa Campesina Apícola Santa Bárbara)의 호엘 우리
베와 루이스 빌라로엘 인터뷰 내용, Santa Bárbara, Chile, 29 December 2005.

7. 플랜테이션 노동자에게 최저 생활 임금을 보장한다

International Tea Committee : www.intteacomm.co.uk.

UK Tea Council : www.tea.co.uk.

Indian People's Tribunal report : www.oneworld.net/article/view/82821/1/.

8. 여성과 여자 아이들의 권리가 증진되다

옥스팜 공정 무역 캠페인, www.hattitrading.co.uk/fair_trade.php에서 인용.

공정 무역 재단, "Cotton on to Fairtrade", www.fairtrade.org.uk/pr171105.htm.

공정 무역 재단, "100 world food producers meet in London as world leaders
talk trade in Cancún", www.fairtrade.org.uk/pr050903.htm.

트레이드크라프트, "It's a new order – thanks to fair trade", www.traidcraft.
co.uk/template2.asp?pageID=1818.

9. 커피 재배 농민들에게 희망을!

블랑카 로사 몰리나와 인터뷰한 내용, Reading International Solidarity Centre, UK, March 2003.

10. 면화 재배 농민들의 생명을 구하다

GM Watch, www.gmwatch.org/archive2.asp?arcid=6055.

India Together, www.indiatogether.org/2005/jan/agr-vidarbha2.htm.

Share the World's Resources, www.stwr.net/content/view/696/37.

공정 무역 포트나이트 기간 동안 샤일레시 파텔과 인터뷰한 내용, London, March 2006.

애그로셀 : www.agrocel-cotton.com.

11. 공정 무역 운동은 어떻게 시작되었나

2004, 2005년 국제 공정 무역 상표 기구 연차 보고서 : www.fairtrade.net.

글로벌 저니 : www.ifat.org/globaljourney.

Fair Trade in Europe 2005: Facts and Figures on Fair Trade in 25 European countries, survey by Marie Krier, Brussels, Fair Trade Advocacy Office, www.ifat.org/downloads/marketing/FairTradeinEurope2005.pdf.

12. 공정 무역 가공 견과류

트윈 트레이딩, "Go nuts for Fairtrade!", www.fairtradecookbook.org.uk/downloads/060525_twin_fairtrade_nuts.doc.

"Fairtrade nuts reach UK despite Amazon floods", www.peopleandplanet.net/doc.php?id=2704.

13. 자부심을 가지고 생산한 품질 좋은 제품

공정 무역 재단 : www.fairtrade.org.uk/pr190306.htm, www.fairtrade.org.uk/fc-spr00a.htm.

Harrogate Fairtrade campaign : www.harrogatefairtrade.co.uk.

존 비달, "If you eat chocolate then you can make a difference", 〈가디언〉, 7 December 1999.

14. 아이들을 학교에 보내다

옥스팜 오스트레일리아, "Coffee farmers' stories", www.oxfam.org.au/campaigns/mtf/coffee/stories/index.html.

옥스팜 영국, *Global Partners: Fairtrade and Local Authorities – How to Support*

Global Sustainable Development in your Locality, 2001.

15. 가난을 역사 속으로
카롤리네 마리아 데 헤수스, *Child of the Dark*, 브라질 빈민가에 사는 사람의 일기, New York, Dutton, 1962, http : //inic.utexas.edu/hemispheres/units/ migra-tion/Brazil.pdf에서 인용.

가난을 역사 속으로 보고서, 28 December 2005, www.makepovertyhistory.org.

Reading Campaign to Make Poverty History, 저자들과 통화, June 2006.

해리엇 램과 레이몬드 키마로, www.fairtrade.org.uk/pr300705.htm.

토니 블레어, www.fairtrade.org.uk/pr080705.htm에서 인용.

16. 공정 무역 마을, 학교, 종교 단체
조지 폴크스, 브루스 크로우더, 리아쿠아트 알리 아모드, www.fairtrade.org.uk에서 인용.

워릭 대학교, www.peopleandplanet.net에서 인용.

공정 무역 마을, 도시, 주, 자치구, 동네, 섬, 지대, 대학, 학교, 종교 단체가 되기 위한 정보는 공정 무역 재단 홈페이지에서 볼 수 있다 : www.fairtrade.org.uk/ get_involved. htm.

2006년 중반까지 영국에 200개의 공정 무역 마을이 있었고, 200곳 이상이 공정 무역 자격 심사를 밟고 있었다. 또한 2,845개의 공정 무역 교회, 성당, 예배당, 퀘이커 교회와 13개 유대 교회, 적어도 1개의 공정 무역 모스크, 34개 공정 무역 대학이 있다.

17. 최소 가격의 보장, 위험 부담의 감소
국제 커피 기구, 아라비카 커피와 로부스타 커피의 복합 지수 가격(센트로 반올림) : www.ico.org.

18. 생산자의 건강한 삶을 후원하다
공정 무역 재단, *Unpeeling the Banana Trade*, 2000, www.fairtrade.org.uk/down-loads/pdf/unpeeling.pdf.

공정 무역 재단, "Fairtrade bananas impact study", 2004, www.fairtrade.org.uk/ downloads/pdf/dominica_profile.pdf.

티어펀드, "Fairtrade Coffee", www.tearfund.org/webdocs/Website/ Campaigning/Fairtrade%20coffee%20.pdf.

니카라과 연대 운동, www.nicaraguasc.org.uk/partners/index.htm.

19. 인권을 신장하는 새로운 무역

유엔 : www.un.org/Overview/rights.html.

트레이드크라프트 : www.traidcraft.co.uk/template2.asp?pageID=1780.

국제 사면 위원회 : www.amnesty.org/pages/ec-unnorms_2-eng.

유럽 기업 관측소(Corporate Europe Observatory) : www.corporateeurope.org/
  norms.html.

공정 무역 재단 : www.fairtrade.org.uk/fc-spr00a.htm.

20. 어린이들이 양탄자를 만드는 일에서 벗어나다

러그마크 : www.rugmark.net.

러그마크 독일, "A tough job on the bike", www.rugmark.de/english/navi/
  frnakg.htm.

21. 중간 상인을 거치지 않고 직거래하다

후안 발베르데 산체스, www.fairtrade.org.uk/suppliers_growers_sugar_ juan.htm.

렌손, www.fairtrade.org.uk/suppliers_growers_bananas_renson.htm.

기예르모 바르가스 레이톤, www.fairtrade.org.uk/suppliers_growers_coffee_
  guillermo.htm.

22. 생태 사회 기금으로 지역 사회를 일으키다

비노스 로스 로블레스 수출 담당 이사 세르기오 알라르드와 인터뷰, Santiago,
  Chile, 22 December 2005.

코옵 공정 무역 : www.co‑opfairtrade.co.uk/pages/producers_beerwinespir-
  its.asp.

23. 삶을 변화시키다

레지나 조지프와 인터뷰한 내용, Oxford, March 2005.

24. 노동력을 착취해서 만든 스포츠 공

공정 무역 스포츠 공은 영국의 옥스팜과 국제 연합 아동 기금 상점, 공정 무역 상
  점, 코옵과 페어딜 트레이딩에서 살 수 있다.

25. 농약 오염을 줄이고 유기농 농법으로

유엔 식량 농업 기구 보도 자료, "New code on pesticides adopted", 4 November
  2002, www.fao.org/english/newsroom/news/2002/10525-en.html.

J. 제야라트남, "Acute pesticide poisoning : a major global health problem",

World Health Statistics Quarterly, 1990 43(3), 139~144쪽.

Annual Report of the Pesticide Residues Committee, 2002, www.pan-uk.org/poster.htm.

지구의 친구들, "Do we really know what pesticides are in our food?", www.foe.co.uk/pubsinfo/briefings/html/20020111082053.htm.

니카라과 생산자 : www.nicaraguasc.org.uk/campaigns/index.htm.

26. 공정 무역 여행, 윤리 관광

폴리 파툴로, 오렐리 미넬리 공저, *The Ethical Travel Guide: Your Passport To Alternative Holidays*, London, Tourism Concern/Earthscan, 2006.

27. 환경 친화적이고 지속 가능한 생산

공정 무역 재단, "Fairtrade standards", www.fairtrade.org.uk/about_standards.htm.

영국 토양 협회 : www.soilassociation.org.

공정 무역 재단, "Benefits of Fairtrade : a cleaner environment", www.fairtrade.org.uk/about_benefits_environment.htm.

트랜스페어 유에스에이 : "Environmental benefits of fair trade coffee, cocoa & tea", www.transfairusa.org/pdfs/env.ben_coffee.cocoa.tea.pdf.

28. 미성년자의 노동 착취를 없앤다

영국 공정 무역 상점 연합회, "Stand up for their rights", campaign leaflet, 2005.

브룩크 셸비 빅스, "Slavery free chocolate?", 2002, www.alternet.org/story/12373/.

휴먼 라이츠 워치 2002 보고서, A. Nicholls and C. Opal, *Fair Trade: Market - Driven Ethical Consumption*, London, Sage, 2005, 39쪽 인용.

"Ecuador's banana field, child labor is key to profits", 〈뉴욕 타임스〉, 13 July 2002, www.organicconsumers.org/Starbucks/0828_fair_trade.cfm.

29. 빚 부담을 덜어 준다

공정 무역 재단, www.fairtrade.org.uk/suppliers_growers_coffee_isabel.htm, www.fairtrade.org.uk/fc-spr99.htm.

크리스천 에이드, "The damage done : aid, death and dogma", 2005, www.christianaid.org.uk.

타라 계획 : www.taraprojects.com.

30. 유전자 조작 식품을 거부하다

크리스천 에이드, "Genetically modified crops : Christian Aid's concerns", www.christianaid.org.uk/indepth/0206gm/gmcrops.htm.

액션에이드, "Robbing coffee's cradle : GM coffee and its threat to poor farmers", www.risc.org.uk/readingroom/coffee/GMcoffee.pdf.

"GM coffee 'threatens farmers'", http://news.bbc.co.uk/1/hi/sci/tech/1332477.stm.

공정 무역 재단, "Redressing a global imbalance : the case for Fairtrade certified cotton", www.fairtrade.org.uk/downloads/pdf/cotton_briefing.pdf.

지구의 친구들, "EU states must reject GM rice", www.foe.co.uk/resource/press_releases/eu_states_must_reject_gm_r_24032004.html.

런던 사회 과학 연구소, "Mass deaths in sheep grazing on Bt cotton", www.i-sis.org.uk/MDSGBTC.php.

아파드 푸즈타이 박사에 대한 자세한 내용은 앤드류 로웰, *Don't Worry(It's Safe to Eat) : The True Story of GM Food, BSE and Foot and Mouth*, London, Eartscan, 2003 참조.

31. 집 안의 공정 무역 가구

타라 계획 : www.taraprojects.com.

트레이드크라프트 : www.traidcraft.org.

뉴 오버시즈 트레이더스 : www.theindiashop.co.uk/acatalog/Furniture_Range.html.

어친 : www.urchin.co.uk/articles/urchin-fairtrade-kids.html.

발리 스피리트 : www.balispirit.com/products/bali_fairtrade_handicraft.html.

안주나 : www.anjunaonline.com.

런던 메트로폴리탄 대학 : www.londonmet.ac.uk/library/k49772_3.pdf.

32. 자연재해와 인재를 겪은 사람들에게 재건의 힘을!

"Thomas Fricke and Sylvia Blanchet : ForesTrade", www.forestrade.com/images/Forestrade%20Profile%20-%20Fricke%20&%20Blanchet%20(Mar-05).pdf.

카페 캄페시노, "Hurricane Stan ravages our Guatemalan friends", www.cafe-campesino.com/fairgrounds/0510/hurricane.html.

서스테이너블 하베스트, "First report in from APOCS leader Raniero Lec", www.fairtrade.com/coffeefund/guatemala_2.htm.

이퀄 익스체인지, "Hurricane Stan wreaks havoc on Central America and southern Mexico", www.equalexchange.com/hurricane-stan.

트랜스페어 유에스에이, "Three Seattle companies join to aid coffee co-operative destroyed by Hurricane Stan", www.transfairusa.org/content/ Downloads/UDEPOM_Donation_Release.doc?ndmViewId=news_view&newsI d=20051021005051&newsLang=en.

33. 다국적 기업의 무역이 공정해지다
바나나 링크 : www.bananalink.org.uk/images/walmart_banana_price_ cuts_160306.pdf.
베이비밀크 액션 : www.babymilkaction.org/press/press6oct05.html.
세계 개발 운동 : www.wdm.org.uk/news/presrel/current/nestle.htm.
공정 무역 재단 : www.fairtrade.org.uk/pr071005.htm.
옥스팜 : www.maketradefair.com/en/index.php?file=coffee_pr04.htm.
영국 여성 협회 : www.nfwi.org.uk/newsfile/newsitem.shtml?newsitem= 051007 - 125912.
사람과 지구 : www.peopleandplanet.org/news/story540.
〈가디언〉 : www.guardian.co.uk/guardianweekly/outlook/story/0,,1580916,00. html. www.guardian.co.uk/uk_news/story/0,3604,1356599,00.html.
폴 챈들러, 본인과 편지를 교환함, July 2006.

34. 인간다운 노동 환경을 보장하다
국제 옥스팜, *Offside! Labour rights and sportswear production in Asia*, May 2006, www.oxfarm.org.uk/what_we_do/issues/trade/offside_sportswear.htm.

35. 장기 계약을 맺어 시장이 안정되다
트레이드크라프트, www.traidcraft.org.uk/template2.asp?pageID=1650&fromID =1276.
고시피움, www.gossypium.co.uk/x10170.html.
"Making trade work for the producers : 15 years of Fairtrade labelled coffee in the Netherlands", 2003, www.fairtarde.org.uk/resources_reports.htm.
그린 앤드 블랙스 : www.greenandblacks.com/chocolate.php.

36. 팔레스타인 농민들과 연대하다
옥스팜 영국, "Palestinian olive oil trickles to market", www.oxfarm.org.uk /what_we_do/where_we_work/palterr_israel/oliveoil.htm.
옥스팜 영국, "Palestinian and Israeli students take action to Make Trade Fair", www.oxfarm.org.uk/what_we_do/where_we_work/palterr_israel/mtf_launch.

htm.

트리오도스 은행, "Slick oil", *Triodosnews*, spring 2006, 7쪽, www.triodos.co.uk/
whats_new/triodos_news/?lang=.

37. 새 천년 개발 목표는 어디까지 이루어졌나
새 천년 개발 목표 : www.un.org/millenniumgoals.
유엔 식량 농업 기구, www.fao.org/newsroom/en/news/2005/.
세계 개발 지표, 2005 : www.worldbank.org.
국제 옥스팜 보도 자료, 8 July 2005, www.oxfarm.org/en/news/pressreleas-
es2005.
크리스천 에이드, "The climate of poverty : facts, fears and hope", www.chris-
tianaid.org.uk.
여성 개혁 유대교 : www.wrj.rj.org.
공정 무역 재단, July 2005, www.fairtrade.org.uk/pr300705.htm.

38. 커피 재배 농민들이 지분을 소유하다
"Fair dunk'em", 〈가디언〉, 9 February 2006, http : //business.guardian.co.uk/
economicdispatch/story/0,,1706406,00.html.
"Why Mark Darcy is full of beans for the latest fair-trade coffee venture", 〈선
데이 해럴드〉(Scotland), 19 June 2005, www.sundayherald.com/50367.

39. 가난한 나라에 희망을 보내다
이사카 솜만데, 아르세네 소우라비에, 케이트 시벡과 인터뷰, Reading International
Solidarity Centre, UK, March 2006.
부르키나파소에서 생산한 공정 무역 망고는 트로피칼 홀푸즈와 트레이드크라프트
의 상표로 팔리고 있으며, 데이 초콜릿 컴퍼니의 망고 디바인 딜라이트의 원료
로도 쓰인다.

40. 공정 무역의 미래, 청소년 협동조합
Working Out of Poverty, Geneva, ILO, 2003 ; Commonwealth Secretariat, *Chains
of Fortune : Linking Women Producers and Workers with Global Markets*,
London, 2004, www.divinechocolate.com/shared_asp_files/uploadedfiles/
F7284775-DFCD-447D-B79F-0CCE784FD654_ChainofFortune.pdf에서 인용.
협동조합 도매상 연합회, "Co-op Fairtrade", www.babymilkaction.org/pdfs/
spinpdfs/appendices/Coop_fairtrade.pdf.
공정 무역 재단, *Spilling the Beans on the Coffee Trade*, London, 1997, 개정판

2002, www.fairtrade.org.uk/downloads/pdf/spilling.pdf.

청소년 협동조합 : www.youngcooperatives.org.uk.

41. 자유 무역주의자들에 대한 공정 무역의 대답

반다나 시바, speech to a meeting at the Royal Commonwealth Society, London, 14 October 1999.

폴린 티펜, speech to Fair Trade Futures Conference, Chicago, October 2005, www.fairtradefederation.org/2005ftconference/pdf/workshops/Keynote_Pauline.pdf.

페기 앤트로버스, in John Madeley, *A People's World*, London, Zed Books, 2003 인용.

애덤 스미스 연구소, "Grounds for complaint? 'Fair trade' and the coffee crisis", 2004.

올리버 발치가 인용한 네슬레 보고서, "A bitter pill to swallow", 〈가디언〉, 22 March 2004, www.guardian.co.uk/fairtrade/story/0,,1175192,00.html.

존 비달, "Eco soundings", 〈가디언〉, 24 March 2004, http : //society.guardian.co.uk/environment/story/0,,1176046,00.html.

공정 무역 재단, "Fair comment", autumn 2001, www.fairtrade.org.uk/fc-aut01a.htm.

잠언 12장 16절 b.

42. 미래의 전망 있는 사업

테리 몰너, "The *Economist*'s thinking is yesterday, CSR thinking is today", www.via3.net/pooled/articles/BF_DOCART/view.asp?Q=BF_DOCART_131655.

영국 기업 윤리 연구소, www.ibe.org.uk/faq.htm#diff.

에르난도 몬혜 그라나도스, "Fair Trade : a social innovation for reducing poverty", www.icsw.org/copenhagen_implementation/copenhagen_papers/paper10/granados.htm.

안네 오웬, "Poverty, governance and individual action : how can the smallest of cogs turn the biggest of wheels?", www.article13.com/A13_ContentList.asp?srtAction=GetPubication&PNID=1038.

국제 공정 무역 협회, "Alternative approach gains royal accolade", www.ifat.org.

트레이드크라프트, "Traidcraft's 2005 social accounts", www.traidcraft.co.uk/socialaccounts.

43. 정의로운 무역을 지지한다

공정 무역 재단, July 2005, www.fairtrade.org.uk/pr300705.htm.

마크 리치, "Fair trade and the WTO ministerial at Cancun", 〈랜드마크〉, January/February 2004.

정의로운 무역 운동 : www.tjm.org.uk.

크리스천 에이드, "The economics of failure : the real cost of 'free' trade for poor countries", June 2005, www.christianaid.org.uk.

G8 Gleanagles 2005, Chair's summary, 8 July.

44. 더욱 향기로운 공정 무역 코코아

"When big business bites", 〈가디언〉, 8 June 2006. http : //business.guardian. co.uk/story/0,,1792511,00.html.

"How a £1.50 chocolate bar saved a Mayan community from destruction", 〈옵 저버〉, 28 May 2006, http : //observer.guardian.co.uk/foodmonthly/ story/0,,1781908,00.html.

디바인 초콜릿 : www.divinechocolate.com.

"Raising the bar", *Developments*(25), 2004, www.developments.org.uk.

디바인 초콜릿, "Young Fairtraders from UK and Ghana present 'Chocolate Challenge' to International Development Secretary", June, 2006, www.divine-chocolate.com/Templates/Internal.asp?NodeID=90736&strAreaColor=.

크레이그 샘스, 〈가디언〉 letters page, 12 June 2006.

45. 3월의 공정 무역 포트나이트, 5월의 세계 공정 무역의 날

공정 무역 재단, www.fairtrade.org.uk/pr060306.htm.

세계 공정 무역의 날 : www.wftday.org.

노르마 벨라스케스 트라베르소, www.wftday.org.

46. 가난한 사람들을 위해 시장이 움직이다

조지프 스티글리츠, *Globalization and Its Discontents*, London, Penguin, 2004.

엘비아 마르로킨 코레아와 인터뷰, 온두라스, 2003, 옥스팜 영국에서 자료 제공.

47. 공정 무역 금융 기관의 자금 지원 원칙

셰어드 인터레스트 : www.shared-interest.com/files/soc_ac_sum.pdf.

협동조합 은행 : www.co-operativebank.co.uk.

트리오도스 은행 : www.triodos.co.uk/uk/personal_banking/savings/140289/ ?version=1&lang=en.

주피터 자산 관리 : www.jupiteronline.co.uk.

〈뉴컨슈머〉: www.newconsumer.org/index2.php?pageId=267.

유엔 아프리카 경제 위원회, www.fairtrade.org.uk/pr300705.htm에서 인용.

48. 가족과 공동체를 함께 지킨다

옥스팜 인터뷰 내용은 옥스팜 영국에서 자료 제공.

콜럼반 외방 전교회, www.columban.org.

댈러스 평화 센터, "The debate you're not hearing : immigration and trade", http : //dallaspeacecenter.org/?q=node/847.

공정 무역 재단, "The world's first Fairtrade pineapples arrive in the UK", 〈페어 코멘트〉, spring 2003, www.fairtrade.org.uk/fc-spr03.htm.

티어펀드, "Uncovered : the lowdown – fairtrade", http : //youth.tearfund.org/webdocs/Website/Youth/Bible%20study%20Fairtrade.pdf.

클레어 스토셰크, "The growing fair trade movement", Committee on US–Latin America Relations 〈뉴스 레터〉, spring 2003, www.rso.cornell.edu/cuslar/newsletter/spring03/fairtrade.htm.

트랜스페어 유에스에이, www.transfairusa.org/content/about/global_reach.php#.

웨일스 공정 무역 포럼, 〈뉴스 레터〉, spring 2003, www.walesfairtradeforum.org.uk/Newsletter4.html.

트레이드크라프트, Social Accounts 2004/5, www.traidcraft.co.uk.

비숍스톤 트레이딩 컴퍼니, www.bishopstontrading.co.uk.

루터교 세계 구호 단체, "Fair trade and human rights : the perfect combination", www.lwr.org/toto/FT_HR.pdf.

49. 다른 세계는 가능하다

둘세 마를렌 콘트레라스와 인터뷰, 온두라스, 옥스팜 영국에서 자료 제공.

유럽 의회, *Report on Fair Trade and Development*, rapporteur Frithjof Schmidt, 2006, www.europarl.europa.eu.

50. 세상을 바꾼다!

캐포드, "Clean up your computer" campaign, www.cafod.org.uk/get_involved/campaigning/clean_up_your_computer/what_s_wrong_with_my_computer.

데이비드 랜섬, *The No–Nonsense Guide to Fair Trade*, Oxford, New Internationalist, 2001.

"Better than fair", *Developments*(25), first quarter 2004, www.developments. org.uk.

공정 무역 재단 보도 자료, July 2005, www.fairtrade.org.uk/pro80705.htm.

폴 챈들러와 해리엇 램은 편지를 교환함, July 2006.

공정 무역 관련 단체 목록

영국의 주요 공정 무역 기구와 단체

British Association for Fair Trade Shops(BAFTS) : www.bafts.org.uk

Ethical Consumer magazine and research services : www.ethicalconsumer.org.

Fairtrade Foundation Room 204 : www.fairtrade.org. uk.

New Consumer magazine 51 Timberbush : www.newconsumer.org.-

Trading Visions : www.tradingvisions.org.

Traidcraft : www.traidcraft.org.

Twin Trading : www.twin.org.uk.

공정 무역 관련 운동

Banana Link : www.bananalink.org.uk.

Clean Clothes Campaign : www.cleanclothes.org.

CORE, the Corporate Responsibility Coalition : www.corporate-responsibility.org.

Labour Behind the Label : www.labourbehindthelabel.org.

Make Trade Fair : www.maketradefair.com.

No Sweat : www.nosweat.org.uk.

People & Planet fair trade campain : www.peopleandplanet.org/fairtrade.

Trade Justice Movement : www.tjm.org.uk.

국제 공정 무역 기구

European Fair Trade Association(EFTA) : www.european-fair-trade-associa-
tion.org.

Fairtrade Labelling Organisations International(FLO) : www.fairtrade.net.

International Fair Trade Association(IFAT) : www.ifat.org.

Network of European Worldshops(NEWS!) : www.worldshops.org.

전 세계 공정 무역 단체

국제 공정 무역 상표 기구의 회원 단체 목록

Fairtrade Labelling Australia & New Zealand : www.fta.org.au.
www.fta.org.nz.

Fairtrade Austria : www.fairtrade.at.

Max Havelaar Belgium : www.maxhavelaar.be.

Transfair Canada : www.transfair.ca.

Max Havelaar Denmark : www.maxhavelaar.dk.

Max Havelaar France : www.maxhavelaarfrance.org.

TransFair Germany : www.transfair.org.

Fairtrade Mark Ireland : www.fairtrade.ie.

Fairtrade TransFair Italy : www.fairtradeitalia.it.

Fairtrade Label Japan : www.fairtrade-jp.org.

TransFair Minka Luxemburg : www.transfair.lu.

Stichting Max Havelaar Netherlands : www.maxhavelaar.nl.

Max Havelaar Norge : www.maxhavelaar.no.

Asociación para el Sello de Comercio Justo España : www.sellocomerciojus-
to.org.

Rättvisemärkt Sweden : www.rattvisemarkt.se.

Max Havelaar Stiftung Schweiz : www.maxhavelaar.ch.

TransFair USA : www.transfairusa.org.

국제 공정 무역 상표 기구 회원 단체의 제휴 기관

Comercio Justo México : www.comerciojusto.com.mx.

약어 목록

ACP African, Caribbean and Pacific 아프리카, 카리브, 태평양 지역

AFTF Asia Fair Trade Forum 아시아 공정 무역 포럼

BAFTS British Association of Fair Trade Shops 영국 공정 무역 상점 연합회

CAFOD Catholic Agency for Overseas Development 가톨릭 해외 지원 기관

CECOCAFEN Organisation of Northern Coffee Cooperatives, Nicaragua 니카라과 북부 커피 협동조합 기구

COASBA Cooperativa Campensina Apícola Santa Bárbara(beekeepers' co-operative, Santa Bárbara, Chile) 칠레 산타바르바라 양봉 협동조합

COFTA Co-operation for Fair Trade in Africa 아프리카 공정 무역 협의회

COMUCAP indigenous women's coffee co-op, Honduras 온두라스 토착 원주민 커피 협동조합

Coocafé Fairtrade coffee producer co-op, Costa Rica 코스타리카 공정 무역 커피 생산자 협동조합

COSURCA coffee cooperative, Colombia 콜롬비아 커피 협동조합

EFTA European Fair Trade Association 유럽 공정 무역 협회

EPA Economic Partnership Agreement 자유 무역 경제 동반자 협정

FIFA Fédération Internationale de Football Association 국제 축구 연맹

FINE collaboration between FLO International, IFTA, NEWS! and EFTA 국제 공정 무역 상표 기구, 국제 공정 무역 협회, 유럽 세계 상점 네트워크, 유럽 공정 무역 협회 등 네 기구 사이의 협력

FLO Fairtrade Labelling Organisations International 국제 공정 무역 상표 기구

FTO Fair Trade Organisation 공정 무역 단체

GM/GMO genetically modified/genetically modified organism 유전자 조작 생물

HRW Human Rights Watch 휴먼 라이츠 워치(인권 감시 단체)

IFAT International Fair Trade Association 국제 공정 무역 협회

ILO International Labour Organization 국제 노동 기구

ISA individual savings account 세제 혜택 개인 저축(영국)

I-SIS Institute of Science in Society, London 런던 사회 과학 연구소

ISMAM coffee co-op, Mexico 멕시코 커피 협동조합

KNCU coffee co-operative, Tanzania 탄자니아 커피 협동조합

MDGs Millenium Development Goals 새 천년 개발 목표

NEWS! Network of European World Shops 유럽 세계 상점 네트워크

NGO nongovernmental organisation 비정부 기구

PRODECOOP Cafédirect partner, Nicaragua 니카라과 카페디렉트 제휴 업체

SCIAF Scottish Catholic International Aid Fund 스코틀랜드 가톨릭 국제 구호 기금

SNV Netherlands-based international development organisation 네덜란드 국제 개발 기구

SOPPEXCCA fair trade coffee co-operative in Nicaragua 니카라과 공정 무역 커피 협동조합

Tara Trade Alternative Reform Action 무역 대안 개혁 행동

TJM Trade Justice Movement 정의로운 무역 운동

TNC transnational corporation 다국적 기업

Ton mango growers co-operative, Burkina Faso 부르키나파소 망고 재배 농민 협동조합

TBL Triple Bottom Line 세 가지 지속 가능 경영 평가 요소

TRIM Trade-Related Investment Measures 무역 관련 투자 조치 협정

TRIP Trade-Related Intellectual Property Rights 무역 관련 지적 재산권 협정

UCIRI Union of Indigenous Communities in the Isthmus Region, Mexico 멕시코 지협 토착 원주민 공동체 연합

UNCTAD United Nations Conference on Trade and Development 국제 연합 무역 개발 회의

UNICEF United Nations Children's Fund 국제 연합 아동 기금

WTO World Trade Organization 세계 무역 기구

WWF Worldwide Fund for Nature 국제 자연 보호 기금

YMCA Y Development Co-operative Co. Ltd. Y 개발 협동조합 회사

찾아보기

인간의 얼굴을 한 시장 경제, 공정 무역

초판 1쇄 인쇄일 · 2007년 9월 10일
초판 1쇄 발행일 · 2007년 9월 17일

지은이 · 마일즈 리트비노프 · 존 매딜레이
옮긴이 · 김병순
펴낸이 · 양미자

책임 편집 · 추미영
경영 기획 · 하보해
본문 디자인 · 이춘희

펴낸곳 · 도서출판 **모티브북**
등록번호 · 제 313-2004-00084호
주소 · 서울시 마포구 동교동 156-2 마젤란21빌딩 1104호
전화 · 02-3141-6921, 6924 / 팩스 · 02-3141-5822
e-mail · motivebook@naver.com

ISBN 978-89-91195-18-9 03320

• 잘못된 책은 구입한 곳에서 바꾸어 드립니다.
• 이 책은 저작권법에 따라 보호를 받는 저작물이므로 무단 전재와 무단 복제, 광전자매체 수록
  을 금합니다. 이 책 내용의 전부 또는 일부를 이용하려면 도서출판 모티브북의 서명동의를 받
  아야 합니다.